B I B L I O T H E C A
SCRIPTORVM GRAECORVM ET ROMANORVM
T E V B N E R I A N A

BT 2017

FALTONIA BETITIA PROBA

CENTO VERGILIANVS

PRAEFATVS EST

CARLO M. LUCARINI

EDIDERVNT

ALESSIA FASSINA

ET

CARLO M. LUCARINI

DE GRUYTER

ISBN 978-3-11-042652-6
e-ISBN (PDF) 978-3-11-042218-4
e-ISBN (EPUB) 978-3-11-042226-9
ISSN 1864-399X

Library of Congress Cataloging-in-Publication Data

A CIP catalogue record for this book has been applied for at the Library of Congress.

Bibliographic information published by the Deutsche Nationalbibliothek

The Deutsche Nationalbibliothek lists this publication in the Deutsche Nationalbibliografie; detailed bibliographic data are available on the Internet at http://dnb.dnb.de.

Printing: Hubert & Co. GmbH & Co. KG, Göttingen
∞ Printed on acid-free paper

Printed in Germany

www.degruyter.com

HOC VOLVMINE CONTINENTVR

PRAEFATIO

DE PROBAE VITA

Faltoniae Betitiae Probae *Centonem* primus atque unus critice edidit Carolus Schenkl a. S. 1888[1]. De huius poetriae vita nos docent aliqua Isidorus Hispalensis, aliqua libri, qui *Centonem* propagarunt. Haec Isidoro debentur: (*De viris illustribus*, 5 Codoñer Merino): *Proba uxor Adelphi proconsulis femina inter viros ecclesiasticos idcirco posita sola pro eo quod in laude Christi versata est, componens Centonem de Christo Virgilianis coaptatum versiculis. Cuius quidem non miramur studium sed laudamus ingenium. Quod tamen opusculum legitur inter apocryphas scripturas insertum*; (*Etym.* 1, 39, 25–6 Lindsay): *Centones apud grammaticos vocari solent qui de carminibus Homeri seu Vergili ad propria opera more centonario ex multis hinc inde compositis in unum sarciunt corpus, ad facultatem cuiusque materiae. Denique Proba, uxor Adelphi, Centonem ex Vergilio de fabrica mundi et Evangeliis plenissime expressit, materia composita secundum versus et versibus secundum materiam concinnatis. Sic quoque et quidam Pomponius ex eodem poeta inter cetera stili sui otia Tityrum in Christi honorem composuit: similiter et de Aeneidis.* Nupsit igitur Proba, si Isidoro fides habenda est, Adelphio cuidam, qui aliquando proconsul fuit. Vir insignis Bernardus de Montfaucon in libro tunc Padolironensi nunc Patavino (**Pd**) haec ad calcem *Centonis* legit[2]: *Proba, uxor*

1 Probae *Cento*, recensuit et commentario critico instruxit C. Schenkl, Vindobonae – Pragae – Lipsiae 1888 ("Poetae Christiani minores", CSEL 16). Commentarium criticum nuper composuit V. Sineri (*Il Centone di Proba*, Acireale – Roma 2011). De libris nuperrime ego diffuse egi: *La tradizione manoscritta del "Centone" di Proba*, «Hermes» 142 (2014) 349–370. Cum titulum operis nulla constantia tradant libri, editores vocem communem *Centonem* adhibuerunt, cui et nos adhaesimus.

2 B. de Montfaucon, *Diarium Italicum sive monumentorum veterum, bibliothecarum, musaeorum etc. notitiae singulares in itinerario Italico collectae*, Parisiis 1702, 36. Montfaucon hunc librum in monasterio Padolironensi, inter Mutinam et Mantuam sito, evoluit; lege ipsa Montfauconi verba: *Mutina in monasterium S. Benedicti Padolironensis venimus, totius Italiae amplissimum, quod latifundia possidet quanta vix aliud. Padolironense autem dicitur, quia inter Padum et Lironem situm est.*

Adelphi, mater Olibrii et Aliepii [*Alypii* ci. Montfaucon], *cum Constantini* [*Constantii* ci. Montfaucon] *imperatoris bellum adversus Magnentium conscripsisset, conscripsit et hunc librum.* Quae adnotatio conspirat cum vv. 1–8 *Centonis*, ubi Proba affirmat se poema de bello civili antea scripsisse. Rebus sic stantibus, verisimiliter viri docti coniecerunt Probam *Centonis* poetriam matrem fuisse Q. Clodi Hermogeniani Olybri (*PLRI* 1, Olybrius 3; cos. 379) et Faltoni Probi Alypi (*PLRI* 1, Alypius 13; praef. urbis Romae a. 391) eandemque uxorem Clodi Celsini Adelphi (*PLRI* 1, Celsinus 6; praef. urbis Romae a. 351; Proba ipsa: Faltonia Betitia Proba, *PLRI* 1, Proba 2): non solum enim nomina viri et filiorum consentanea sunt, sed etiam poematis materia, quam scriptor longo temporis spatio a pugna Mursensi et a morte Magnenti (a. 353) remotus vix elegisset[3].

Inter libros, qui aetatem tulerunt, duo sunt, qui aliquid iis, quae de poetria Isidorus et Padolironensis nos docent, addere videntur, ambo Vaticani, Palatinus scilicet Lat. 1753 (**p**, saec. VIII–IX) et Reginensis Lat. 1666 (**Rb**, saec. XI). In hoc *Cento* tribuitur *Faltoniae Vetitiae Probae cl. feminae*, in illo ita inscribitur

Huius abbas erat ex Belisanorum familia in Gallia nota, vir perhumanus officioque plenus. Bibliotheca codicibus Latinis tantum manuscriptis bene multis exornatur. Haec pauca observavimus [...] *Codex eiusdem aetatis* [saec. scil. X] *Hieronymi de scriptoribus ecclesiasticis in quo item quaedam Cassiodori et in fine Probae Falconiae carmina. Ad calcem autem legitur: 'Proba uxor Adelphi, mater Olibrii et Aliepii (sic pro Alypii) cum Constantini (sic pro Constantii) imperatoris bellum adversus Magnentium conscripsisset, conscripsit et hunc librum'.* Hunc librum diu frustra quaesiverunt viri docti (cf. Schenkl, 513 adn. 1; J. F. Matthews, *The poetess Proba and fourth-century Rome: questions of interpretation*, "Institutions, société et vie politique dans l'Empire Romain au IVe siècle ap. J.-C.", Rome 1992, 279 adn. 1), qui nesciebant multos libros Padolironenses ab initio saeculi XIX in Bibliotheca Seminari Patavini asservari (cf. libri **Pd** descriptionem).

3 Ante paucos annos Ostiae fistula inventa est cum nominibus Clodi Adelphi et Faltoniae Probae, cf. M. Heinzelmann – M. G. Granino Cecere, *Ostia, Regio III. Untersuchungen in den unausgegrabenen Bereichen des Stadtgebietes. Vorbericht zur dritten Grabungskampagne 2000*, «Mitt. des deutschen arch. Instituts. Römische Abt.» 108 (2001) 325–328. Vide etiam «Memoirs of the American Academy in Rome» 47 (2002) 259–304.

Cento: *Incipiunt indicula centonis Probae, inlustris Romanae Aniciorum mater de Maronis qui et Virgilii Mantuani vatis libri* [in *libris* correctum]. *Praedicta Proba uxor Adelphi ex praefecto urbis hunc centon(em) religiosa mente amore Christi spiritu ferventi prudenter enucliate deflorabit* [in *defloravit* correctum]. Quae inscriptio non parum turbat, quia "the phrase *Anciorum Mater* is more easely applied to a later Proba, and the title *illustris* also belongs more readely to the later than to the midfourth century"[4]. Antequam de hac quaestione ago, de **Rb** paucis absolvam: *Vetitiae* in *Betitiae* (non in *Aniciae*, sicut fecit Schenkl, 514) corrigendum esse satis constat, neque est dubitandum quin librarius hoc rarum nomen ex optimo fonte hauserit (cf. Matthews, *The poetess Proba*, 288–289[5]); ex quo et nomen Alypi (quod inter *Centonis* codices solus Padolironensis servavit) deprompsit[6], quem tamen cum Probae marito confudit (neque difficile nomina Adelphius et Alypius confunduntur!). Nunc redeo ad inscriptionem codicis Palatini, quam si legeris, miraberis Probam Aniciorum matrem dici. Etenim haec appellatio tibi suadere possit Probam *Centonis* conditricem non uxorem Adelphi et matrem Alypi Olybrique, sed coniugem Sexti Petroni Probi (= *PLRI* 1, Probus 5; cos. 371) matremque Anici Hermogeniani Olybri (*PLRI* 1, Olybrius 2; cos. 395), Anici Probini (*PLRI* 1, Probinus 1; cos. 395), Fl. Anici Petroni Probi (*PLRI* 2, Probus 11; cos. 406) et Aniciae Probae (*PLRI* 1, Proba 1) fuisse: quae Proba (Anicia Faltonia Proba, *PLRI* 1, Proba 3) videtur filia fuisse Q. Clodi Hermogeniani Olybri neptisque Probae illius, de qua supra diximus.

4 Matthews, *The poetess Proba*, 280. De inscriptione libri Laubiensis deperditi, cf. p. LXXII; vide etiam quae ipse e codice Casanatensi 386 (**N**) exscripsi et adn. 152 necnon descriptionem libri Vimariensis (**Wi**).

5 Nomen *Valeria*, quod in Laubiensi deperdito legebatur (cf. p. LXXII), corruptionem nominis *Betitiae* / *Vetitiae* esse suspicatur R. P. H. Green, *Proba's Cento: its date, purpose, and reception*, «Class. Quart.» s. n. 45 (1995) 553.

6 In illa scilicet adnotatione quam ad v. 689 **Rb** ascripsit: *Ut colant* [scil.: *Christum*] *omnes, ut adorent hortatur* [scil.: *Proba*], *imo etiam et Alipyum virum suum id facere monet.* Res est minime admirabilis, cum **Pd** et **Rb** ex eodem fonte scateant, ut infra monstrabo.

Aniciam Faltoniam Probam re vera *Centonis* poetriam fuisse credit D. Shanzer, quippe quae arbitretur ipsum post anonymi *Carmen contra paganos* conscriptum esse, sub finem scilicet saeculi IV[7]. Quam opinionem cum iam v. d. J. F. Matthews, R. P. H. Green[8], A. Cameron[9] gravissimis limpidissimisque argumentis refutaverint, liceat mihi cum ea brevissime transigere. Ut enim reliqua praeteream, quae Probam nostram medio saeculo IV, vix ipso exeunte, vixisse demonstrant, inscriptio libri Palatini Shanzerae opinionem non fulcit; ut enim vidit Green (*Proba's Cento*, 552) "the phrase *Aniciorum Mater* [...] clearly point to Proba 3 [id est Proba iunior]. This is surely a gloss, both intrusive and obtrusive, for until the new sentence begins, with the words *praedicta Proba*, any descriptive epithets ought to be in the genetive case. Presumably it originated in the heyday of the younger Proba". Anicia illa Proba, Sexti Petroni Probi uxor, *omnium dignitatum et cunctae nobilitatis in orbe Romano nomen illustrius* (Hieron. *Ep.* 130, 7), ad quam epistulas et Augustinus et Iohannes Chrysostomus scripserunt, saec. IV et V celebris erat (cf. Matthews, *The poetess Proba*, 289–290), unde haud mirum est tanto nomini et opusculum eius aviae, cuius iam marcescebat fama, a fonte libri Palatini aliisque ascriptum esse. Sed haec iunior Proba vix poemata composuit; sin minus vena ab aliquo eius laudatorum extolleretur (cf. Cameron, *The last pagans*, 336 et iam Kromayer in praefatione ed. *Centonis* a. 1719).

7 D. Shanzer, *The anonymous "Carmen contra paganos" and the date and identity of the centonist Proba*, «Revue d. ét. August.» 32 (1986) 232–248; Ead. *The date and identity of the centonist Proba*, «Rech. Aug.» 27 (1994) 75–96. Cf. etiam Th. Barnes, *An urban prefect and his wife*, «Class. Quart.» s. n. 56 (2006) 249–256, qui eadem atque Shanzer sentit.

8 R. P. H. Green, *Which Proba wrote the Cento?*, «Class. Quart.» s. n. 58 (2008) 264–276.

9 A. Cameron, *The last pagans of Rome*, Oxford 2011, 328–337.

Probae *Centonem* legerunt Damasus[10], auctor *Carminis contra paganos* (cf. Shanzer, *The anonymous*, 235; Cameron, *The last pagans*, 328 sqq.) et sine dubio eum in mente habebat Hieronymus, dum a. 394 epistulam 53 Paulino Nolano conscribit. Paulo post in honore *Centonem* nostrum videtur habuisse Eudocia Augusta, Theodosi II imperatoris uxor, cuius *Homerocenton* et nostrum poema hic illic imitatur. In prima parte saec. VI libellus ille adulterinus, qui *Decretum Gelasianum* nuncupatur[11], inter apocrypha recenset (52, 8 von Dobschütz) et *Centonem de Christo Virgilianis compaginatum versibus*, qui procul dubio *Cento* Probae erat. Recentiore aetate *Centonem* legerunt Aldhelmus, auctor anonymus Latinus chronici Malaliani[12].

LIBRORVM SIVE SERVATORVM SIVE DEPERDITORVM LATERCVLVM

Hactenus ea quae de Proba eiusdemque antiquiore fortuna maioris momenti videbantur breviter perstrinxi. Nunc ad libros

10 Cf. M. Ihm, *Die Epigramme des Damasos*, «Rhein. Mus.» s. n. 50 (1895) 195; Green, *Proba's Cento*, 561; Shanzer, *The anonymous "Carmen contra paganos"*, 245, quae opinatur Probam e Damaso pendere. Utrum Ausonius *Centonem* noverit necne, disputant Green, *Proba's Cento*, 561, A. Fassina, *Alterazioni semantiche ed espedienti compositivi nel Cento Probae*, «Incontri triestini di filologia classica» 5 (2005–2006) 266, P. F. Moretti, *Proba e il "Cento nuptialis" di Ausonio*, "*Debita dona*. Studi in onore di I. Gualandri", Napoli 2008, 317–347. De Venantio Fortunato cf. V. Sineri, *Musaeus come Mosè nel centone di Proba*, «Riv. di cult. class. e medioev.» 51 (2009) 153–160. De Claudiano, Paulino Nolano, Prudentio poetisque Christianis centonariis, cf. Green, *ib.* Utilis est tabula similitudinum Probae ceterorumque poetarum Christianorum ab Erminio confecta (F. Ermini, *Il centone di Proba e la poesia centonaria latina*, Roma 1909, 109–141).

11 De aetate adulteri vide E. von Dobschütz, *Das Decretum Gelasianum de libris recipiendis et non recipiendis*, Leipzig 1912, 340 sqq.

12 Cf. J. D. A. Ogilvy, *Books known to Anglo-Latin writers from Aldhelm to Alcuin (670–804)*, Cambridge Mass. 1936; *Laterculus imperatorum Romanorum Malalianus ad a. DLXXIII*, ed. Th. Mommsen, "Chronica minora", 3, Berolini 1898, 424–437 (Probae imitationes mira sagacitate deprehendit Ch. Hülsen).

manuscriptos transeo, quorum me primum plenam notitiam hic exhibiturum spero[13]. Ecce igitur eorum laterculum[14]:

A' * * Caroliruhensis olim Augiensis (Karlsruhe, Badische Landesbibliothek, 217[15]), s. IX in. (ita Bischoff, saec. IX ex. vel X in. tribuit Holder), membraneus, ff. 169, mm. 241 x 167. Constat e duobus libris in unum compactis, quorum prior ff. 1–67, alter ff. 68–169 complectitur; origo et aetas librorum videtur esse eadem. Continet Iuvenci *Evangeliorum libros* cum glossis Germanicis (ff. 1–40), Seduli *Opus Paschale* cum epistula praefatoria et Asteri subscriptione (ff. 41ᵛ–65), Seduli *Hymnos* (ff. 65ᵛ–67ᵛ), Iuvenci *Evangeliorum libros* (ff. 68–125ᵛ), Seduli *Opus Paschale* sine epistula praefatoria (ff. 126–157ᵛ), Probae *Centonem* (usque ad v. 637) cum epigrammate praefatorio (ff. 158–163; *Cento* inscr.:

13 Iam in opusculo *La tradizione* laterculum librorum servatorum dederam, sed quidam me fugerant.

14 Duobus asteriscis insigniuntur libri quibus Schenkl usus est; uno asterisco Schenklio quidem noti, sed ab eo neque inspecti neque ullo modo adhibiti; tres asteriscos addo paucissimis libris Schenklio quidem ignotis, sed quos alii Probae operam navantes postea ad partes vocaverunt.
Sigla in opusculo *La tradizione* adhibita non semper retinui, quod ibi nonnumquam, Schenkli vestigia insistens, litteris Graecis libros adhuc servatos notaveram; suaserunt autem viri clarissimi J. Hammerstaedt et R. Kassel ut litterae Graecae solis libris deperditis adhiberentur, visumque est eis morem gerere.
Preaeterea scito me non omnes omnium codicum inscriptiones et subscriptiones rettulisse; unam quamque quam in libris quidem antiquioribus inveni plene reddidi, sed non eadem diligentia me gessi in recentioribus (aliqua enim, dum libros confero, omiseram molestumque erat eosdem libros intervallo resumere).

15 *Die Handschriften der Grossherzoglich Badischen Hof- und Landesbibliothek in Karlsruhe*, 5/1, *Die Reichenauer Handschriften, Die Pergamenthandschriften* beschrieben und erlaeutert von A. Holder, Leipzig 1906; K. Preisendanz, *Die Reichenauer Handschriften*, 3, 2, Berlin 1918, 107 sqq.; D. Ertmer, *Studien zur althochdeutschen und altsächsischen Juvencusglossierung*, Göttingen 1994, 258–289; C. P. E. Springer, *The manuscripts of Sedulius: a provisional handlist*, «Transactions of the American Philosophical Society» 85 (1995); B. Bischoff, *Katalog der festländischen Handschriften des neunten Jahrhunderts mit Ausnahme der wisigotischen*, 1, Wiesbaden 1998, nr. 1708.

Incipit liber eiusdem). Ordo versuum *Centonis* talis est: 1–20, 100–137, 61–99, 21–60, 217–257, 177–216, 138–175, 258–338, 419–456, 377–418, 339–376, 568–579, 531–559, 497–530, 562–567, 457–496, 560–561, 580–637. Quaternionum ordo mutatus. In monasterio insulae Augiae conscriptus est et ibi remansit usque ad a. 1805, cum in Bibliothecam Ducalem Caroliruhensem cum ceteris libris illius monasteri translatus est.

a Bergomas (Bergamo, Biblioteca Comunale, MA 473[16]), saec. XV–XVI, chartaceus, ff. 100, mm. 132 x 198. Insunt Bonini Mombriti *Ad Sixtum IV de Dominica passione* (ff. 3–60^{v}), Eleuteri Vicentini *In Divae Virginis planctum* (ff. 67–75^{v}), Probae *Cento* (ff. 77–89; inscr.: *Probae Centonae clarissimae feminae excerptum e Maronis carminibus ad testimonium Veteris Novique Testamenti opusculum*, cf. opusculum meum *La tradizione*, 357), Philippi de Barberiis Siculi *De Sibyllis* (89–96^{v}), expositio alphabeti Hebraici (ff. 97–100^{v}). De huius libri vicibus nihil scio.

Av Avaricensis (Bourges, Bibliothèque Municipale, 298[17]), saec. XIV–XV, chartaceus, ff. 170, mm. 212 x 145. Insunt anonymi *Expositio super missam* (ff. 1–41, inc.: *Raptus est in Paradisum et audivit*), anonymi praecepta ad denigrandos capillos et alias res (ff. 41^{v}–42^{v}), aliqua de herbis earundemque proprietatibus (ff. 43–45^{v}), florilegium ex operibus Aristotelis, Boethi et aliorum philosophorum (ff. 46–95^{v}), Probae *Cento* (ff. 95–109^{v}; praecedit Isid. *Etym.* 1, 39, 25–6 hic illic immutatus), Sacrobosci *Tractatus de sphaera brevis* (ff. 110–115^{v}), Thomae Aquinatis *De sensu communi* eiusdemque *De quinque potentiis animae* (ff. 116–123^{v}), Raimondi Lulli *Ars brevis* et eiusdem *Tractatus parvus de divina Trinitate* (ff. 124–143^{v}), ps.-Ciceronis *Synonyma* (f. 144). In Gallia conscriptus esse videtur. Fuit Monasteri S. Sulpici Avaricensis.

16 P. O. Kristeller, *Iter Italicum*, 5, London – Leiden 1990, 484.

17 C. Jeudy – Y.-F. Riou, *Les manuscrits classiques latins des bibliothèques publiques de France*, 1, Paris 1989.

B Monacensis olim Frisingensis (München, Bayerische Staatsbibliothek, Clm 6722[18]), saec. XV, chartaceus, ff. 141, mm. 220 x 165. Continet Plauti *Ampitruonem* et *Asinariam* (ff. 1–37ᵛ), genealogiam super fabulas veterum (inc.: *Iane biceps qui Clusium* ff. 38–48), Martiani Capellae *De nuptiis Mercuri et Philologiae* (excerpta, ff. 149–153), Probae *Centonem* (ff. 55–69ᵛ; inscr.: *Probae Centonae clarissimae feminae excerptum e Maronis carminibus ad testimonium Veteris Novique Testamenti opusculum*, cf. opusculum meum *La tradizione*, 357; subscr.: *Probae Centone clarissimae feminae opusculum feliciter finit. Τῷ θεῷ χάρις καὶ ἀμήν*), ps.-Claudiani *Carmen de Salvatore* (ff. 70–70ᵛ), Pilati et Lentuli epistulas (ff. 71–71ᵛ), Ioannis Saresberiensis *Carmen de membris* (ff. 72ᵛ–75ᵛ), excerpta quaedam minora (ff. 76–77), Alberici *De imaginibus deorum* (ff. 78–87), Claudiani carmina aliquot (ff. 88–115), Gregori Laticephali *Carmen Sapphicum de vita Hieronymi* (ff. 116–117ᵛ), Ciceronis *De oratore* (usque ad 1, 69; ff. 119–140). Chartarum insignia dispexi typi 14593 Br. (Bavière 1489). In Bavaria sine dubio exaratus est. Fuit Bibliothecae Frisingensis (nr. 522) usque ad a. 1803, cum Bibliothecam Regiam Bavaricam ingressus est.

b b¹ Basileensis (Basel, Universitätsbibliothek, F IX 32[19]), saec. XV, chartaceus, ff. 75, mm. 145 x 210. Insunt Porcelli *De podagra* eiusdemque *De abitu Pii II cum Tibur proficisceretur* et *Ad Iacobum Lucensem Papiae praesulem* (ff. 1–4ᵛ), Andreae Contrari *Epistula*

18 *Catalogus codicum Latinorum Bibliothecae Regiae Monacensis*, secundum Andreae Schmelleri indices composuerunt C. Halm, G. Thomas, G. Meyer, 1/3, Monachii 1873; E. Schrepf, *Die Bayerische Hofbibliothek (Staatsbibliothek) 1803–1843. Versuch einer Skizze ihrer Geschichte*, München 1989; C. Jahn, *Mühsam erworbene Schätze. Der Ablauf der Büchersäkularisation*, "Lebendiges Büchererbe. Säkularisation, Mediatisierung und die bayerische Staatsbibliothek", München 2004, 21–46.

19 Descriptio libri satis accurata nunc invenitur in pagina aetherea Bibliothecae Universitatis Basileensis. De bibliotheca Oporiniana, divite cum paucis, vide C. Gilly, *Die Manuskripte in der Bibliothek des Johannes Oporinus*, Basel 2001; vide etiam P. Andrist, *Les manuscrits grecs conservés à la Bibliothèque de la Bourgeoisie de Berne – Burgerbibliothek Bern*, Dietikon – Zürich 2007, 86 sqq.

ad Pium II (ff. 5–6ᵛ), anonymi *Carmen ad Cosmum de Medicis* (inc.: *Cosme, tuas nullus potuit simul edere laudes*, ff. 7–9), Johannis Baptistae Pallavicini *Historia flendae crucis ad Eugenium IV* (ff. 16–25ᵛ), Probae *Cento* (vv. 388–694, ff. 26–33ᵛ: **b**^{1}; vv. 1–694, ff. 34–52ᵛ : **b**; inscr.: *Probae Valeriae Falconiae ill. matronae Romanae Adelphi Rom. viri proconsularis uxoris sub Honorio ac Theodosio iuniore Centones Virgiliani in Veteris et Novi Testamenti historias praecipuas et in primis Christi D. S. N.*), Martini de Garatis *De cardinalibus ad Astorgium Agnesi* (ff. 54–65ᵛ), Iacobi Aegidii *Tractatus catholicae veritatis contra errores Zanzini de Soltia haeretici Pergamensis* (ff. 66–75). Fuit Basili Auerbachi (in principio legitur: *Sum Basilii Auerbachii Basiliensis anno 1546 13 die Novembris*) et Johannis Oporini († 1568), deinde Theodori Zwinger († 1588), cuius prognatus Johannis Zwinger (1634–1696) Bibliothecae Universitatis Basileensis libros suos donavit.

Br Bruxellensis (Bruxelles, Bibliothèque Royale, 10038-53[20]), saec. XIII, membraneus, ff. 177, mm. 213 x 107. Insunt Probae *Cento* (ff. 9–11; inscr.: *Incipit opusculum Probae uxoris Adelphi excerptum Vergiliano opere de veteri lege, de adventu Domini, de nativitate, de passione, de resurrectione, de ascensione materia secundum versus et versibus secundum materiam concinnatis*; subscr.: *Explicit liber Probae uxoris Adelphi Vergiliano opere compositus*), Bedae *De planctu et amaritudine vitae* (ff. 11–11ᵛ), Bernonis Augiensis *De ieiuniis quattuor temporum* (ff. 12–19), Ruperti Tuitiensis *De laesione virginitatis* (ff. 19–29ᵛ), sententiae Ambrosi super Lucam (ff. 29ᵛ–39ᵛ), Hugonis *Scala caeli* (ff. 39ᵛ–49), opuscula quaedam anonyma (ff. 49–54ᵛ), Hermanni Contracti *De conflictu ovis et lini* (ff. 55–64ᵛ), Prudenti *Psychomachia* cum scholiis (ff. 65–83), vita S. Mariae Aegyptiacae (ff. 83–96), versus quidam anonymi (ff. 96–96ᵛ), Alani *Anticlaudianus* (ff. 97–144ᵛ), Macrobi *Somnium Scipionis* (ff. 146–176), fragmenta quaedam (ff. 176ᵛ–177ᵛ). De huius libri historia nihil scimus, sed cum e libro S. Amandi (**Vl**), ut infra monstrabo (cf. adn. 168), descriptus sit, eum in Gallia Belgica

20 J. van den Gheyn, *Catalogue des manuscrits de la Bibliothèque royale de Belgique*, 2, Bruxelles 1902.

et scriptum et semper asservatum esse a fide non abhorret (cfr. etiam utriusque libri inscriptionem).

C * * Cantabrigiensis Sanctae Trinitatis (Cambridge, Trinity College Library, O. 7. 7[21]), saec. XIII in., membraneus, ff. 77, mm. 171 x 120. Insunt Bernardi Silvestris *Cosmographia* (ff. 1–25^{v}), anonymi opusculum (inc.: *Plato ad ostendendum mundum esse factum*; finit: *sensibili pulchritudine crebrius ratiocinatur*) aliaque opuscula carminaque minora (ff. 26–27^{v}), Probae *Cento* (ff. 28–37; inscr.: *Incipit opusculum Probae uxoris excerptum de libri Virgili, ad testimonium Veteris*[22] *et Novi Testamenti*), Ovidi *Ibis* cum scholiis (ff. 37^{v}–46), Senecae (vel ps.-Senecae) *De remediis fortuitorum*, *De paupertate*, *De clementia*, epitome librorum *De beneficiis*, aliqua ex *Epistulis ad Lucilium* (ff. 46^{v}–64), Gualteri Mapes *Dissuasio nubendi* (ff. 64^{v}–67^{v}), excerptum ex Hieronymi *Adversus Iovinianum* (ff. 67^{v}–68^{v}), epistula ps.-Alexandri *Ad Aristotelem de situ Indiae* (ff. 69–75^{v}), fragmentum de vita Alexandri (f. 76^{r-v}). In Britannia conscriptus est. In fine primi foli legitur: *Liber Sancti Thome martyris a Deer et vocatur Bernardus Silvestris.* Fuit, ut videtur, Abbatiae Deer prope Aberdoniam, quae tamen beatae Virgini, vix Thomae, dedicata erat. Fuit postea Thomae et Rogeri Gale (1635–1702; 1672–1744). A. 1738 Rogerus Gale hunc librum cum ceteris suis Collegio Sanctae Trinitatis Cantabrigiensis donavit.

c Londiniensis Cottonianus (London, British Library, Cotton, Titus A 20[23]), saec. XIV, membraneus, ff. 180, mm. 245 x 170. Continet Nigelli *Speculum stultorum* (ff. 4–50^{v}), hexametros *De bello regis*

21 M. R. James, *The western manuscripts in the Library of Trinity College, Cambridge*, 3, Cambridge 1902; N. R. Ker, *Medieval libraries of Great Britain. A list of surviving books*, London 1964^{2}, 345.

22 Ita re vera legitur, non *legis*, sicut in Jamesi catalogo refertur.

23 *A catalogue of the manuscripts in the Cottonian Library deposited in the British Museum*, (J. Planta), London 1802; H. L. D. Ward, *Catalogue of romances in the Department of Manuscripts in the British Museum*, I, London 1883, 29–30; A. Boutemy, *The manuscript tradition of the "Speculum stultorum"*, «Speculum» 8 (1933) 510–519; C. G. C. Tite, *The early records of Sir Robert Cotton's Library*, London 2003, 192–193.

Eduardi in Hispania gesti (ff. 50ᵛ–51ᵛ), versus Michaelis Cornubiensis *Contra Henricum Abrincensem* (ff. 52–65ᵛ), Gualteri Mapes (nonnumquam sub nomine "Goliae") *Dialogum inter aquam et vinum, Dissuasionem nubendi* (ff. 66–67ᵛ), Roberti Baston *De guerris Scotiae, Contra artistas, Contra David et Lazarum* (ff. 67ᵛ–70ᵛ), Mapesi *De punitione peccati* (ff. 70ᵛ–71), *De contemptu mundi* (f. 71), Bastoni *De Scotorum bello* (ff. 71–71ᵛ), Probae *Centonem* (ff. 72–80ᵛ; subscr.: *Explicit liber Probae uxoris Adelphi pro consilio*), hexametros *Contra Franciam* (ff. 81–85ᵛ), hexametros *De bello Scotiae ubi David Brus erat captus* (ff. 85ᵛ–88ᵛ), hexametros *De bello de Cressy et Neville Crosse* (f. 89), *De conditionibus monachorum* (f. 89), versus *De proprietatibus quorundam animalium et aliorum* (ff. 89ᵛ–90ᵛ), versus *De Papa, De Caesare, De eloquio, De parasito, De muliere nobili* aliosque (ff. 90ᵛ–101ᵛ), *Disputationem inter Anglum et Francum* (101–101ᵛ), versus *De bello Troiano, De amore, De pavone* aliosque (ff. 102–107ᵛ), Gualonis Britonis *Contra monachos* (ff. 108–111), versus *De moderato studio, De die natali Domini, Ad avarum promissorem, Ad Romam, Ad regem* (ff. 111–114), hexametros de *Historia Mahumeti* (ff. 114ᵛ–128ᵛ), versus de vocabulis quibusdam, quae sola quantitate differunt (f. 129), Bastoni *Exhortationem ad Anglos* (ff. 129ᵛ–131), *Babionis comoediam* (ff. 132–137ᵛ), *Getae comoediam* (ff. 138–144), *Pamphili librum* (ff. 144ᵛ–150), *Expansionem rosarum Vergilii* (ff. 151–151ᵛ), *Decretum inter gemellos* (ff. 154ᵛ–156ᵛ), Mapesi *Apocalypsim* (ff. 156–158), Hildeberti Lavardinensis *Versus de Susanna* (ff. 158ᵛ–160ᵛ), versus contra mulieres (ff. 161–162), Bastoni *Contra Papam, cardinales, reges* (ff. 162ᵛ–163ᵛ), Mapesi *De monachis* (ff. 163ᵛ–164), *Disputationem inter corpus et animam* (ff. 165–166ᵛ), *De miseriis mundi, De convocatione sacerdotum et eorum concubinis* (ff. 166ᵛ–167), monachi Petroburgensis anonymi *De Norfolcensium moribus, seu descriptionem Norfolciae* (ff. 167ᵛ–168), *Descriptionis istius impugnationem per Ioannem de S. Omeso* (ff. 168ᵛ–170ᵛ), *De Christo et ecclesia* (ff. 170ᵛ–171ᵛ), Mapesi *De Maria virgine* (ff. 171ᵛ–175), hexametros *De curialitate in diaeta* (ff. 176–179ᵛ). Quaedam in margine adnotavit Johannes Bale, e cuius peculio hic liber olim censebatur. Initio saec. XVII fuit Roberti Bowyer, a quo eum paulo post emit Robertus Cotton (1571–1631), cuius heredes libri possessores usque ad a. 1753, cum in Museum Britannicum ingressus est, manserunt.

Cf Cremifanensis (Kremsmünster, Stiftsbibliothek, CC 376[24]), a. 1493, chartaceus, ff. 86, mm. 211 x 159. Insunt Johannis Fabri ex Werdea *Carmen an scire malum sit malum* (ff. 1–4), *Carmen ad S. Crucem* (f. 4v; inc.: *Gloria spesque poli nunc perspectabile signum*), Iesu poetae proverbia (ff. 6–29v; conscripta sunt Meiningeni a. S. 1494), aliqua prosa oratione "contra lubricum et incendium carnis" (f. 30), claves sapientiae (ff. 31–39v; inc.: *Utilis est rudibus praesentis cura libelli*; a. 1496 conscripta), Probae *Cento* (ff. 43–65; inscr. *Virgiliocentones Veteris et Novi Testamenti*; subscr.: *Virgiliocentones Veteris et Novi Testamenti finem captant feliciter; MCCCC93 in Hallis per Iorium Bretzel tunc temporis scolarem collectum*), epistula Lentuli (f. 65v), quaedam prosaica de "modo absolvendi a peccatis" (f. 68v), ordo missae (ff. 69–77), *Carmen missae virtutes comprehendens* (f. 79r–v; inc.: *haec sunt virtutes Missae*; a. 1499 conscriptum), "compendium super repraesentatione et significatione missae" (ff. 80–85; scripsit idem Bretzel a. 1494), *Carmen de officiis Sacerdotis* (f. 85v; inc.: *Presbiter, attente capias tibi dogmata mente*). Omnis liber a Iorio Bretzel conscriptus videtur esse. Fuit monasteri Wiblingensis; a. 1842 Th. G. Ziegler hunc librum monasterio Cremifanensi dono dedit.

Ch * * Carolivillensis (Charleville-Mézières, Bibliothèque Municipale, 97[25]), saec. XII in., membraneus, ff. 110. Insunt Alcimi Aviti poema, Probae *Cento* (praecedit Isid. *De viris illustribus*, 5; inscr.: *Incipit praefatio sequentis operis Probae matronae*; post v. 55 legitur: *Explicit praefatio. Incipit libellus Probae illustris matronae Virgilianis versibus compactus de conditione mundi, de plasmate*

24 *Bibliotheca Cremifanensis. Catalogus codicum manuscriptorum. Auszug aus dem Katalog des P. Hugo Schmid*; hoc opus (in principio saec. XX confectum) Cremifani manuscriptum inspexi.

25 *Catalogue général des manuscrits des bibliothèques publiques de France des départements*, V, Paris 1879 (J. Quicherat – G. Raynaud); Alcimus Ecdicius Avitus, *Opera*, ed. R. Peiper, Berolini 1883, LIX–LX. Foliorum quae Probam exhibent imagines contuli, sed accuratiorem libri notitiam a bibliothecariis Carolivillensibus frustra quaesivi.

Adae et Evae, de diluvio, de datione legis, de nativitate et gestis Domini nostri Iesu Christi), *Ecloga Theoduli, Historia gestorum viae nostri temporis Hierosolymitanae.* In Gallia Belgica exaratus est.

Cj Cantabrigiensis Sancti Johannis (Cambridge, St. Jones College Library, 97[26]), saec. XIV, membraneus, ff. 304, mm. 254 x 204. Insunt Valerius Maximus (ff. 1–86^{v}), Solini *Collectanea* (ff. 87^{v}–129^{v}), Frontini *Strategemata* (ff. 132–162), excerpta ex variis scriptoribus facta a Guilielmo de Ramsey (ff. 168–236^{v}), Probae *Cento* (ff. 236^{v}–243^{v}; praecedit Isid. *De viris illustribus*, 5, usque ad *laudamus diligentiam*; subscr.: *Explicit liber Probae uxoris Adelphi proconsulis*), proverbia diversorum auctorum ordine alphabetico disposita (ff. 244–288^{v}), *Liber metamorphoseos* ("a prose analysis of the Metamorphoses", Jones, ff. 288^{v}–303), index in Valerium Maximum (ff. 303^{v}–304). Fuit ecclesiae S. Augustini Cantuariensis, deinde Roberti Benet (saec. XVI), deinde Thomae Wriothesley comitis Clausentini (1606–1666), qui eum bibliothecae Collegi Sancti Johannis Evangelistae Cantabrigiae donavit.

Cl Colmariensis (Colmar, Bibliothèque Municipale, 293[27]), anni 1475, chartaceus, ff. 290, mm. 287 x 205. Ex tribus partibus constat, quarum prima, quae Probam continet, ff. 3–119 et 259–290 amplectitur. Insunt Vergili *Bucolica* (ff. 3–23^{v}), *Georgica* (ff. 24–72^{v}), Stati *Achilleis* (ff. 73–101), Probae *Cento* (ff. 102–119; praecedit Isid. *De viris illustribus*, 5; subscr.: *Explicit Virgiliicentona Probae cuius Homericentonam non habet Latinitas sicut in Virgiliocentonam eius non habet Graecia; studuit enim utramque gentem et fidem catholicam invitare priorum documentis auctorum*, cf. opusculum meum *La tradizione*, 361–362), Prudenti *Psychomachia* et *Dittochaeon* (ff. 259–290^{v}); in ff. 284, 285 excerpta quaedam e Marbodi Redonensis *Libro lapidum* leguntur. In Gallia conscriptus esse videtur. Fuit alicuius Johannis Stein, qui a. 1475 libros Biblio-

26 M. R. James, *A descriptive catalogue of the manuscripts in the Library of St John's College, Cambridge*, Cambridge 1913; Ker, *Medieval libraries*, 342.

27 Jeudy-Riou, *Les manuscrits classiques latins*; *Catalogue général des manuscrits des bibliothèques publique de France*, 56, Colmar (P. Schmitt), Paris 1969.

thecae Universitatis Friburgensis emebat, deinde fortasse Sebastiani Murrho Colmariensis, sed R. Casin me admonet eius manum in libro nostro vix agnosci. Postea in abbatia Lucellensi servatus est usque ad finem s. XVIII cum in Bibliothecam Publicam Colmariensem translatus est.

Co * Cortonensis (Cortona, Biblioteca dell'Accademia Etrusca, 82[28]), anni 1335, membraneus, ff. 56, mm. 220 x 160. Continet Probae *Centonem* (ff. 1–15^{v}; inscr.: *Incipit Centona Virgili*), Vergili vitam Bernensem (f. 16), *Iliadem Latinam* (ff. 17–38), ps.-Ovidi argumenta *Aeneidos* (ff. 41–46^{v}), fabulam anonymam (inc.: *Rex leo fortissimus* ff. 47^{r-v}), Bernonis Augiensis *Carmen de bello Troiano* (ff. 49–51), Hildeberti Cenomanensis carmina minora (ff. 51^{v}–54^{v}), ps.-Ovidi *De Lombardo et lumaca* aliorumque carmina varia (ff. 55–56^{v}). Scripsit Galeazzo de' Brugnoli a. 1335. De huius libri vicibus nihil mihi constat.

Cs Vaticanus Chisianus (Città del Vaticano, Biblioteca Apostolica Vaticana, Chigi, H V 151[29]), saec. XIV ex., membraneus, ff. 96, mm. 222 x 160. Continet Boniohannis Mantuani de Capriana *Anticerberum* (ff. 1–43), Probae *Centonem* (ff. 43–50), Vergili vitam Bernensem (ff. 50–50^{v}), *Anth. Lat.* 633, 632 (f. 50^{v}), Ciceronis *De officiis* (ff. 51–91), *Anth. Lat.* 785 (f. 91), Martini Bracarensis *Formulam vitae honestae* (ff. 91^{v}–94^{v}), *De virtutibus et vitiis* (inc. *Honestum est quod sua vi nos trahit*). In Italia conscriptus est fuitque Antoni de Saneris de Capriana prope Mantuam, deinde Guidonis Bonatti († 1494). Cum ceteris Chisianis primum a. 1922 Bibliothecam Vaticanam ingressus est.

D Yalensis (New Haven, Yale University, Beinecke Library, 700[30]), saec. XIII in., membraneus, ff. 83, mm. 153 x 237. Insunt *Anth. Lat.*

28 *I manoscritti medioevali della provincia di Arezzo. Cortona*, a cura di E. Caldelli, M. Marchiaro, F. Ramacciotti, Impruneta 2011.

29 *Les manuscrits classiques latins de la Bibliothèque Vaticaine*, catalogue établi par E. Pellegrin, J. Fohlen, C. Jeudy, Y.-F. Riou avec la collaboration d' A. Marucchi et P. Scarcia Piacentini, 3 voll., Paris 1975–1982.

256–57 Sh. B. (f. 1), Vergili *Bucolica* (ff. 1–5), *Georgica* (ff. 5^{v}–16) et *Aeneis* cum argumentis Ovidio falso ascriptis (ff. 16–70), ps.-Vergili *De institutione viri boni* (f. 70^{v}), *Moretum* (ff. 70^{v}–71), *Anth. Lat.* 13 Sh. B. (f. 71), *Anth. Lat.* 647 R., *De rosis nascentibus* (ff. 71–72), ps.-Vergili *Culex, Dirae, Copa, De est et non,* et alia carmina minora quae ad Vergilium spectant (ff. 72–75), Probae *Cento* (ff. 76–82; subscr.: *Explicit Virgiliocentona Probae cuius Homerocentonam non habet Latinitas sicut Virgiliocentonam non habet Graecia; studuit enim utramque gentem ad fidem catholicam invitare priorum documentis auctorum*, cf. opusculum meum *La tradizione*, 361–362). In Italia exaratus est. A. 1989 Bibliotheca Beineckiana a Laurentio Written hunc librum emit.

d Bononiensis (Bologna, Archivio Isolani, F 9.78.7, CN 39[31]), fragmentum 10 foliorum. Hunc librum illiberalitate comitis Isolani mihi videre non licuit.

E Parisinus (Paris, Bibliothèque Nationale, Lat. 8317[32]), saec. XV, usque ad f. 38 partim membraneus partim chartaceus, deinde chartaceus, ff. 114, mm. 221 x 161. Continet Seduli prologum cum Asteri subsciptione (ff. 1–3), aliqua de vita Seduli (f. 3^{v}), Seduli *Carmen Paschale* cum scholiis (3^{v}–35^{v}), Seduli *Hymnum I* (ff. 35^{v}–37^{v}), versus Bellaesari (f. 37^{v}), Seduli *Hymnum II* et hymnum *Salve festa dies toto venerabilis aevo* (f. 38^{v}), Probae *Centonem* (ff. 39–57^{v}; praecedit Isid. *Etym.* 1, 39, 25–6; in fine legitur: *Mirandum multis opus extitit arte probatum, / poscere si vultis constat satis esse probatum, / monacha Vergilium per partes undique legit / et Testamentum vetus inde novumque peregit. Stephanus Dominici Sepulchri canonicus solicite perscrutando primus investigat et in quibus locis Virgilii versus huius opusculi reperiri* (ita) *valeat*

30 Describitur in pagina aetherea: http://brbl-net.library.yale.edu/pre1600 ms/docs/pre1600.ms700.htm

31 Kristeller, *Iter Italicum*, 5, 1990, 504.

32 *Catalogus librorum manuscriptorum Bibliothecae Regiae*, Parisiis 1744; Springer, *The manuscripts of Sedulius*; cf. etiam A. Grondeaux, *La tradition manuscrite des commentaires au "Graecismus" d'Évrard de Béthune*, "Manuscripts and tradition of grammatical texts from Antiquity to the Renaissance", Cassino 2000, 526 adn. 54.

assignavit. Insuper his titulis cum minio decorat. Iste libellus pertinet ad Iohanni Lathomi scolari Collegii Bonorum Puerorum Parisiis prope portam Sancti Victoris. Iohannes Lathomi. Iteratus est deinde locus Isidori), aliqua ad artem dictandi pertinentia (ff. 59–62), Iohannis de Garlandia *Distigium Cornuti* (ff. 62ᵛ–63ᵛ), carmen *De contemptu mundi* (ff. 64–66), carmen *De summa poenitentiae* (ff. 66ᵛ–69ᵛ), *Speculum puerorum* (70–81ᵛ), *Doctrinam rudium* (ff. 82–90), *Carmen de nominibus Musarum, Librum de computo* (ff. 93–114ᵛ). Lutetiae exaratus est fuitque Iohannis Lathomi, de quo nihil mihi constat. Quod ad Stephanum Dominici Sepulchri canonicum (qui et in **Jg Mu** memoratur) pertinet, idem videtur esse vir doctus, cuius in catalogo Richardi de Fournival memoria exstat (cf. infra p. LXXIII); si ita est, certe Stephanus longo temporis spatio ante Iohannem Lathomium vixit.

e Londinensis Cottonianus (London, British Library, Cotton, Vespasianus B XXIII[33]), saec. XIV–XV, membraneus, ff. 126, mm. 265 x 120. Insunt: Iohannis de Hauvilla *Architrenius* (ff. 2–52), ps.-Ovidi *De vetula* (ff. 53–77ᵛ), Probae *Cento* (ff. 77ᵛ–83ᵛ; inscr.: *Probae Centonae clarissimae feminae excerptum e Maronis carminibus ad testimonium Veteris Novique Testamenti opusculum*, cf. opusculum meum *La tradizione*, 357; post finem *Centonis* legitur: *Christe, satis de te resonant haec verba poetae / quae sunt digna legi sacrae non dissona legi. / Quis non miratur, quod facta tanta loquatur? / Ut Proba dicatur, propria probitate probatur!*; vide codicum **Ll** et **Rn** descriptionem), Alani *De planctu naturae* (ff. 84–110ᵛ), Alexandri Neckam *Fabulae* (ff. 110ᵛ–118ᵛ), Simonis Caprae Aureae *Excidium Troiae*, Symphosi *Aenigmata* (ff. 123–126). Fuit Sancti Augustini Eboracensis, deinde Henrici Ferrari (Henry Ferrers), deinde Roberti Cotton, cuius libri a. 1753 Museum Britannicum ingressi sunt; ceterum hunc librum a. 1653 J. Selden mutuatus erat.

33 *A Catalogue of the manuscripts in the Cottonian Library*; Ward, *Catalogue of Romances*, 33; Ker, *Medieval libraries*, 368; Johannes de Hauvilla, *Architrenius*, herausgegeben von P. G. Schmidt, München 1974, 96; K. W. Humprheys, *The friars' libraries*, London 1990, 124; Tite, *The early records*, 179.

F Parisinus (Paris, Bibliothèque Nationale, Lat. 8320[34]), saec. XV, partim membraneus partim chartaceus ff. 89. Constat ex pluribus partibus diversarum originum et aetatum. Fasciculus, in quo Proba continetur, est mm. 230 x 160 foliorumque 34–56 ordinem obtinet; insunt ps.-Ovidi *De pulice* (f. 34^{r-v}), Probae *Cento* (ff. 35–52^{v}; praecedit Isid. *Etym.* 1, 39, 25–6), Adami Montaldi Genuensis versus (inc.: *Fortunam mihi, Christe, bonam, da precor ut te*, f. 53) et ps.-Vergili *Moretum* (usque ad v. 106, ff. 53^{v}–56^{v}). Fuit Baluzii (1630–1718) unaque cum ceteris libris huius viri Bibliothecam Regiam a. 1719 ingressus est.

f * Florentinus Laurentianus (Firenze, Biblioteca Medicea Laurenziana, Pl. 23.15[35]), a. 1489/1490, membraneus, ff. 320, mm. 210 x 320. Insunt Prudenti *Hymni, Peristephanon, Dittochaeon, Hamartigenia, Apotheosis, Contra Symmachum* aliaque (ff. 1–160 anno 1489 conscripta), Iuvenci *Evangeliorum libri* (ff. 161–219), Probae *Cento* cum epigrammate praefatorio (ff. 219^{v}–231^{v}; inscr.: *Incipit Centona Probae*; subscr.: *Explicit Centona Proba ex carminibus P. Virgilii. Deo semper gratia. Amen*), Seduli *Carmen Paschale* aliaque carmina minora (ff. 232–272^{v}), Aratoris *De actibus apostolorum* (ff. 273–320, conscripta Florentiae mense Febr. a. 1489). Probae versus hoc ordine se excipiunt: 1–20, 100–137, 61–99, 21–60, 217–257, 177–216, 138–175, 258–338, 417–456, 377–416, 339–376, 568–579, 531–559, 497–530, 562–567, 457–460, 462–466, 461–462, 467–496, 560–561, 580–655. Conscriptus est ab Antonio Sinibaldi Florentiae ibique semper mansit.

Fm Florentinus Magliabechianus (Firenze, Biblioteca Nazionale, Magliabechi VII, 1063[36]), saec. XV, membraneus, ff. 52, mm. 250 x

34 *Catalogus librorum manuscriptorum Bibliothecae Regiae*; A. P. McKinlay, *Arator. The codices*, Cambridge Mass. 1942, 17.

35 A. M. Bandini, *Catalogus codicum Latinorum Bibliothecae Mediceae Laurentianae*, Florentiae 1774–1777; *I manoscritti datati della Biblioteca Medicea Laurenziana di Firenze*, 1, a cura di T. De Robertis, C. Di Deo, M. Marchiaro e I. G. Rao, Firenze 2008; Springer, *The manuscripts of Sedulius*.

36 A. Galante, *Index codicum classicorum Latinorum qui Florentiae in Bibliotheca Magliabechiana adservantur*, «St. it. di fil. class.» 10 (1902)

165. Inest Stati *Achilleis* (ff. 1–20^{v}), *Ilias Latina* (ff. 21–39), Probae *Cento* (ff. 41–51; subscr.: *Iste liber est Torrigiani Bigliotti qui moratur scholis magistri Zanobi p(ro)f(e)x(or)is. Laus tibi, Christe, quoniam liber explicit iste. Qui fecit hunc librum vadat in Paradisum*). Fuit in Bibliotheca Strozziorum, quae a. 1786 in Bibliothecam Magliabechianam migravit.

Fr Friburgensis (Freiburg im Breisgau, Universitätsbibliothek, 108[37]), in altera saeculi XVI parte conscriptus, certe post a. 1568, chartaceus, ff. 274, mm. 205 x 160. Insunt benedictiones, exorcismi similesque res (ff. 1–30), Seduli *Carmen Paschale* aliaque carmina Christiana aliorum auctorum (ff. 49–121^{v}), ps.-Bernardi Claraevallensis *De contemptu mundi* (ff. 122–131), Columbani *Versus ad Hunaldum* (ff. 131^{v}–134), Alcimi Aviti, ps.-Cypriani aliorumque Christianorum carmina quaedam (ff. 134–155), Probae *Cento* usque ad v. 686 (ff. 155^{v}–171; inscr.: *Probae Centona vatis clarissimae a Hieronymo comprobatae. Centonam de fidei nostrae mysteriis e Maronis carminibus excerptum opusculum. Probae Falconiae Centone clarissimae feminae excerptum e Maronis carminibus ad testimonium Veteris Novique Testamenti opusculum*), *Vita Pilati* (f. 172^{v}–179^{v}), Johannis Hilteprandi Mecher *De amissione Paradisi* (ff. 182–188), Hildeberti *De mysterio missae* (ff. 189–201), Wolfgangi Herman Ottingen *Descriptio Monasteri Divae Mariae in Eethal* (ff. 202–209), Georgi Sabini *Hymnus in diem natalem Christi* (ff. 209–211^{v}), Jacobi Kuebel, Augustini Neser, Petri de Rotis, Mecheri, Christiani Pieri carmina in honorem Caroli V, Ferdinandi I et Maximiliani II (ff. 212–227), Hucbaldi de S. Amando *Ecloga de calvis* (ff. 228–232), Nicolai Mamerani, Johannis Leonis Placentini, Christiani Pieri, Johannis Diophylacis carmina aliqua (ff. 232–256), Sibyllae oracula (ff. 256^{v}–257^{v}). Vel Friburgi vel in eius vicinia exaratus est ibique semper mansit.

323–358; ibid. 15 (1907) 129–160; R. Black, *Humanism and education in medieval and Renaissance Italy*, Cambridge 2001, 231.

37 W. Hagenmaier, *Die abendländischen neuzeitlichen Handschriften der Universitätsbibliothek Freiburg im Breisgau*, Freiburg i. Br. 1996.

G Parisinus (Paris, Bibliothèque Nationale, Lat. 10358[38]), saec. XIII, membraneus, ff. 288, mm. 316 x 203. Insunt Senecae *Proverbia* ab Eberhardo Bethuniensi carminibus reddita (ff. 1–11^{v}), ps.-Senecae et ps.-Pauli epistulae quaedam (ff. 12–13^{v}), Senecae vel ps.-Senecae *De beneficiis* (ff. 13^{v}–25: finit cum 7, 32, 1), *De remediis fortuitorum* (ff. 25–27^{v}), *De clementia* (ff. 27^{v}–39^{v}), Probae *Cento* (ff. 41–52; inscr.: *Incipit liber Probae uxoris Adelphi proconsulis*; subscr.: *Explicit liber Probae uxoris Adelphi proconsulis*), Petri Blesenis *Basiligeronthicon* (ff. 52^{v}–67), Hieronymi epistula 50 (ff. 67^{v}–76^{v}), S. Bernardi *Meditationes* (ff. 76^{v}–88^{v}), Alberti Magni *De mineralibus* (ff. 89–149^{v}), *Evangelium Nicodemi* (ff. 149–164^{v}), Hildeberti *Liber philosophiae de honesto et utili* (ff. 164^{v}–185^{v}), Roberti episcopi Lincolniensis oratio quaedam a. 1253 Lugduni habita (ff. 185^{v}–192^{v}), Stephani abbatis de Salleya *Meditationes* (ff. 193–209), *Quaestiones ab Orosio propositae et ab Augustino expositae* (ff. 209–263^{v}), *Imago mundi* (ff. 264–273^{v}), *Summa magistri Willelmi de computo* (ff. 273^{v}–283^{v}), Iohannis de Garlandia *Exempla honestae vitae* (ff. 283^{v}–287^{v}). In Gallia conscriptus esse videtur. Emptus est a praefectis Bibliothecae Nationalis a. 1856.

g Londiniensis Harleianus (London, British Library, Harley, 2744[39]), saec. XVI, membraneus, ff. 208, mm. 278 x 188. Continet Vergili vel ps.-Vergili *Bucolica* (ff. 1–11), *Georgica* (ff. 11–39), *Epigramma ad Octavianum* et *Aeneida* (ff. 39–180^{v}), Probae *Centonem* (ff. 181–191^{v}; inscr.: *Opus admirabile Probae Centurone*; subscr.: *Explicit Virgiliocentona Probae cuius Homerocentonam non habet Latinitas sicut Virgiliocentonam non habet Graecia; studuit enim utramque gentem ad fidem catholicam invitare priorum documentis auctorum*, cf. opusculum meum *La tradizione*, 361–362), Stati *Achilleida* (ff. 193–208^{v}). In Italia conscriptus esse

38 L. Delisle, *Inventaire des manuscrits latins conservés à la Bibliothèque impériale sous les n.os 8823–11503 du fonds latin et faisant suite à la série dont le catalogue a été publié en 1744*, Paris 1863.

39 *A catalogue of the Harleian manuscripts in the British Museum*, (R. Nares), London 1808; C. E. Wright, *Fontes Harleiani. A study of the sources of the Harleian collection of manuscripts preserved in the Department of Manuscripts in the British Museum*, London 1972, 415.

videtur; fuit Laelii Capilupi Mantuani. Emerunt Robertus (1661–1724) et Eduardus (1689–1741) Harley a. 1723/24 officiis N. Noeli; a. 1753 cum ceteris Harleianis Museum Britannicum ingressus est.

H Parisinus (Paris, Bibliothèque Nationale, Lat. 14195[40]), saec. XV, chartaceus, ff. 202, mm. 215 x 152. Constat ex pluribus codicibus, partim manu scriptis partim impressis, in unum compactis. Haec sunt impressa: Dionysi Carthusiani *Speculum amatorum mundi* (ff. 1–16ᵛ), Angeli Politiani *Coniurationis commentarium* (ff. 18–23ᵛ) et *Epigrammata in Salviatum*, bulla quaedam (ff. 25–41ᵛ), *Oratio in funere Petri Cardinalis Sixti habita a Nicolao episcopo Modrusiensi* (ff. 52–61), *Opus magistri Nicolai Richardi in theologia magistri famosi super eadem bulla Xanctonensi* (ff. 62–71); in ff. 73–77ᵛ iteratur bulla supra memorata. Haec sunt manuscripta: Sixti IV *Bulla contra Florentinos* (ff. 42–51ᵛ), Iohannis Gerson *De nobilitate* (ff. 78–101ᵛ), Probae *Cento* (102–123; praecedit: *Quia vero Cento Probae ex Virgilio de fabrica mundi et de Evangeliorum subsequitur quid de ea scripserint auctores non indignum praemittere reputavi. Scripsit enim de ea Isidorus in libro de viris illustribus...*; sequitur vita a Boccaccio conscripta, nescio an integra, *De mulieribus claris* 97), Maffei Vegi *De veritate et philalete dialogus* (130–150), Johannis Aurispae *Comparatio Scipionis, Alexandri Hannibalis* (150–155ᵛ), Francisci de Maronis *Quaestiones* (ff. 158–173ᵛ), Pauli II *Bulla de Iubilaeo* (ff. 174–175ᵛ), *Comparatio sanctae Lugdunensis ecclesiae militantis in orbe ad sacram in caelis ecclesiam triumphantem* (ff. 176–179ᵛ), sermones aliquot de sacris scripturis partim lingua vernacula Provinciae conscripti (ff. 186ʳ–202ᵛ). In Probae foliis dispexi chartarum insignia typi 15097 Br. (Augsbourg 1470). Fuit Bibliothecae S. Germani a Pratis unde a. 1795/6 in Bibliothecam Nationalem translatus est.

40 L. Delisle, *Inventaire des manuscrits de Saint-Germain-des-Prés conservés à la Bibliothèque impérial, sous les numéros 11504–14231*, Paris 1868; Id., *Le cabinet de manuscrits de la Bibliothèque Nationale*, 2, Paris 1874, 49–50; Kristeller, *Iter Italicum*, 3, 1983, 234.

h Londiniensis Harleianus (London, British Library, Harley, 2578[41]), saec. XV, chartaceus, ff. 300, mm. 213 x 250. Continet Hesiodi *Opera et dies* interprete Nicolao de Valle (ff. 3ᵛ–24ᵛ), Calpurni et Nemesiani *Eclogas* (ff. 25–56), Francisci Petrarchae *Eclogas* (ff. 57–94), Theocriti *Eclogas* 1–7 cum vita Martini Philetici (ff. 95–126ᵛ), Vergili *Bucolica* (ff. 127–150), *Carmina Priapea* (ff. 150ᵛ–168ᵛ), Ausoni opera quaedam (ff. 169–260ᵛ), Probae *Centonem* (ff. 261–277; inscr.: *Probae Falconiae vatis clarissimae a divo Hieronymo comprobatae de fidei nostrae mysteriis ex Vergilio centones versus. Probae Centonae clarissimae feminae excerptum e Maronis carminibus ad testimonium Veteris Novique Testamenti opusculum*, cf. opusculum meum *La tradizione*, 357; subscr.: *Probae Centone cl. feminae opusculum finit*), Gregori Tiphernatis epistulas, *Carmen Sapphicum ad Ludovicum Mantuae principem*, *Epigrammata* (ff. 277ᵛ–300). In Italia conscriptus videtur. Fuit Iohannis Gibson (qui multos libros in Italia sibi comparavit) a quo hunc librum a. 1723/24 R. et E. Harley emerunt. A. 1753 cum ceteris Harleianis Museum Britannicum ingressus est.

Ha Hauniensis (København, Det Kongelige Bibliotek, N. k. S. 159ᵈ, 4ᵗᵒ[42]), saec. XV, chartaceus, ff. 54, mm. 212 x 154. Insunt Probae *Cento* usque ad v. 401 (ff. 1ᵛ–15; praecedit vita Probae a Boccaccio conscripta; inscr.: *Vergiliocentones Veteris et Novi Testamenti*), *Carmen de novem Musis* (f. 16), Horati *Carmen saeculare* (ff. 17–19), carmen de Johanne Baptista (inc.: *Ut queant laxis resonare fibris*, ff. 19ᵛ–21), carmen Sapphicum de amore (inc.: *Ille qui quondam comitatus ampla*, ff. 21–22ᵛ), opusculum de metris (inc.: *Januensis in "Katholicon" dicit de metro*, ff. 23–26), Vergili *Aeneis* (4, 173–188, f. 26ᵛ), Ovidi *Ex Ponto* 3, 2, 45–58 (f. 27), *Anth. Lat.* 242, 101, 99, 59, 102 (ff. 28–30ᵛ), Ovidi *Epistula Sapphonis* (ff. 31–35ᵛ), tractatus de quantitatibus syllabarum (inc.: *Qui breviter syllabarum*, f. 36), *Praecepta rhetorices a magistro T. R. pro pueris erudiendis in unum colecta* (ff. 37–54). In Gallia conscriptus

41 *A catalogue of the Harleian manuscripts*; Wright, *Fontes Harleiani*, 411.
42 E. Jørgensen, *Catalogus codicum Latinorum medii aevi Bibliothecae Regiae Hauniensis*, Hafniae 1926.

esse videtur; saec. XIX Bibliothecam Regiam Hauniensem ingressus est.

Hb Hauniensis olim Gottorpianus (København, Det Kongelige Bibliotek, G. k. S. 46, 2°[43]), saec. XII ex., membraneus, ff. 7, mm. 315 x 230. Continet Probae *Centonem* (ff. 1–4^{v}), carmina quaedam anonyma (scilicet eadem quae in **t** et **Vg**: vide libri **t** descriptionem; ff. 4^{v}–6), deinde Hildeberti *De dissensione exterioris et interioris hominis* usque ad 3, 26 (ff. 6^{v}–7^{v}). In Gallia conscriptus esse videtur. Fuit Friderici Lindenbruch Hamburgensis (1573–1648), qui Lutetiae multos libros sibi comparavit, deinde fuit in Bibliotheca Ducali Gottorpiensi (ubi M. Gude eum adhibuit, cf. p. CI); postea fuit J. A. Fabrici (1668–1736), cuius bibliotheca ab a. 1770 in Bibliotheca Regia Hauniensi asservatur.

Hc Hauniensis (København, Det Kongelige Bibliotek, E donat. var. 18, 2° [44]), a. 1494–96, chartaceus, ff. 176, mm. 285 x 210. Insunt Probae *Cento* (ff. 1–19^{v}; praecedit introductio quaedam, cuius initium est *Dum breve hoc opus intueberis*: vide codicis **Zw** descriptionem; inscr.: *Versus praelibantes hoc opusculum*; haec pars a. 1495 conscripta est), *Rhetorica ad Herennium* (sed tantum pars, ff. 20–45), Vergili *Bucolica* (ff. 46–76; hanc partem scripsit Wernherus Zachmannus a. 1494 "tunc temporis scolaris in opido Badensi"), fabularum Aesopicarum interpretatio Latina (ff. 76^{v}–81^{v}), Vergili *Aeneidos* libri I–IV (ff. 82–167^{v}; haec pars a. 1496 exarata est), ps.-Vergili *Moretum* (ff. 170–174), fragmentum missalis cum notis musicalibus (f. 176^{r-v}, quod membraneum est). In Gallia conscriptus esse videtur. Fuit Johannis Petri Anchersen (1700–1765), deinde Bibliothecae Universitatis Hauniensis, unde a. 1938 in Bibliothecam Regiam translatus est.

43 Jørgensen, *Catalogus codicum Latinorum medii aevi Bibliothecae Regiae Hauniensis*; P. Orth, *Hildeberts Prosimetrum "De querimonia" und die Gedichte eines Anonymus*, Wien 2000, 14–15; E. Horváth, *Marquard Gudes Gottorper Handschriften*, «Wolfenbütteler Beiträge» 7 (1987) 125–165; E. Petersen, *Johann Albert Fabricius*, København 1998.

44 A. Krarup, *Katalog over Universitetsbibliotekets*, 1, København 1935.

I Monacensis olim Tegernseensis (München, Bayerische Staatsbibliothek, Clm 18895[45]), saec. XV, chartaceus, ff. 278, mm. 140 x 100. Continet excerpta ex opere Nicolai de Dinkelsbuehl super quarto libro sententiarum (scripsit Nicolaus Awer de Swindach in monasterio Tegernseensi a. 1452, ff. 1–181), orationem de Maria (ff. 181–182^{v}), Probae *Centonem* (ff. 183–201; inscr.: *Incipit carmen Probae de fabrica mundi*; subscr.: *Explicit carmen Probae*[46]), lexicon quoddam (inc.: *Amphitrides id est mare*, ff. 201^{v}–205^{v}), Iuvenalis *Saturas* VI et XI (ff. 206–224^{v}), varia carmina minora, quae partim et in **J** leguntur (ff. 225–252^{v}; cf. *Catalogum codicum Latinorum*), folium e quodam incunabolo (f. 253, item et f. 266), *De ecclesiis principalibus Romanis* (inc.: *S. Silvester Papa assignat in sua chronica*, ff. 254–264^{v}), versus cantandos in Quadragesima cum notis musicis (ff. 267–278^{v}). Conscriptus est in Monasterio Tegernseensi, ubi et servatus est (nr. 895) usque ad a. 1803, cum cum ceteris libris Tegernseensibus Bibliothecam Regiam Bavaricam ingressus est.

i Vaticanus Ferrajolianus (Città del Vaticano, Biblioteca Apostolica Vaticana, Ferrajoli, 844[47]), saec. XVII, chartaceus, ff. 129, mm. 232 x 152. Continet Cornelium Nepotem (ff. 2–90), Probae *Centonem* (ff. 92–108), Maximiani *Elegias* (ff. 109–115), Ovidii *Epistulam Sapphonis* (ff. 124–128^{v}). Joseph, Gaetanus et Alexander Ferrajoli

45 *Catalogus codicum Latinorum Bibliothecae Regiae Monacensis*, 2/3, Monachii 1878; Schrepf, *Die bayerische Hofbibliothek*; Jahn, *Mühsam erworbene Schätze*.

46 In hoc libro, sicut in ceteris eius classis (scilicet **J Kr l Lu No Z**, vide infra), haec *Centoni* praeponuntur: *Incipit liber Centonis editus a Proba Alipii uxore. Centones apud grammaticos vocari solent qui de carminibus Homeri et Virgilii ad propria opera more centonario ex multis concinnatis* (*conatis* **l**) *hinc et inde compositis in unum sarciunt corpus ad facultatem cuiusvis materiae. Haec Proba uxor Adelphi senatoris centonem ex Virgilio de fabrica mundi et Evangeliis plenissime expressit materia composita secundum versus et versibus secundum materiam concinnatis. Sic quoque et quidam Pomponius ex eodem poeta inter cetera sui stili otia Tityrum in Christi honorem composuit similiter et de Aeneidis.* Cf. opusculum meum *La tradizione*, 360 adn. 22.

47 *Bibliothecae Apostolicae Vaticanae codices manu scripti. Codices Ferrajoli*, rec. F. A. Berra, Romae 1960.

in saec. XIX et in principio saec. XX multos libros emerunt, quos Philippus Ferrajoli a. 1926 Bibliothecae Vaticanae donavit.

J Guelferbytanus Helmstadiensis (Wolfenbüttel, Herzog August Bibliothek, 367[48]), anni 1454, chartaceus, ff. 336, mm. 280 x 210. Continet Vergili *Bucolica* (ff. 1–17), *Georgica* (ff. 17^{v}–60^{v}), *Appendicis* quaedam aliaque carmina minora ad Vergilium pertinentia (ff. 61–112^{v}), librorum *Aeneidos* argumenta (ff. 112^{v}–113^{v}), *De XII signis caelestibus* aliaque carmina minora epitaphiaque Vergili, Ciceronis, Achillis et Hectoris (ff. 113^{v}–120^{v}), Probae *Centonem* (ff. 120^{v}–134^{v}: de inscriptione vide quae de **I** dixi), argumenta *Aeneidos* monosticha (f. 139^{v}), Vergili *Aeneida* cum argumentis metricis (ff. 140–334^{v}), carmina quaedam minora (334^{v}–336^{v}). Scripsit Heinrich Hopf. Fuit Ducae alicuius Pomeraniae, deinde principum Guelferbytanorum. A. 1614 Bibliothecam Universitatis Helmstadiensis ingressus est (nr. 332), a. demum 1817 cum ceteris Helmstadiensibus Guelferbytum regressus est Bibliothecam Ducalem ingressurus.

j Mediolanensis Ambrosianus (Milano, Biblioteca Ambrosiana, F 36 sup.[49]), saec. XV ex., chartaceus, ff.140, mm. 204 x 130. Insunt Symmachi *Relatio III* (ff. 1–4^{v}), Ambrosi responsum ad Symmachum et alia excerpta ex Ambrosii operibus (ff. 5–37^{v}), sermo aliquis de avaritia (inc.: *Sunt tamen qui invicem se devorent*; fin.: *constat difficile posse vitari* ff. 38–38^{v}), quaedam ex Augustini et Rhabani operibus (ff. 38^{v}–40^{v}), *Passio Sancti Mauriti et sociorum* quam sequuntur excerpta ex Ambrosio, Cassiodoro, *Evangeliis*, Gregorio Magno (ff. 41–60^{v}), excerpta ex Eusebio Caesareensi de vita Christi, Lentuli epistula, Abgari epistula et Iesu responsum (ff. 65–67), alia excerpta Christiana (inter quae et Ambrosi *Hymni*

48 O. von Heinemann, *Die Handschriften der Herzoglichen Bibliothek zu Wolfenbüttel, I, Die Helmstedter Handschriften*, Wolfenbüttel 1884.

49 *Inventario Ceruti dei manoscritti della Biblioteca Ambrosiana*, 3, Trezzano s. N. 1977; B. M. Peebles, *The "Ad Maronis Mausoleum": Petrarch's Virgil and two fifteenth-century manuscripts*, "Classical and mediaeval and Renaissance studies in honour of B. L. Ullman", 2, Roma 1964, 169–198; de Johannis Bononi libris cf. etiam Th. Mommsen, *CIL* 6, 694–695.

et Ausoni *Omnipotens quem mente colo*: ff. 67–87), Probae *Cento* (ff. 88v–103 praecedunt aliqua ex Isid. *Etym.* 1, 39, 25–6, quae sequitur Maffei Vegii epigramma: *Proba (!) haec Centonam scripsit dictante Marone / carmine divinam qua canit historiam*), ps.-Lactanti vel Venanti Fortunati *De Christi resurrectione* (ff. 103v–104), excerpta ex *Evangelio* Lucae (ff. 106v–116v), Gregori Magni homilia (ff. 116v–121), alia carmina Latina minora (ff. 138v–141v). Scripsit Johannes Bononius Laudensis fuitque Monasteri Sancti Bassiani Laudensis.

Ja * * * Jauernickensis (Jauernick, Pfarrei St. Wenzeslau, 2[50]), a. 1510, chartaceus, ff. 279, mm. 320 x 235. Insunt *Psalterium Gallicanum* (ff. 1–215), Ovidi *Remedia amoris* (ff. 216–233), Terenti *Andria* (ff. 234–259), Philippi Beroaldi *Carmen de die dominicae passionis* (ff. 260–262), Probae *Cento* (vv. 263–279; finit cum v. 689, quia reliqua abscisa sunt). Ipse librum difficilem aditu inspicere supersedi, cum eum iam Horst plene descripserit.

Jg Guelferbytanus Gudianus (Wolfenbüttel, Herzog August Bibliothek, Gudianus Lat. 237[51]), a. 1475, chartaceus, ff. 133, mm. 210 x 145. Insunt aliqua opuscula theologica Boethi (ff. 2–14), Cassiodori *De anima* (ff. 15v–34), Probae *Cento* (ff. 35–53v; praec. *Etym.* 1, 39, 25–6; inscr.: *Versus praelibantes hoc opusculum*; subscr.: *Stephanus Dominici sepulchri canonicus sollicite perscrutando primus investigavit in quibus locis Vergili versus huius opusculi Valeria assignavit. Insuper hoc titulis opus minio decoravit* [cf. descriptionem librorum **E Mu**]. *Explicit Virgilio Cento Probae Valeriae de fabrica mundi et Evangeliis plenissime secundum versus exposita per fratrem Henricum Vollenhoe anno D. MCCCCLV ipso die Julianae virginis et martyris*), *Liber pronosticorum futuri saeculi* (inc.: *Sanctissimo ac prae ceteris familiarissimo*, ff. 55–98v), aliqua ad concilium Basileense spectantia (ff. 103–113v), aliaeque res ad simoniam

50 H. Horst, *Liturgie, Kirchenväter und lateinische Dichtung in Handschriften der Oberlausitz. Zwei Codices der Pfarrei St. Wenzeslau zu Jauernick (Diözese Görlitz)*, Köln 2004, 27–33.

51 G. Milchsack, *Die Handschriften der Herzoglichen Bibliothek zu Wolfenbüttel. Die Gudischen Handschriften*, Wolfenbüttel 1913.

(ff. 115–126) vel ad historiam universitatis Parisiensis et Coloniensis spectantes (ff. 126ᵛ–127ᵛ), excerpta ex Isidori *Etym.* 7, 1 (ff. 129–133). Fuit Monasteri Beatae Virginis prope Arenacum.

Jh Guelferbytanus Gudianus (Wolfenbüttel, Herzog August Bibliothek, Gudianus Lat. 284[52]), saec. XVII, chartaceus, ff. 28, mm. 195 x 165. Continet Probae *Centonem* (ff. 1–18ᵛ; inscr.: *Fragmentum Christiani cuiusdam poetae*) ceteraque carmina anonyma quae in **Hb** leguntur (scilicet usque ad *Pergama ne ruerent ut staret Troia notandae*; folia reliqua). Hic liber ab ipso M. Gudio (1635–1689) conscriptus est.

K Venetus Marcianus (Venezia, Biblioteca Marciana, Lat. XIV 68[53]), saec. XV, chartaceus, ff. 141, mm. 218 x 147. Insunt: Thomae Aquinatis *De regimine principum* (ff. 1–19), ps.-Bruti et Philippi Macedonis epistulae Latine redditae (ff. 19ᵛ–22ᵛ), Matthaei Pigafetae versus de quadam muliere (ff. 23–24ᵛ), quaedam de mulieribus Italico sermone conscripta, magistri Beni rationes computi, *Vita S. Mamantis* G. Aurispa interprete, *Carmen de urbe Polae*, Ioannis Galeati Vicecomitis *Epistula ad Florentinos*, S. Vincenti Ferreri *Epistula de fine mundi*, Gasparini Barzizae excerpta quaedam rhetorica, Probae *Cento* (ff. 112ᵛ–124; sequitur Probae vita a Boccaccio conscripta), carmina orationesque nuptiales (ff. 126–131ᵛ). De huius libri vicibus nihil scio.

k * * * Mediolanensis Ambrosianus (Milano, Biblioteca Ambrosiana, D 14 inf.[54]), saec. XIV–XV, membraneus, ff. 27, mm. 280 x 210. Continet Henrici Septimellensis *Elegiam* (ff. 1–16ᵛ), Probae *Centonem* (ff. 17–27ᵛ; de subscriptione vide opusculum meum *La*

52 Milchsack, *Die Handschriften der Herzoglichen Bibliothek zu Wolfenbüttel.*

53 P. Zorzanello†, *Catalogo dei codici latini della Biblioteca Nazionale Marciana di Venezia non compresi nel catalogo di G. Valentinelli*, 3, Trezzano s. N. 1985.

54 P. F. Moretti, *In margine a due testimoni del centone di Proba: Milano, Biblioteca Ambrosiana, D 14 inf. e G 111 inf.*, «Segno e testo» 8 (2010) 285–312.

tradizione, 364 adn. 32 et Moretti). Fuit Francisci Ciceri Mediolanensis (1521–1596).

Kr Cremifanensis (Kremsmünster, Stiftsbibliothek, CC 10[55]), a. 1450–1460, ff. 298, mm. 210/5 x 145. Insunt consilia iudicialia (ff. 1–3), litterae papales (ff. 3ᵛ–12), Henrici de Langenstein *Carmen de cauda castoris* aliaque carmina humanistica (ff. 13–22ᵛ), Johannis Boccacci *De claris mulieribus* (ff. 25–148), Ovidi *Epistula Sapphonis* (ff. 150ᵛ–153ᵛ), Marci Siculi *Carmen in laudem Sapphus* (f. 154), ps.-Lactanti *De ave phoenice* (ff. 154ᵛ–156ᵛ), Ovidi versus de phoenice (scil. *Met.* 15, 391–402; f. 156ᵛ), Dantis versus Italici de phoenice (*Div. comm., Inf.* 24, 106–111), Daretis *De excidio Troiae* (ff. 157–175ᵛ), ps.-Corneli Nepotis *Epistula ad Sallustium* (f. 157), Probae *Cento* (ff. 176ᵛ–189; de inscriptione vide quae de **I** dixi), Hieronymi de Vallibus *Iesuis* (ff. 190–202ᵛ), Iohannis Aliotti carmen (inc. *Dulcis amica veni, Iesumque aversa vocantem*, f. 202ᵛ), Apolloni Blanci opuscula quaedam (ff. 205–222), Leonardi Iustiniani *Oratio funebris pro Carolo Zeno a. 1418 habita* (ff. 222–228ᵛ), Guarini Veronensis, Leonis Baptistae Alberti, Leonardi Aretini, Gerardi Landriani, Borni de Sala, Aeneae Piccolomini epistulae et opuscula quaedam (ff. 228ᵛ–249ᵛ), Johannis Trösteri *Dialogus de remedio amoris* (ff. 253–260), excerpta e Petrarchae *De remediis utriusque fortunae*, Guarini, Georgi Bevilaqua, Bartholomaei Casciotti, Isotae Nogarola, Ladislai Postumi regis Hungariae, Johannis Roth de Wedming, Francisci de Zabarellis, Ladislai Vetesi epistulae quaedam et orationes (ff. 260ᵛ–294ᵛ). Fuit Michaelis Wochner Auerbacensis († 1480, cuius libri partim ex Spital am Pyhrn, partim Vindobona originem ducunt), deinde Petri Grossi de Trockau († 1521), qui libros suos monasterio Cremifanensi reliquit.

l Londiniensis Arundelianus (London, British Library, Arundel, 82[56]), saec. XV, chartaceus, ff. 248, mm. 349 x 252. Continet ps.-

55 H. Fill, *Katalog der Handschriften des Benediktinerstiftes Kremsmünster*, 2, Wien 2000.

56 *Catalogue of manuscripts in the British Museum*, I, The Arundel Manuscripts (J. Forshall), London 1834.

Vergili epigrammata quaedam eiusdemque vitam (ff. 1–4^{v}), *Bucolica* (ff. 4–18^{v}), *Georgica* (ff. 19–55^{v}), *Aeneida* (ff. 56–227), Maffei Vegi *Aeneidos* librum XIII (ff. 227^{v}–238), Probae *Centonem* (ff. 239–246; de inscriptione vide quae dixi de **I**), *Anth. Lat.* 603–614, 631, 634, 664, 672 (ff. 246^{v}–248). Chartarum insignia dispexi, quae similia sunt typis Br. 11662 (Florentiae 1432) et 11652 (Romae 1434–1439). Liber sine dubio in Italia conscriptus est. Fuit Thomae comitis de Arundel (1586–1646), cuius libri partim a. 1666, partim 1831 Museum Britannicum ingressi sunt.

La * * Laudunensis (Laon, Bibliothèque Municipale, 279[57]), saec. IX in., membraneus, ff. 163, mm. 364 x 298. Continet Hilari *In Genesin* (f. 1), Probae *Centonem* usque ad v. 318[58] (ff. 1^{v}–3^{v}), ps.-Cypriani *De Sodoma* (ff. 3^{v}–5), Alcimi Aviti poematis libros I–IV

57 *Catalogue général des manuscrits des bibliothèques publiques des départments*, I, Paris 1849 (manuscriptos Laudunenses descripsit F. Ravaisson), sed auctor catalogi Probam non agnovit; R. Peiper, Cypriani Galli *Heptateuchos*, Pragae – Vindobonae – Lipsiae 1881, IV–V; Id., *Alcimus Avitus*, LIII–LIX; J. Contreni, *The cathedral school of Laon from 850 to 930: its manuscripts and masters*, München 1978; M. M. Gorman, *The encyclopedic commentary on Genesis for Charlemagne by Wigbod*, «Recherches Augustiniennes» 17 (1982) 198–199; Id., *Wigbod and Biblical studies under Charlemagne*, «Revue bénédictine» 107 (1997) 40–76; Bischoff, *Katalog*, nr. 2099; M. J.-L. Perrin, *Entre Théodulf d'Orléans («carmen» 23) et Wigbod à la cour de Charlemagne peu avant 800*, "Amicorum societas. Mélanges offerts à François Dolbeau pour son 65e anniversaire", Firenze 2013, 589–600. Vide etiam J. B. Pitra, in *Analecta Sacra et classica spicilegio Solesmensi parata*, Parisiis – Romae 1888, 180. Noli legere quae effutivit N. Hecquet-Noti, Avit de Vienne, *Histoire spirituelle*, 1, Paris 1999, 93–95.

58 Praeterea in lacunis haec perierunt: v 24 *rem nulli obscura-*; 25 *si qua fides animo, si vera infus-*; 26 *mens agitat molem et toto se c-*; 27 *spiritus et quantum non noxia cor-*; 28 *terrenique hebetant artus mo-*; 29 *o pater, o hominum rerumque aeterna*; 30 *-sum atque animis inlabere nostris*; 31 *-tumque una decurre labor-*; 32 *-mi vigor et caelestis*; 33 *-us meritosque nova-*; 34 *-s, omnis quem credi-*; 35 *-rum volvens m-*; 56 *terras camposque liquentes*; 57 *labores*; 58 *-di*; 63 *quantus ad aetherium caeli*; 64 *tum pater omnipotens*; 65 *-era di-*; 99 *-e variar-, -arum*; 132 *-nis*; 133 *-saque et artus*; 134 *ac stupefactus numine pressit*; 135 *exce-*; 168 *inte-*; 169 *omnia*; 170 *fortunati ambo, si men-*; 171 *-cuit post exitus*; 207 *-tur vis-*; 307 *-aviter com-*; 308 *-undit.*

(ff. 5–18), Draconti *De laudibus Dei* librum I (ff. 18–22^v), Cypriani Galli *Heptateuchi* librum I (ff. 22^v–33^v), Wigbodi quaestiones super *Genesin* (ff. 34^v–100^v), Alcimi Aviti librum V (ff. 100^v–105^v), Cypriani Galli *Heptateuchi* libros reliquos cum Wigbodi quaestionibus (ff. 105^v–163^v). Prope litora Mosellae exaratus videtur, fortasse non longe ab Augusta Treverorum, ubi vixit Wigbodus (cf. Contreni, *The cathedral school of Laon*, 45). Fuit ecclesiae Dominae Nostrae Laudunensis.

Lb * * Laudunensis (Laon, Bibliothèque Municipale, 273[59]), saec. IX ex., membraneus, ff. 173, mm. 280 x 232. Continet Probae *Centonem* usque ad v. 318 (ff. 2^v–5^v), ps.-Cypriani *De Sodoma* (ff. 5–6), Alcimi Aviti poematis libros I–IV (ff. 6–21), Draconti *De laudibus Dei* librum I (ff. 21–25), Wigbodi quaestiones super *Genesin* (ff. 25^v–111), Alcimi Aviti librum V (ff. 111–116), Cypriani Galli *Heptateuchi* a 3, 263 ad finem cum Wigbodi quaestionibus (ff. 116^v–169). Scriptus est vel Lauduni vel in eius vicinia. Fuit, ut videtur, primum ecclesiae Dominae Nostrae Laudunensis, deinde Martini Hiberniensis (819–875), qui multa in marginibus adnotavit, postea Bernardi († 903) et Adelelmi († 930), quorum liberalitate in bibliothecam ecclesiae illius, unde exierat, reversus est (cf. Contreni, *The cathedral school of Laon*, 36 sqq.).

Lh Londiniensis Lambethanus (London, Lambeth Palace Library, 478[60]), saec. XV, membraneus, ff. 143, mm. 185 x 131. Insunt Andreae Dominici Florentini *De Romanis potestatibus* (ff. 1–56^v), Probae *Cento* (ff. 57–72; praecedit Isid. *Etym.* 1, 39, 25–6 satis immutatus, deinde inscriptio: *Incipit opusculum Probae uxoris Adelphi excerptum de Virgilio ad testimonium Novi ac Veteris Testamenti*, cf. opusculum *La tradizione*, 357; post *Centonem* additur Isid. *De viris ill.*, 5, quem sequitur notitia de quodam magistro "in Mariali praedicatorum", de quo nihil mihi constat), Sexti Rufi *Breviari* fragmentum (ff. 73–75^v), Claudi Ptolemaei *Fructus* interprete G. Trapezuntio (ff. 79–89), constitutiones

59 Opera ad hunc librum pertinentia invenias in adn. 57.
60 M. R. James, *A descriptive catalogue of the manuscripts in the Library of Lambeth Palace*, Cambridge 1932.

Cantuarienses a Linwoodo collectae (ff. 92–143). In Britannia sine dubio conscriptus est. Fuit Guilielmi Horman Etonensis (ca. 1440–1535).

Ll Londiniensis Harleianus (London, British Library, Harley, 1895[61]), saec. XV, chartaceus, ff. 42, mm. 284 x 215. Insunt Pomponi Melae *Chorographia* (ff. 1–22), Probae *Cento* (ff. 23–34^{v}; inscr.: *Incipit opusculum Probae uxoris Adelphi. Induit arte virum recitans haec femina mirum; / haec Proba dum recitat proprio se nomine dictat. / Quis non miratur quod femina tanta loquatur? / Ut Proba dicatur proprie probitate probatur. / Christe, satis de te resonant haec verba poetae / sunt ea digna legi sacrae non dissona legi. Opusculum Probae uxoris Adesti excerptum de Vergilio ad testimonium Veteris Testamenti et Novi praelibantes versus sequens opusculum*; vide codicum **Rn** et **e** descriptionem; subscr.: *Explicit opusculum Probae mulieris Adesti tractatus de Veteri et Novo Testamento extractum de Aeneide Bucolica et Georgica Vergilii. Amen*), Taciti *Germania* cum multis adnotationibus (ff. 35–42^{v}). Chartarum insignia dispexi typis 1724 (Troyes 1458), 1738 (Argences 1523–28), 1748 (Argences 1513–22) Br. non dissimilia. Fuit H. Wanleyi (1672–1726), a quo eum emerunt Robertus et Eduardus Harley; a. 1753 cum ceteris Harleianis Museum Britannicum ingressus est.

Lr Londiniensis Harleianus (London, British Library, Harley, 4967[62]), s. XIII–XIV, membraneus, ff. 193, mm. 234 x 180. Constat ex pluribus libris in unum compactis. Pars nostra praeter *Centonem* (cuius soli vv. 1–379 scripti sunt, ff. 169–174) continet Johannis de Garlandia *Aequivoca* (ff. 174^{v}–185^{v}).

61 *A catalogue of the Harleian manuscripts*; Wright, *Fontes Harleiani*, 403; Pomponius Mela, *De chorographia*, ed. P. Parroni, Roma 1984, 67.
62 *A catalogue of the Harleian manuscripts*.

Lu Lucensis (Lucca, Biblioteca Comunale, 1388 A[63]), anni 1470, chartaceus, ff. 22, mm. 288 x 205. Est fragmentum codicis, cuius altera pars est ms. 1388 B; ceterum folia codicis 1388 A numeris 206–226 insigniuntur. Continet Probae *Centonem* (ff. 206–218ᵛ: de inscriptione vide quae scripsi de **I**) et Valafridi Strabonis *De cultura hortorum* (ff. 219–226ᵛ). De huius libri historia nihil mihi constat.

M Romanus Angelicanus (Roma, Biblioteca Angelica, 1350[64]), aetatis variae, chartaceus, ff. 378, mm. 235 x 173. Constat ex pluribus codicibus in unum compactis, quos tamen Narducci non distinxit. Insunt Baptistae Volaterrani orationes (ff. 1–14ᵛ), Suidae lexici vocis "Iesus" interpretatio Latina (ff. 14ᵛ–18, cf. E. Franceschini, *Scritti di filologia latina medioevale*, 2, Padova 1976, 470 adn. 166), epistulae ps.-Pilati, Lentuli, Bruti (ff. 18ᵛ–22ᵛ), oratio de morte Othonis cuiusdam a. 1404 (ff. 22ᵛ–25), Hieronymi epistula 74 (ff. 25–27ᵛ), excerptum e Bartholo Saxoferratensi de Guelforum et Ghibellinorum origine (inc. *Sciendum est quod olim*, f. 27ᵛ), fragmentum orationis habitae Patavi tempore Eugeni IV (ff. 28–29ᵛ), oratio habita Venafri saec. XVI–XVII (ff. 30–36ᵛ), duo carmina elegiaca (Walther, *Initia*, 7429: *En ego qui totum mundum certamine vici* ff. 38–44ᵛ), consolatio de morte (inc. *Si magnitudine animi f.* 45), orationes convivales VI (ff. 45–51), orationes et elegiae aetatis renascentium litterarum (ff. 51ᵛ–66), regulae quaedam ad epistulas conscribendas vel ad versus conficiendos (ff. 66–91ᵛ), sententiae ex Sacris Scripturis et auctoribus Graecis, Latinis et Italicis (ff. 92ᵛ–100ᵛ), orationes Aeschinis, Demadis, Demosthenis interprete Leonardo Aretino aliaque opuscula (ff. 101ᵛ–125ᵛ), carmina in mortem Alexandri Cinutii Senensis et epigrammata anonyma in nonnullas antiquitates Romanas (inc. *Transfuga et ingratus condam tua maxima cura*) (ff. 126–133ᵛ), Probae *Cento* cum epigrammate praefatorio (ff. 134–151ᵛ; tit.

63 A. Mancini, *Index codicum Latinorum bibliothecae publicae Lucensis*, «Studi it. di filol. class.» 8 (1900) 115–320.

64 H. Narducci, *Catalogus codicum manuscriptorum praeter Graecos et Orientales in Bibliotheca Angelica olim coenobio Sancti Augustini de Urbe*, Romae 1893.

Incipit praefatio in Virgiliocentonam Probae ingeniosissimae feminae gentilium carmina ad obsequium fidei retorquentis, cf. *La tradizione*, 363; subscr.: *Explicit Virgiliocentona Probae cuius Homerocentonam non habet Latinitas sicut Virgiliocentonam non habet Graecia; studuit enim utramque gentem ad fidem catholicam invitare priorum documentis auctorum*, cf. *La tradizione*, 361–362; epigramma praefatorium, quod non eadem manus quae *Centonem* exaravit, ita inscribitur: *Prologus Semproniae Probae Hortanae feminae doctissimae ad Honorium Augustum Theodosi Magni filium et Arcadi Augusti fratrem in suum Virgiliocentona repertus a Petro Sab. Florentiae*; in ff. 135^{v}–136^{v} legitur vita Boccacciana; haec pars libri saec. XV ex. vel XVI in. exarata est), carmina quaedam Italica (ff. 152^{v}–162^{v}), vita Baptistae de Verano Italico sermone conscripta (ff. 170–266), opuscula quaedam aetatis humanisticae (ff. 266^{v}–271^{v}), Persi *Saturae* cum commentario (qui incipit *nota quod ad exponendum* ff. 272–299^{v}), Fulgenti Stati disticha funeralia, fragmentum commentari in Ovidi *Epistulam Sapphonis*, preces contra morbos equorum, Valeri Martialis vita (ff. 300–304^{v}), commentarius mutilus in Persium (inc. *Nec fonte labra prolui caballino. Quod Hesiodus* ff. 305–326^{v}), Horati *Ars poetica* (ff. 328–338^{v}), epigrammata anonyma et Pauli Marsi carmina in laudem Sixti IV (ff. 339–342^{v}), Ovidi *Epistula Sapphonis* cum commentario (qui inc. *Numquid ubi aspecta est. Sappho Simonis* ff. 344–355^{v}), alia scripta minora annorum 1470–80, Martialis aliorumque epigrammata (ff. 356–370^{v}), sermo nuptialis Romae a. 1518 habitus (ff. 371–378^{v}). Me valde paenitet huius libri, quem Romae contuli, partes accurate non distinxisse; neque de ipsius historia aliquid novimus.

m * Vaticanus Urbinas (Città del Vaticano, Biblioteca Apostolica Vaticana, Urbinas Lat. 353[65]), ca. 1480, membraneus, ff. 309, mm.

65 *Bibliothecae Apostolicae Vaticanae codices manu scripti. Codices Urbinates Latini*, rec. C. Stornajolo, Romae 1902; *Les manuscrits classiques latins de la Bibliothèque Vaticaine*; W. W. Ehlers, *Untersuchungen zur handschriftlichen Überlieferung der Argonautica des C. Valerius Flaccus*, München 1970, 7–8, 90–91; L. Castagna, *I bucolici latini minori. Una ricerca di critica testuale*, Firenze 1976, 31–32.

385 x 240. Continet Probae *Centonem* (ff. 6–19; inscr.: *Probae Centonae clarissimae Maronis carminibus ad Testamenti opusculum*, cf. opusculum meum *La tradizione*, 357), aliqua ex *Appendice Vergiliana* (scil.: *Aetnam*, *Cirin*, epigrammata quaedam, ff. 19ᵛ–43), aliqua ex *Anth. Lat.* (ff. 43ᵛ–59), *Consolationem ad Liviam* (ff. 59–67ᵛ), Claudiani *Aponum* (f. 68), *Iliadem Latinam* (ff. 69ᵛ–87ᵛ), Angeli Quirini Sabini *Epistulas* I–III (ff. 88–94ᵛ), Calpurni *Eclogas* (ff. 95–107ᵛ), Nemesiani *Eclogas* (ff. 108–112ᵛ), Gregori Tifernatis scripta quaedam (ff. 113–132ᵛ), Maximiani *Elegias* (ff. 133–144ᵛ), Maffei Vegi *De morte Astyanactis* (ff. 145–150ᵛ), Alcadini Siculi *De balneis Puteolanis* (ff. 151–158), Matthaei Philelphi opuscula quaedam (ff. 158ᵛ–212ᵛ), Valeri Flacci *Argonautica* (ff. 213–309). In f. 309 subscriptum est: *Federricus de Veteranis Urbinas sub Divo Federico Urbinat. duce invictissimo Romanae ecclesiae dictatore transcripsit.* Scripsit igitur Federicus Veterani Federico de Montefeltro annis 1474–1482. Cum ceteris libris Bibliothecae Ducalis Urbinatis a. 1658 Bibliothecam Apostolicam ingressus est.

Md * Mutinensis (Modena, Biblioteca Estense, 730[66]), saec. XV, membraneus, ff. 13, mm. 284 x 215. Continet tantum Probae *Centonem* (ff. 1–13; praecedit Isid. *De viris ill.*, 5; subscr.: *Explicit Virgiliocentonas quem composuit Proba uxor Adelphi cuius Homerocentonas non habet Latinitas sicut Virgiliocentonas non habet Graecia; studuit enim utramque gentem ad fidem catholicam invitare priorum documentis auctorum*, cf. opusculum meum *La tradizione*, 364 adn. 32). De huius libri vicibus nihil comperi.

Mu * Mutinensis (Modena, Biblioteca Estense, 678[67]), saec. XV, chartaceus, ff. 29, mm. 275 x 194. Continet carmen *Utilis est rudibus praesentis cura libelli* (ff. 1–6ᵛ), Probae *Centonem* (ff. 7–19; praecedit Isid. *Etym.* 1, 39, 25–6; subscr.: *Stephanus sepulchri*

66 Descripsit M. Ricci in pagina aetherea manus.iccu.sb.it//opac_Scheda Scheda.php?ID=169474.

67 Descripsit M. Ricci in pagina aetherea manus.iccu.sb.it//opac_Scheda Scheda.php?ID=169443; cf. etiam A. Segre, *Carmi latini inediti del secolo XIV intorno alla guerra di Ferrara del 1309*, «Nuovo Archivio Veneto» n. s. 8 (1908) 322–358

Domini canonicus solicite perscrutando ex quibus in locis Virgilii versus huius opusculi certis sive valeant reperiri assignavit insuper hoc titulos opus et minio decoravit), duo carmina de victoria Ferrarensium contra Venetos a. 1309 (ff. 19^{v}–29^{v}). De Stephano Sepulchri canonico vide quae de Parisino 8317 (**E**) dixi et praecipue p. LXXIV. De huius libri vicibus nihil comperi.

N Romanus Casanatensis (Roma, Biblioteca Casanatense, 386[68]), anni 1427 vel 1432 (cf. *La tradizione*, 365 adn. 34), chartaceus, ff. 31, mm. 269 x 204. Continet tantum *Centonem* Probae. In fine legitur: *Explicit opusculum Virgiliocentonis Falconiae Probae poetriae. Haec suprascripta carmina fuerunt ex veterioribus exemplaribus diligenter collecta a praeposito Geminiano Inghiramio Praten(si), qui etiam in melius ordinavit seriem capitulorum anno MCCCCXXXII* (de hoc numero cf. supra) *mense Octobrio felicitate. De hac Proba in quodam antiquissimo libro, qui continet carmina sacra Probae, Sedulii et Prudentii, in fine carminum de auctoribus aliquid scribitur et in fine Virgiliocentonis sic legitur: "Proba fuit illustris et felix mater trium filiorum, quos vidit gerere consulatum, sed pro sanctimonia fuit clarior et felicior et, dum adhuc viveret, meruit laudari mirabiliter a praecipuis ecclesiae doctoribus Hieronymo et Augustino, qui eam cognoverunt. Obiit sanctissime ineunte saeculo quinto apud Hortanos de* ****** *Romam reversa annum agens octuagesimum plus minus. Scripsit etiam Graece sapienter et alia carmina Latina, quae non supersunt. Deposita est Romae in pace prope ossa coniugis sui pro quo scripsit supradictum centonem ex Virgilio miro descriptum ingenio".* Scripsit igitur Geminianus Inghirami Pratensis (1370–1460). Ceterum, ea quae protulit de "antiquissimo libro" vix credibilia sunt (cf. infra adn. 152). Inghirami versus *Centonis* suo arbitrio immutavit atque interpolavit, ut fere novus cento evaderet (quem descripsi in *La tradizione*, 365–366); quaedam addidit I. B. Audiffredi (1759–1794). Emptus est a praefectis Bibliothecae Casantensis a. 1774.

68 V. Sanzotta, *I manoscritti classici latini della Biblioteca Casanatense di Roma*, s. p.; M. Ceresi, *Catalogo dei manoscritti della Biblioteca Casanatense*, 4, Roma 1961.

n Florentinus Marcianus (Firenze, Biblioteca Nazionale, Conv. soppr., I IX 35[69]), saec. XV, membraneus, ff. 68, mm. 267 x 173. Continet Iuvenci *Evangeliorum libros* (ff. 1–56^v), Probae *Centonem* (ff. 56^v–68; inscr.: *Incipit prologus Centonae,* subscr.: *Explicit Centona Probae ex carminibus P. Virgilii*). De ordine versuum vide quae dixi de **f.** Florentiae scripsit Johannes Aretinus Cosmae de Medicis, qui eum Bibliothecae Sancti Marci Florentiae donavit (cf. *La tradizione,* 359).

Na Nanceiensis (Nancy, Bibliothèque Municipale, 352[70]), saec. XVII, chartaceus, ff. 17, mm. 212 x 160. Hunc librum conferre supersedi, cum ex catalogo compererim eum ex editione Stephaniana a. 1543 descriptum esse.

No Norimbergensis (Nürnberg, Stadtbibliothek, Cent. V, App. 16[71]), s. XV medio vel ex., chartaceus, ff. 128, mm. 310 x 210. Insunt Probae *Cento* (ff. 1–14^v; de inscr. vide quae de **I** dixi; subscr.: *Explicit carmen Centonis Probae e Maronis versibus compilatum*), Ricardi Armacani *Defensio curatorum* (ff. 15–29), Guilelmi de S. Amore *De periculis novissimorum temporum* (ff. 31–50), Alexandri IV Papae bulla (f. 50^v), tractatus quidam ad ordinem fratrum mendicantium spectantes (ff. 51–66), Pii II Papae *Historia Bohemica* (ff. 71–99), Marbodi Redonensis *Liber lapidum* (ff. 105–115), documenta quaedam ad historiam fratrum mendicantium Norimbergensium spectantia (ff. 117–128). Norimbergae conscriptus est, ubi semper mansit.

69 Cf. S. Pelle in: *I manoscritti datati del fondo Conventi soppressi della Biblioteca Nazionale Centrale di Firenze,* Tavernuzze – Impruneta – Firenze 2002; B. L. Ullman – Ph. A. Stadter, *The public library of Renaissance Florence. Niccolò Niccoli, Cosimo de' Medici and the Library of San Marco,* Padova 1972, 131.

70 *Catalogue général des manuscrits des bibliothèques publiques de France* (IV), Paris 1886, 179 (J. Favier).

71 I. Neske, *Die Handschriften der Stadtbibliothek Nürnberg,* 4, Wiesbaden 1997.

O Oxoniensis Lincolnianus (Oxford, Bodleian Library, Lincoln, 84[72]), s. XV medio, chartaceus, ff. 367, mm. 303 x 220. Continet Probae *Centonem* (ff. 2–11^v; inscr.: *Probae Centonae clarissimae feminae excerptum e Maronis carminibus ad testimonium Veteris Novique Testamenti opusculum*, cf. *La tradizione*, 357; subscr.: *Vita brevis, divinus amor terrorque Gehennae / sunt quae recolens labe carebit homo*), ps.-Lentuli et Pilati epistulas (ff. 9–10^v sub ipso textu Probae), Ciceronis *Rhetoricam ad Herennium* (ff. 12–59) cum anonymi commentario (inc.: *Solent qui exponendorum scriptorum negotium susceperunt*; ff. 60–89), excerpta ex Festi *De verborum significatu*, Noni Marcelli *De compendiosa doctrina*, Servi glossas supra Vergilium, Varronis *De lingua Latina* (ff. 90–298), Andreae Dominici Florentini *De Romanis potestatibus* (ff. 301–323^v), ps.-Messallae *Ad Octavianum de progenie sua* (ff. 329–335), ps.-Plutarchi *De liberis educandis* Guarino Veronensi interprete (ff. 335–344^v), S. Basili *De studio litterarum* Leonardo Aretino interprete (ff. 344^v–350^v), eiusdem *Homilias duas de ieiunio* Guarino interprete (ff. 351–359), Aeschinis Demadis et Demosthenis orationes de adventu Alexandri (ff. 359^v–362), Ianotti Manetti et Caroli Marsuppini *Orationes funebres de laureatione Leonardi Aretini* (ff. 362–373^v), Ciceronis *Pro Sexto Roscio* (ff. 374–383^v: finit cum § 77, *per servos id ad-*, quia reliqua codicis exciderunt). Chartarum insignia dispexi similia typis *Dreiberg* 7–22 Piccard (omnes ex Germania, a. 1447–1448); ego quidem puto hunc librum ex Italia septentrionali originem ducere (de affinitate cum libro Vicetino cf. adn. 181). Quo tempore hic liber Collegium Lincolniense ingressus sit, nescimus; certe eum non comprehendunt duo catalogi a. 1474/1476 confecti[73].

72 *Catalogus codicum manuscriptorum qui in collegiis aulisque Oxoniensibus hodie asservantur*, confecit H. O. Coxe, I, Oxonii 1852.

73 R. Weiss, *The earliest catalogues of the Library of Lincoln College*, «Bodleian quarterly record» 8 (1937) 343–359.

o Einsidlensis (Einsiedeln, Klosterbibliothek, 311[74]), a. 1512, chartaceus, ff. 26, mm. 295 x 205. Continet Probae *Centonis* vv. 108–361 et 485–694 (ff. 3–13; reliqua folia exciderunt, subscribitur: *Explicit Virgilio Centona Probae cuius Homero Centonam non habet Latinitas sicut in Virgilio Centonam eius non habet Graecia. Studuit enim utramque gentem ad fidem catholicam commuate (?) prior(um) documentis auctorum. 1512. J. G.*, cf. *La tradizione*, 361–362), Ovidi *Epistulam Penelopes Ulixi* (ff. 20–24), *Anth. Lat.* 664 (f. 25), Mathiae Sambucelli *Imitationem* (inc.: *Accipe pulchra cohors simul et studiosa iuventus*, f. 25), excerpta e Fulgenti *Myth.* ad Musas spectantia (f. 26). De huius libri historia nihil mihi innotuit.

Oj Oxoniensis Sancti Johannis (Oxford, St. Jones College Library, 98[75]), s. XIII medio vel ex., membraneus, ff. 224, mm. 255 x 18. Constat ex septem libris in unum compactis, quorum primus (ff. 3–18) continet Probae *Centonem* (ff. 3–13^{v}; inscr.: *Incipit liber Probae uxoris Adelphi proconsulis*; subscr.: *Explicit liber Probae uxoris Adelphi proconsulis*), scriptum quoddam ad Sibyllas pertinens (inc.: *Incipit prophetia hic Sibyllae sapientis*). In Gallia conscriptus est. Fuit magistri cuiusdam "Ad' le fraunces".

P (Pa, Pb) * * Parisino-Petropolitanus olim Corbeiensis: Paris, Bibliothèque Nationale, Lat. 7701, membraneus, ff. 140, mm. 280 x 212 + Sankt Peterburg, Rossijskaja Nacional'naja Biblioteka, Lat. F v XIV 1, membraneus, ff. 143, mm. 290 x 195[76].

74 A. Bruckner, M. Burckhardt, B. M. Scarpatetti, *Katalog der datierten Handschriften in der Schweiz in lateinischer Schrift vom Anfang des Mittelalters bis 1550*, 2, Dietikon – Zürich 1983.

75 R. Hanna, *A descriptive catalogue of the western medieval manuscripts of St John's College, Oxford*, Oxford 2002.

76 *Catalogus codicum manuscriptorum Bibliothecae Regiae*; K. Gillert, *Lateinische Handschriften in St. Petersburg*, «Neues Archiv der Gesellschaft für ältere deutsche Geschichtskunde» 5 (1880) 255–258; F. Leo, Venanti Fortunati *Opera poetica*, Berolini 1881, VIII–XII; G. B. De' Rossi, *Inscriptiones Christianae urbis Romae saeculo VII antiquiores*, 2, 1, Romae 1888, 72–77; A. Staerk, *Les manuscrits latins du Ve au XIIIe siècle conservés à la Bibliothèque Impériale de St.-Pétersbourg*, 1, Saint-Pétersbourg 1910, 30–34; *CLA* 5, 570; R. Ehwald, Aldhelmi *Opera*, Berolini 1919, 330–332; D. Ganz, *Corbie in the Carolingian Renaissance*, Sigma-

Pars Parisina ex duobus codicibus constat in unum compactis. Prima pars est saec. XIII (ff. 1–128), altera annorum ca. 790–830[77] (ff. 129–140). Continet Ciceronis *De oratore* (ff. 1–39^{v}: finis deest), Flori *Epitomam* (ff. 39–76), Livii *Epitomas* (ff. 76–104^{v}), Plinii Secundi in *Naturalem Historiam* praefationem cum indicibus (exciderunt reliqua: ff. 105–128^{v}), Probae *Centonem* (ff. 129–140). *Centonem* duae manus eiusdem aetatis conscripserunt; altera, quae cum f. 137 incipit, post v. 527 vv. 490–527 denuo exaravit et usque ad 694 perrexit (cf. adn. 154). Nos (sicut Schenkl) versuum 490–527 priorem scripturam siglo **Pa** indicabimus, alteram siglo **Pb**. *Cento* inscribitur *Versus Probae*, subscriptio deest.

Pars Petropolitana haec habet: Cellani carmen acrostichum (inc.: *Iohannis celsi rimans mysteria caeli*; f. 1^{v}), Bonifati *Aenigmata* (ff. 2–6^{v}), Venanti Fortunati carmina selecta "ordine paucis locis servato, plerumque miris modis inverso et variato" (Leo, *Venantius Fortunatus*, IX; ff. 6^{v}–104^{v}), Mari Victorini *De Machabaeis* (ff. 104^{v}–110, cf. Peiper, *Cyprianus Gallus*, 255 sqq.), ex Aldhelmi poemate *De virginitate* excerpta (ff. 110^{v}–122), epigrammata quaedam Christiana, scilicet syllogem Centulensem[78] (ff. 123–134), Angilberti Centulensis epitaphium Sancti Chaidoci (f. 134), Aldhelmi *Aenigmata* (ff. 134–139^{v}), Symphosi *Aenigmata* (ff. 139^{v}–144). Exstant duo indices in ipso libro, primus manu saec. IX scriptus (f. 1): *Codex in quo versus Fortunati de diversis rebus. Et in eodem in laude Sanctae Mariae liber I bis scriptus, et de vita Sancti Martini libri IIII et multa alia de diversis rebus, et de virginitate laudanda in sanctis Veteris et Novi Testamenti et Aenigmata Althelmi episcopi et Simphosii scholastici et versus Probae.* Alterum indicem manus saec. XII in fine (f. 143^{v}) addidit: *Iure sibi librum Corbeia vindicat istum / qui vix prosaicum quid habens sed metrice factum / primo*

ringen 1990, 142; Bischoff, *Katalog*, nr. 2317; O. Bleskinae observationes in vol. *Ex oriente lux. Manuscripts and hagiographical material connected with medieval England. A joint exhibition organised by Helsinki University Library and the National Library of Russia*, Helsinki 2001.

77 Cf. Ganz, *Corbie*, 51.

78 Centulum est monasterium Sancti Richari in pago Pontivo iuxta Scarduonem fluvium; cf. L. Traube, *Poetae Latini aevi Carolini*, 1, 3, Berolini 1896, 265. De huius libri origine Centulensi et de sylloge epigraphica cf. infra.

virtutum quarundam vel vitiorum / continet officia. Concursus mutua bella / hic Fortunatus de diversis metra rebus / editur, in Sanctae bis habetur laude Mariae / bis binisque libris Martini vita celebris. / Succedunt alia nec non epitaphia multa / passio Sanctorum celeberrima Machabeorum / quae fuit in Sanctis sequitur laus virginitatis / pone viri subeunt aenigmata qui sua cadunt / et prior Aldelmus Simphosius estque secundus / ultime Virgilium cecinisse docet Proba Christum.

Patet igitur Probae *Centonem* olim in codice Petropolitano ultimum locum obtinuisse neque est dubium quin ff. 129–140 codicis Parisini olim ultima codicis Petropolitani pars fuerint (quod aetate Schenkli adhuc incertum erat, cf. eius praefationis p. 518). Est exemplum scripturae Corbeiensis AB. L. Traube hunc librum semper pro Centulensi habuit mihique probabile videtur hunc librum Centuli esse conscriptum (vide infra). Qua aetate Corbeiam migraverit nescimus, sed sine dubio ante a. 1200 (cf. catalogum Corbeiensem illius aetatis de quo infra agemus; de aliis libris Centulensibus postea Corbeiensibus, cf. Ganz, *Corbie*, 74–75).

Pars codicis Parisina fuit Claudi Puteani (1545–1594), qui Probam cum Cicerone, Floro, Livio et Plinio conglutinavit[79]. A. 1656 liber cum ceteris Puteanis bibliothecam Gallorum regis ingressus est[80]. Pars vero Petropolitana e bibliotheca Corbeiensi in bibliothecam Sangermanensem migravit (nr. 598)[81], unde eam sub finem saec. XVIII Petrus Dubrowsky, tunc temporis Lutetiae Russorum legatus, cum multis aliis libris olim Corbeiensibus Petropolim secum tulit (Delisle, *Le cabinet*, 2, 52–58). Aetate igitur Puteani iam duae partes discerptae erant, sed eodem volumine

79 Cf. G. Billanovich, *Petrarca e il primo Umanesimo*, Roma 1996, 309; Bleskina, *Ex oriente lux*, 51; cf. etiam J. Delatour, *Une bibliothèque humaniste au temps des guerres de religion. Les livres de Claude Dupuy*, Paris – Genève 1998 (n. 614).

80 Claudius Puteanus et alios thensauros Corbeienses sibi comparavit, cf. Delisle, *Le cabinet des manuscrits*, 2, 135; de ceteris libris Puteanis cf. ibidem, 1, Paris 1868, 262–264.

81 De hac migratione cf. B. Gain, *Les acquisitions de manuscrits à l'Abbaye Saint-Germain-des-Prés d'après l'«Abrégé des choses plus remarquables» (1640–1743)*, "Amicorum societas", 219–235 necnon Delisle, *Le cabinet*, 2, 44.

comprehendebantur ca. a. 1200, ut catalogus Corbeiensis illius aetatis monstrat (cf. p. LXXIII).

p * * Vaticanus Palatinus (Città del Vaticano, Biblioteca Apostolica Vaticana, Palatinus Lat. 1753[82]), saec. VIII–IX, membraneus, ff. 118, mm. 255 x 160. Continet Mari Victorini *Artem grammaticam* (ff. 2–58ᵛ), eiusdem *De metris Horatianis* (ff. 59–62), Probae *Centonem* (ff. 62–69; inscr.: *Incipiunt indicula centonis Probae, inlustris Romanae Aniciorum mater de Maronis qui et Virgilii Mantuani vatis libri* [in *libris* correctum]. *Praedicta Proba uxor Adelphi ex praefecto urbis hunc centon(em) religiosa mente amore Christi spiritu ferventi prudenter enucliate deflorabit* [in *defloravit* correctum] *et legendum populis omnibus Christianis tradidit ostendens quia et alienigeni vates vera obscuris involventes in alia mente legem Domini et adventum passionem et ascensionem vel cetera ante adventum Domini in spiritto praedixerunt. Incipit prologus*; divisus est *Cento* in duos libros, quorum alter cum v. 333 incipit; *Cento* scriptus est nulla hexametrorum divisione, tamquam prosa esset; nulla subscriptio), Pomponi *Versus ad gratiam Domini* (ff. 69–70ᵛ), Maximi Victorini *De finalibus metrorum* (ff. 71–74ᵛ), Papiriani *De orthographia* (excerptum, f. 75), Aldhelmi *De metris et aenigmatibus* (ff. 76ᵛ–109ᵛ), Symphosi *Aenigmata* quaedam (ff. 110–111ᵛ et 112ᵛ–113), anonymi precationem (inc.: *O pater dulcis Iesu qui natus et passus es*, f. 112), Pompei grammatici *Commentum Artis Donati* (excerpta, f. 113ᵛ), Bonifati Maguntini *Artem metricam* (excerptum, ff. 114–114ᵛ), *Aenigmata Anglica* seu *Laureshamensia* (ff. 115–115ᵛ et 117–117ᵛ), versus quosdam Vergili (ff. 115ᵛ), glossas quasdam de arte metrica (f. 116), epitaphium Domberchti (f. 116ᵛ). In abbatia Sancti Lazari Laureshamensis ab aliquot librariis conscriptus est ibique remansit usque ad saeculi XV dimidium, cum codices Laureshamenses bibliothecam Palati-

82 A. Reifferscheid, *Bibliotheca Patrum Latinorum Italica*, 1, Wien 1870, 307–308; Ehwald, *Aldhelmus*, 37–38; *Les manuscrits classiques latins de la Bibliothèque Vaticaine*; M. De Nonno, *Tradizione e diffusione di Mario Vittorino grammatico*, «Riv. di filol. e di istr. class.» 116 (1988) 7–9; B. Bischoff, *Die Abtei Lorsch im Spiegel ihrer Handschriften*, Lorsch 1989², 32; Id., *Katalog*, nr. 6593.

nam Heidelbergensem ingressi sunt. Cum ceteris Palatinis a. 1622/23 Bibliothecae Vaticanae accessit.

Pc Parisinus (Paris, Bibliothèque de l'Arsenal, 243[83]), saec. XV, chartaceus, ff. 148, mm. 183 x 147. Insunt Philippi Barbieri Siculi tractatus quidam (ff. 1–9), vaticinia Sibyllarum (ff. 9–15), verba ipsius codicis auctoris (incipiunt cum *Videamus nunc quid philosophi senserint et gentiles* et finiunt cum *deinde super angelico hymno 'Gloria'*: 15^{v}–31^{v}; anonymus et alia exponit et consilium suum in eligendis operibus, quae in hoc libro leguntur), Probae *Cento* (ff. 32–70: incipit cum v. 11; subscriptio: *Probae Centone clarissime femine opusculum feliciter finit*), Symbolum Athanasi cum Thomae Aquinatis expositione (ff. 70–91), Thomae Aquinatis *Expositio in orationem dominicam* (ff. 92–100^{v}), eiusdem *Explanatio super angelicam salutationem* (100^{v}–107^{v}), explanatio super *Te Deum laudamus* et *Gloria in excelsis* (ff. 107^{v}–127^{v}), Donati theologi tractatus (ff. 127^{v}–148; inc.: *Verbum divinum quod Dei filius est*, finit: *quas brevitati studens omittere decrevi*). In Gallia conscriptus est. Fuit Johannis Budaei (1425–1500), deinde alicuius "Fabien Monseua", deinde marchionis de Paulmy (1722–1787), cuius libri fundamentum Bibliothecae Arsenalis sunt. Fuit et alicuius Jean-Baptiste-François-Joseph de l'Abrussel de Mont-Richard Mettensis.

Pd Patavinus olim Padolironensis (Padova, Biblioteca del Seminario vescovile, 527[84]), saec. XI ex., membraneus, ff. 109, mm. 390 x 266. Insunt Hieronymi *De viris illustribus* (ff. 1–16), Augustini *De agone Christiano* (ff. 16^{v}–25), Quodvultdei *Adversus haereses* (ff. 25–34^{v}), Pelagi *De vita Christiana* (ff. 34^{v}–42^{v}), ps.-Augustini *Altercatio Ecclesiae et Synagogae* (ff. 43–49), Augustini *De vita et*

83 *Catalogue général des manuscrits des bibliothèques publiques de France. Paris. Bibliothèque de l'Arsenal*, par H. Martin, 1, Paris 1885; M. Garand, *Les copistes de Jean Budé*, «Bulletin de l'IRHT» 15 (1967–68), 328.

84 A. Donello (et alii), *I manoscritti della Biblioteca del Seminario Vescovile di Padova*, Impruneta 1998; Montfaucon, *Diarium Italicum*, 36; G. P. Zanichelli, *Lo scriptorium di San Benedetto al Polirone nei secoli XI e XII*, "Wiligelmo e Matilde. L'officina romanica", Milano 1991, 507–660; P. Piva – C. Perini, *L'abbazia di San Benedetto in Polirone*, Mantova 2007.

moribus clericorum (ff. 49ᵛ–56), Cassiodori *De anima* (ff. 56–72), Dionysi Exigui epistula ad Eugippum et Gregori Nysseni epistula ad fratrem Petrum et *De opificio mundi* eodem Dionysio interprete (ff. 72–105), Nicetae Ramesianensis *De diversis appellationibus Iesu Christo convenientibus* (f. 105ʳ⁻ᵛ), Probae *Cento* (inscr.: *Incipit carmen Probae de fabrica mundi*; subscr.: *Proba, uxor Adelphi, mater Olibrii et Aliepii* [*Alypii* ci. Montfaucon], *cum Constantini* [*Constantii* ci. Montfaucon] *imperatoris bellum adversus Magnentium conscripsisset, conscripsit et hunc librum*; post v. 332 additur: *Incipit carmen Probae de Evangelio*; post v. 349: *De stella quam viderant magi*; post v. 356: *De Herode rege*; post v. 363: *Persecutio parvulorum*; post v. 371: *Secessio Christi ob persecutionem Herodis*; post v. 387: *Verba Iohannis Baptistae et baptizatio Christi*; post v. 401: *Verba Domini Patris ad Filium*; post v. 428: *Temptatio Christi a diabolo*; post v. 446: *Verba Christi*; post v. 455: *Conventus hominum primitus ad Christum*; post v. 468: *Verba Christi ad populum*; post 487: *Praecepta Christi Salvatoris*; post v. 504: *Verba divitis ad Christum;* post v. 518: *Verba Christi ad divitem*; post v. 573: *Increpat Christus eos qui in templo venundabant*; post v. 534: *De trepidatione navigantium discipulorum*; post v. 544: *Tempestate* (sic!) *sedat Christus ambulando per maria*; post v. 582: *Christus alloquitur discipulos et sacrificiorum ordinem docet*; post v. 620: *Verba Christi ad Iudaeos*; post v. 624: *Elementorum turbatio et mortuorum resurrectio*; post v. 643: *Verba dolentium apostolorum*; post v. 647: *Resurrectio Christi post triduum*; post v. 664: *Verba Christi ad discipulos post resurrectionem*; post v. 676: *Christus ostendit discipulis vulnera signaque clavorum*). Scriptus est in monasterio S. Benedicti Padolironensis prope Mantuam sito, ubi Montfaucon eum inspexit, ibique usque ad initium saec. XIX remansit, cum eum abbas Maurus Mari cum multis libris Padolironensibus Bibliothecae Seminari Patavini donavit. Probae editores diu hunc librum frustra quaesiverunt (cf. Schenkli praefationem).

Ph Philadelphiensis (Philadelphia, University of Pennsylvania Library, 867[85]), chartaceus, ff. 193, mm. 192 x 136. Insunt index chrestomathiae codicis (ff. 2–4), epistula dedicatoria Jacobi Dineti (ff. 4–7^v), chrestomathia ex variis auctoribus (Strabone scilicet Latine reddito, Quintiliano, Cicerone, Vergilio: ff. 8–129), dicta astrologorum (ff. 130–140), Probae *Cento* (ff. 140^v–162^v; inscr.: *Probae Falconiae feminae clarissimae Centones hoc est carmen ex diversis Virgilii versibus et hemistichiis consarcinatum continens descriptionem Veteris et Novi Testamenti*). Scripsit Jacobus Dinetus patri suo Johanni Parisiis a. S. 1540. Emit Bibliotheca Philadelphiensis a. 1957 a taberna libraria "La Medicea" appellata (Catalogo Libri Rari, n. 168).

Pl * Parisinus olim Sancti Victoris (Paris, Bibliothèque Nationale, Lat. 14758[86]), saec. XIII, membraneus, ff. 112 (sed ff. 1–16 exciderunt), mm. 364 x 257. Insunt Seduli *Opus Paschale* (5, 172–438) et *Hymni* (ff. 17–19^v), Arator (19^v–35), Prosperi Aquitani *Epigrammata* (ff. 35–43), Iuvenci *Evangeliorum libri* (ff. 44–64^v), Hilari *In Genesin ad Leonem papam* (ff. 65^r–66^r), Probae *Cento* usque ad v. 318 (ff. 66–68; inscr.: *Prosa de Eptatico*), ps.-Cypriani *De Sodoma* (ff. 68–69), Alcimi Aviti libri I–IV (ff. 69–80), Draconti excerpta ex libris *De laudibus Dei* (ff. 80–83^v), Cypriani Galli *Heptateuchos* (*Gen.* 1–165: ff. 83^v–84^v), Hildeberti Cenomanensis *De mysteriis missae* (ff. 85–89^v), Matthaei Vendocinensis *Liber Regum* (ff. 81–112^v). Fuit abbatiae Sancti Victoris et cum ceteris abbatiae a. 1796 Bibliothecam Nationalem ingressus est (cf. Delisle, *Le cabinet*, 2, 234–235).

pl Florentinus Laurentianus (Firenze, Biblioteca Medicea Laurenziana, Pl. 91 sup. 36[87]), saec. XV in., membraneus, ff. 95, mm. 155 x

85 Kristeller, *Iter Italicum*, 5, 1990, 374; vide praecipue paginam aethereaam: https://dla.library.upenn.edu/dla/medren/pageturn.html?q=dinetus&id=MEDREN_3178061&

86 McKinlay, *Arator*, 21–22; Springer, *The manuscripts of Sedulius*; G. Ouy, *Les manuscrits de l'abbaye de Saint-Victor*, Paris 1999, 18; Fr. Gasparri, *Bibliothèque et archives de l'abbaye de Saint-Victor de Paris au XIIe siècle*, «Scriptorium» 55 (2001) 275–284 (de libro nostro agitur in adn. 4).

87 Bandini, *Catalogus codicum Latinorum.*

215. Insunt Alani *Anticlaudianus* (ff. 1–72), Probae *Cento* (ff. 73–85; inscr.: *Incipit praefatio in Virgilio Centona Probae gentilium carmina ad obsequium fidei retorquentis*; subscr.: *Explicit Virgiliocentona Probae cuius Homerocentonam non habet Latinitas sicut Virgiliocentonam non habet Graecia; studuit enim utramque gentem ad fidem catholicam invitare priorum documentis auctorum*, cf. *La tradizione*, 361–362), *Edictum Constantini Imp. ad Silvestrum Papam* (ff. 86–94), *Vita Silvestri Papae* (ff. 94–94^{v}). Fuit Bibliothecae Gaddianae, quae ab a. 1755 est pars Bibliothecae Laurentianae.

Pn Petropolitanus Academiae Scientiarum (Sankt Peterburg, Biblioteka Rossijskoj Akademii Nauk, Lat. Q 433[88]), a. 1345, membraneus, ff. 98, mm. 222 x 131. Continet Probae *Centonem* usque ad v. 563 (ff. 1–8: postea aliquot folia exciderunt. Inscr.: *Incipit Centona Probae ex metris Virgilii edita*), Vergili *Bucolica* a 6, 45 (ff. 17–21), *Georgica* (ff. 22–41^{v}), Ciceronis *Paradoxa Stoicorum* (ff. 53–63), ps.-Ovidi *De pulice* (ff. 64–64^{v}), Gaufridi de Vino Salvo *De poetria nova* (ff. 65–96^{v}), opusculum de arte rhetorica (inc. *Artis rhetoricae doctrinam dupliciter*, ff. 97–98). In f. 98^{v} legitur: *Emit pro publica Bibliotheca Malliabechiana Vincentius Follinius eiusdem praefectus a Laurentio Poggiolesio Idib. Novembris. MDCCCXXVII.* Ex Italia sine dubio originem ducit. Fuit postea Thomae Phillips (Bibliothecae Phillippicae n. 16366); a. 1938 Academia Scientiarum Petropolitana a bibliopola Vorobievo eum emit.

Q Petropolitanus Bibliothecae Nationalis (Sankt Peterburg, Rossijskaja Nacional'naja Biblioteka, Cl. Lat. F 8[89]), saec. XV medio vel ex., chartaceus, ff. 104, mm. 280 x 215. Insunt Vergili *Bucolica* (ff. 1–19^{v}) et *Georgica* (ff. 20–70), Probae *Cento* (ff. 73–88^{v}), Persi *Saturae* cum scholiis (ff. 89–104). Quaedam chartarum insignia similia typis 9749 B. (Caumont 1469), 14193 B. (Anvers 1464–1466; Namur 1466; Hamburg 1466–1471), 14195 B. (Dijon 1469) ipse

88 L. Kisseleva – P. Stirnemann, *Catalogue des manuscrits médiévaux en écriture latine de la bibliothèque de l'Académie des Sciences de Russie de Saint-Pétersbourg*, Paris 2005.

89 O. Bleskina, *Catalogus codicum manuscriptorum Latinorum qui in Bibliotheca Publica Petropolitana asservantur*, Petropoli 2011.

dispexi. In Gallia sine dubio conscriptus est. Fuit Petri Suchtelen (1764–1836), cuius libri a. 1836 Bibliothecam Imperialem Petropolitanam ingressi sunt.

q Scorialenis (El Escorial, Biblioteca del Monasterio de San Lorenzo, g III 9[90]), saec. XIV, partim membraneus partim chartaceus, ff. 124, mm. 240 x 175. Continet Pauli Diaconi *De verborum significatione* (ff. 1–62), Probae *Centonem* (ff. 62 sqq.; inscr.: *Incipit praefatio in Virgilio Centona Probae gentilium carmina ad obsequium fidei retorquentis*, cf. *La tradizione*, 363; subscr.: *Explicit Virgiliocentona Probae cuius Homerocentonam non habet Latinitas sicut Virgiliocentonam non habet Graecia; studuit enim utramque gentem ad fidem catholicam invitare priorum documentis auctorum*, cf. *La tradizione*, 361–362). Fuit Antoni Augustini archiepiscopi Tarraconensis (1516–1586), cuius bibliotheca post domini obitum magna ex parte in Scorialensem migravit.

r Scorialensis (El Escorial, Biblioteca del Monasterio de San Lorenzo, O III 1[91]), saec. XV, membraneus, ff. 65, mm. 262 x 165. Continet Bruti *Epistulas* Rinutio interprete (ff. 2–17^{v}), S. Basili *De studio litterarum* Leonardo Aretino interprete (ff. 18–33), Ciceronis *Paradoxa Stoicorum* (ff. 33^{v}–49^{v}), Probae *Centonem* (ff. 50–65; praecedit vita Boccacciana; subscr.: *Probae uxoris Adelphi feminae peritissimae Centona Veteris et Novae Legis interpres doctissima finit feliciter. "Mortales visus medio in sermone reliquit"*). Fuit comitis de Olivares (1587–1645), cuius libri a. 1656 Bibliothecam Scorialensem ingressi sunt.

Ra * * Vaticanus Reginensis (Città del Vaticano, Biblioteca Apostolica Vaticana, Reginensis Lat. 251[92]), membraneus, ff. 102, mm. 220/230 × 232/235. Constat e quinque partibus (ff. 1–70 saec. IX;

90 G. Antolín, *Catálogo de los códices latinos de la real biblioteca del Escorial*, 2–3, Madrid 1911–1913.

91 Antolín, *Catálogo de los códices latinos.*

92 A. Wilmart, *Bibliothecae Apostolicae Vaticanae codices manu scripti. Codices Reginenses Latini*, 2, Romae 1945; *Les manuscrits classiques latins de la Bibliothèque Vaticaine*; Bischoff, *Katalog*, nr. 6646.

ff. 71–78 saec. XI–XII; ff. 79–87 saec. XI; ff. 88–94 saec. XII–XIII; ff. 95–102 saec. XIII). Continet *Commentarium in Prisciani Institutiones* (fragmentum, f. 1–1^{v}), Aldhelmi *Carmina* quaedam (ff. 2–10^{v}), quaedam ex Ausoni *Eclogis* et *Carmen de Samsone* (10^{v}–11), *Anth. Lat.* 392 (f. 11), Gregori Magni *Moralia in Iob* (excerpta, ff. 11^{v}–13), Hieronymi *Commentaria in Abacuc* (fragmentum, f. 13), Plini *Epistulas* (fragmentum, ff. 13–15), Probae *Centonem* (ff. 15^{v}–27^{v}; inscr.: *Incipit Virgiliocenton quem composuit Proba de Eptatico et Evangeliis*), Maximi Victorini *Artem grammaticam* (ff. 27^{v}–38 bis), fragmentum artis grammaticae (fort. Alcuini, f. 38 bis–52^{v}), anonymi *De coniugatione verborum* (ff. 53–69), Martiani Capellae *De nuptiis Philologiae et Mercurii* (fragmentum, f. 69^{v}), animadversionem quandam grammaticam (f. 70^{v}), Servi *De centum metris* (ff. 79–84^{v}), Malli Theodori *De metris* (fragmentum, ff. 84^{v}–87), ps.-Bedae *De numerorum divisione* (fragmentum, f. 87^{v}), anonymi fragmentum commentari in Horati *Sermones* (ff. 95–102^{v}). In Gallia conscriptus esse videtur. Fuit Abbatiae S. Benigni Divionensis, deinde Christinae Sueciae reginae, post cuius obitum (1689) cum ceteris Reginensibus Bibliothecam Vaticanam ingressus est.

Rb * * Vaticanus Reginensis (Città del Vaticano, Biblioteca Apostolica Vaticana, Reginensis Lat. 1666[93]), saec. XI, membraneus, ff. 44, mm. 327 x 250. Continet: Horati *Carmina*, *Epodon librum*, *Sermones* et *Epistulas* (ff. 1–40^{v}), Probae *Centonem* (ff. 41–44; inscr.: *Faltoniae Vetitiae Probae cl. feminae Vergiliocenton Genesis et Evangeliorum incipit*; subscr.: *Faltoniae Vetitiae Probae cl. feminae Vergilio Centon Genesis et Evangeliorum explicit*; ad v. 689 adscriptum est: *Ut colant* [scil.: *Christum*] *omnes, ut adorent hortatur* [scil.: *Proba*], *imo etiam et Alipyum virum suum id facere monet*; de his omnibus cf. pp. VIII–IX), *Anth. Lat.* 486 (ff. 44–44^{v}). In Gallia conscriptus est et Alexander Petavius indicem in f. 1^{v} conscripsit. Cum ceteris Christinae a. 1689 Bibliothecam Vaticanam inivit.

93 *Les manuscrits classiques latins de la Bibliothèque Vaticaine.*

Rc Romanus Casanatensis (Roma, Biblioteca Casanatense, 842[94]). Constat e tribus libris in unum compactis. Pars, quae Probam continet (ff. 20–76, mm. 190 x. 132), a. 1451 in Italia septentrionali exarata est. Insunt ps.-Plutarchi *De liberis educandis* Guarino interprete (ff. 20–37v), Ovidi *Remedia amoris* (ff. 42–59v), Probae *Cento* (ff. 60v–75v; subscr.: *Explicit liber de creatione caeli et terrae*). Fuit Francisci Agonlionii Montefalconensis. Emptus est a praefectis Bibliothecae Casanatensis a. 1741.

Rn Romanus Sessorianus (Roma, Biblioteca Nazionale, Sessorianus 292[95]), saec. XV, chartaceus, ff. 52, mm. 215 x 152. Continet Albertini Mussati *Ecenerida* (ff. 5–22), Probae *Centonem* (ff. 25–40; inscr.: *Opusculum Probae uxoris Adelphi excerptum de Vergilio ad testimonium Veteris et Novi Testamenti*, cf. *La tradizione*, 357[96]), ps.-Homeri *Batrachomiomachiam* Carolo Marsuppinio interprete (ff. 43–52v). Scripsit Luisius de Vilanis fuitque Bassiani, Girardini et Petri Antoni de Vilanis. Fuit ecclesiae Romanae Sanctae Crucis in Hierosolyma, unde a. 1875 cum ceteris Sessorianis in Bibliothecam Nationalem migravit.

Rod Rod¹ Rodiginus (Rovigo, Biblioteca dell'Accademia dei Concordi, 213[97]), saec. XVIII. Liber continet duo exemplaria Probae *Centonis*, primum a Petro Bertaglia Rhodigino a. 1748 ex editione a. 1501 Venetiis prodita (**Rod**), alterum a Hieronymo Silvestrio Rhodigino a. 1749 ex editione Romana anni 1588 descriptum (**Rod¹**). In f. 3 legitur: *Ex duabus editionibus Aldina scilicet, quae Venetiis prodiit Salutis anno MDI, et Romana in lucem emissa anno*

94 Sanzotta, *I manoscritti classici latini.*

95 Descripserunt M. P. Blasi et L. Martinoli in pagina aetherea manus.iccu.sb.it//opac_SchedaScheda.php?ID=67178.

96 Praecedunt sex versus: *Induit arte virum ... non dissona legi* (cf. descriptionem codicis **Ll**). Scriba Luisius de Vilanis haec in fine addidit: *Angele, qui meus es custos pietate superna / me tibi conversum salva defende guberna.*

97 G. Mazzatinti, *Inventari dei manoscritti delle biblioteche d'Italia*, 3, Forlì 1893. Recentius opus *I manoscritti medioevali delle province di Belluno e Rovigo*, a cura di N. Giovè Marchioli – L. Granata, Impruneta 2010, librum quem recensemus non comprehendit.

MDLXXXVIII, diligentissime descriptus, ex ea quidem a Petro Bertalio Rhodigino anno MDCCXLVIII mense Aprili dum Bononiae degeret, ex hac vero a me Hieronymo Silvestrio anno MDCCXLIX mense Martii, qui etiam anno MDCCXLVIII mense Iunio contuli exemplum a Bertalio scriptum cum editione huius centonis in corpore poetarum quod prodiit Londini anno MDCCXII cura et opere cel. Michael. Maittaire.

S * * Parisinus olim Corbeiensis (Paris, Bibliothèque Nationale, Lat. 13048[98]), membraneus, ff. 84, mm. 289 x 193. Constat ex quattuor partibus (prima pars est saec. IX: ff. 1–30; altera est annorum ca. 790–830, cf. Ganz, *Corbie*, 51: ff. 31–58; tertia est saec. X: ff. 59–82; quarta saec. XIII: ff. 83–84). Continet Adamnani *De locis sanctis* (ff. 1–28^v), Venanti Fortunati *Car.* 8, 3, 93–178 (ff. 29–30^v; in folio 31^r leguntur duo carmina aetatis, ut videtur, Carolinae; inc.: *Excelsis precibus deposco Celsitonantem*; *Grimoldum mihimmet deposco ferre iuvamen*), Probae *Centonem* usque ad v. 489 (ff. 31^v–38^v; inscr.: *Incipit praefatio*; post v. 55 legitur: *Explicit praefatio. Incipit versus Probae*), Venanti Fortunati carmina quaedam (ff. 39–46^v), ps.-Lactanti *De ave phoenice* (ff. 47–48^v). Sequuntur alia Fortunati carmina (ff. 48^v–58^v), deinde partes Cassiodori commentariorum in Aristotelis *De interpretatione* et *Topica* (ff. 59^v–76^v), excerpta ex Augustini *De Christiana doctrina*, *Contra Priscillianos* (ff. 77–82^v), fragmentum *Veteris Testamenti* (*II Par.* 14, 12–31, 1; ff. 83–84^v). Folia 31–58 exarata sunt scriptura, quae "Corbeiensis AB" dicitur; certum est librum in regione Corbeiensi scriptum esse; ego monstrare conabor eum ex abbatia Centulensi originem ducere (cf. infra) et post a. 831 Corbeiam translatum esse: certe in saec. XIII liber erat Corbeiae, sicut in principio legitur (*Liber Sancti Petri Corbeiae*). Saec. XVII in biblio-

98 Delisle, *Inventaire des manuscrits de Saint-Germain-des-Prés*; *CLA* V 650 (ubi tamen **P** et **S** confunduntur); Ganz, *Corbie*, 142; E. Dümmler, *Die handschriftliche Überlieferung der lateinischen Dichtungen aus der Zeit der Karolinger. III*, «Neues Archiv der Gesellschaft für ältere deutsche Geschichtskunde» 4 (1879) 571; Bischoff, *Katalog*, nr. 4869/4869a; cf. etiam A. Placanica, *Venantius Fortunatus*, "La trasmissione dei testi latini del Medioevo. Te.Tra 2", Firenze 2005, 527.

thecam Sancti Germani a Pratis migravit[99], a. 1795/6 in Bibliothecam Nationalem (cf. Delisle, *Le cabinet*, 2, 49–50).

s Florentinus Laurentianus (Firenze, Biblioteca Medicea Laurenziana, Pl. 90 sup. 90[100]), a. 1474, chartaceus, ff. 238, mm. 140 x 200. Insunt Alberici *De imaginibus Deorum* (ff. 1–26^{v}), Antoni Johannis de Bicis *Oratio de omnium disciplinarum ingenuarumque artium laudibus habita coram generali collegio studii Senensis* (ff. 33–46^{v}), Magni Turci et aliorum epistulae mutuae cum praefatione Landivii equitis Hierosolymitani ad Francinum Beltrandum (ff. 49–61^{v}), Gentilis Fulginatis *Contra pestilentiam consilium* (ff. 63–94^{v}), Probae *Cento* (ff. 95–110; praemittitur Isid. *Etym.* 1, 39, 25–6), Lucae Antoni Geminianensis ad Johannem Domini Nelli distichon (ff. 112). In f. 112^{v} legitur: *Liber mei Lucae Antonii Iohannios Bernardi Petri de Bernardis de Sancto Geminiano, quem scripsi, qui Centones Vergilii nuncupatur, cuius meminit beatus Hieronymus in proemio Bibliae in Genesi dicens "Quasi non viderimus Homeri centonas et Virgilii Centonas". Quaere ibi et invenies.* Oppiani translatio a Laurentio Lippi Collensi facta eiusdemque Lippi disticha quaedam sequebantur, sed nunc folia asportata sunt; sequuntur Aesopi *Fabulae* Leonardo Dati interprete (ff. 177–185^{v}), Hermetis Trismegisti *Liber de potestate et sapientia Dei* Marsilio Ficino interprete (ff. 189–233^{v}). Scripsit Luca de Bernardis Geminianensis a. 1474. Fuit Bibliothecae Gaddianae, quae ab a. 1755 est pars Bibliothecae Laurentianae.

Sn * * * Senensis (Siena, Biblioteca Comunale, K VI 70[101]), saec. XV, chartaceus, ff. 144, mm. 216 x 143. Insunt Hieronymi epistulae

99 Cf. B. Gain, *Les acquisitions de manuscrits*, necnon Delisle, *Le cabinet*, 2, 44.

100 Bandini, *Catalogus codicum Latinorum*; Kyriaci Anconitani *Naumachia Regia*, a cura di L. Monti Sabia, Pisa – Roma 2000 (ipse hoc opus non vidi).

101 G. Bellissima, *Notizia di due codici inediti del Centone virgiliano di Proba*, Siena 1923. In opusculo *La tradizione*, 353 adn. 9, scripseram libros Senenses non manuscriptos esse, sed impressos. Hoc falsum est; in errorem me induxerat Sineri, 37 adn. 77. Ceterum Bellissimae opusculum

aliquot (ff. 1–41), opusculum de Beata Virgine proverbiaque aliqua Latina (ff. 43–48), opuscula quaedam Nicolai Perotti (ff. 48^{v}–53), duae Hieronymi epistulae (ff. 53^{v}–54), "forma verae confessionis per Thomam de Aquino" (ff. 65–72), septem epistulae virorum obscurorum (ff. 73–74^{v}), ps.-Lactanti vel Venanti Fortunati *De Christi resurrectione* (ff. 75^{v}–77), Aeneae Piccolomini tria epigrammata (ff. 77^{v}–78), Caroli Marsuppini poema de morte Leonardi Aretini (ff. 78^{v}–81), Petrarchae opera quaedam Latina (ff. 81^{v}–85^{v}), ps.-Lactanti *De ave phoenice* (ff. 86–89), ps.-Theophrasti *Epistula de vitiis mulierum* Latine reddita (ff. 89^{v}–91^{v}), Petri de Ramponibus Bononiensis *Oratio coram Eugenio IV Papa* (ff. 92–94^{v}), Probae *Cento* (ff. 95–109), Cencii Romani *Oratio coram Martino V papa* (ff. 110–112), sententiae patrum (ff. 112–122^{v}), epistulae aliquot Ciceronis (ff. 123–140^{v}), Petri de Ramponibus Bononiensis epistula Eugenio IV Papae, quam sequitur "Littera familiaritatis" (ff. 140^{v}–142), quattuor poematia Italico sermone conscripta (ff. 142^{v}–143). De huius libri vicibus nihil scio neque ipse inspexi, cum Bellissima plenissimam collationem dederit.

So * * * Senensis (Siena, Biblioteca Comunale, N V 34[102]): est codex mixtus ex libris manuscriptis et impressis, qui diversam originem habent. Ff. 181–207 Probae *Centonem* exhibent (saec. XV, chartacea, mm. 210 x 140). De huius libri vicibus nihil scio neque ipse inspexi, cum Bellissima plenissimam collationem dederit.

T * * Turicensis olim Sangallensis (Zürich, Zentralbibliothek, C 68[103]), saec. IX, membraneus, ff. 127, mm. 248 x 160. Continet ps.-Alcuini *De X numeris canonum* (ff. 2–2^{v}), *In X canones Eusebi* (cf. *PL* 101, 729), Iuvenci *Evangeliorum libros* (ff. 2^{v}–71), Seduli *Carmen Paschale* (ff. 71^{v}–110^{v}; in f. 79^{r-v} sunt etiam *Anth. Lat.* 488 necnon

perrarum est mihique post absolutam demum dissertationem quam in «Herma» publici iuris feci id evolvere contigit.

102 Bellissima, *Notizia di due codici.*

103 *Katalog der Zentralbibliothek Zürich. I. Mittelalterliche Handschriften,* von L. C. Mohlberg, Zürich 1951; A. Bruckner, *Scriptoria medii aevi Helvetica,* 3, Genf 1938, 125; Ertmer, *Studien zur althochdeutschen und altsächsischen Juvencusglossierung,* 371–376; Springer, *The manuscripts of Sedulius*; Bischoff, *Katalog*, nr. 7575.

Rhabani Mauri *Epitaphium Alcuini*), Probae *Centonem* usque ad v. 655 et epigramma praefatorium (111–124^{v}; *Cento* inscr.: *Incipit Cento Probae ex Genesi*; subscr.: *Explicit Cento Probae*; ordo versuum ita mutatus est sicut in **f n**), poema acrostichon *Iohannis celsi rimans misteria celi* (ff. 124^{v}–125), fragmentum Seduli *Carminis Paschalis* (libri V vv. 104–176 et 196–201, ff. 125^{v}–126), Aviani fabulas duas (5 et 9 Herrmann; ff. 126^{v}–127). Insunt quaedam glossae Germanicae. Fuit Monasterii Sancti Galli, ubi videtur conscriptus esse. A. 1712 in Bibliothecam Publicam Turicensem ingressus est.

t Scorialensis (El Escorial, Biblioteca del Monasterio de San Lorenzo, O III 2[104]), saec. XIV, membraneus, ff. 198, mm. 245 x 160. Continet Senecae *Naturales quaestiones* (ff. 6–71^{v}), Adelardi Batensis *De quibusdam naturalibus quaestionibus* (ff. 72–87^{v}), Probae *Centonem* (inscr.: *Incipit Virgiliocentona quem composuit Proba de Eptatico et Evangeliis*; ff. 88–97), carmina quaedam anonyma ab Orthio edita (eadem et in **Hb** et **Vg** leguntur; ecce eorum initia: *Non hominem natura mori sed culpa coegit*; *Pinge poeta viros variosque infunde colores*; *Impediere diu labor atque negotia mentem*; *Ira quidem prodest quia corda reformat amantum*; *Ver aestas autumnus hiems ver floribus igne*; *Dives habet praetio, precibus miser emit uterque*; *Iam mihi signa patent affectus interioris*; *Unde decane tibi sed de cane sed canis unde*; *Si quaeras quid agam quae sit mora quando redibo*; *Nate ducis regumque nepos et utrumque futurus*; *Virgo paterque rogant veniam Maro dixit abite*; *Ecce tibi nova festa ferunt nova gaudia gaude*; *Cum cane currit equus sed equus qui cum cane currit*; *Nisum quaerebam nisos mihi mittis amice*; *Disce puer tandem quid amor quid forma valeret*; *Errat et offendit nisi ducta dupidine mater*; *Ecce redit species et amoris grata voluptas*; *Expectata diu puero responsa daturus*; *Non placet hic adamas quem das adamantinus ipse*; *An satis est habuisse semel quod saepe rogabam?*; *Noctis erat non lucis opus quod luce*

104 Antolín, *Catálogo de los códices latinos*; Orth, *Hildeberts Prosimetrum "De querimonia"*, 17–18; H. M. Hine, *Escorial MS. O III 2 and related manuscripts of Seneca's "Natural Questions"*, «Class. Quart.» s. n. 28 (1978) 296–311.

parabas; *Pocula cum multis dat in aula luce minister*; *Somnia vera utinam sed non ibi vera fuissent*; *Ecce quod optabas sed quod magis immo quod unum*; *Pergama ne ruerent ut staret Troia notandae*: ff. 97^{v}–102^{v}), Hildeberti Cenomanensi *De dissensione exterioris et interioris hominis* (ff. 103–109^{v}), Symonis Caprae Aureae *Versus* (ff. 110–114^{v}), Senecae *De beneficiis* (ff. 115–184^{v}), Senecae *De clementia* (ff. 185–195). Fuit Theodori de Laeliis, de quo nihil mihi constat sicut nihil scio de reliqua libri historia; ceterum hunc librum e Gallia esse oriundum argumentis, ut ita dicam, philologicis monstrare conabor (cf. infra p. CI).

To Tolosanus (Toulouse, Bibliothèque de Toulouse, 809[105]), saec. XVIII, chartaceus, ff. 188, mm. 200 x 163. Insunt Cypriani Galli *Genesis* (ff. 2^{v}–5^{v}), ps.-Cypriani *De Sodoma* (ff. 6–9), *Carmen adversus Marcionitas* (ff. 9^{v}–35), *Liber de iudicio Domini* (ff. 35^{v}–42^{v}), *Carmen de Iona* (ff. 45^{v}–47), Hilari *In Genesin* (ff. 49^{v}–53^{v}), ps.-Victorini *Carmen de Macchabaeis* (ff. 53^{v}–61), Claudi Marii Victori *De Genesi* (ff. 61^{v}–98^{v}), eiusdem *Epistula ad Salmonem abbatem* (ff. 98^{v}–100^{v}), Probae *Cento* (ff. 101^{v}–115), Eudociae *Homerocento* (ff. 115^{v}–148), Petri Apolloni Collatini *De urbis Jerusalem eversione* (ff. 149^{v}–186), Jacobi Vanieri (1664–1739) *Paraguafis populus* (ff. 186^{v}–188).

u Mediolanensis Ambrosianus (Milano, Biblioteca Ambrosiana, D 6 sup.[106]), saec. XV medio, ff. 50. Continet Probae *Centonem* (ff. 1–16^{v}; praecedit Boccacci vita, inscr.: *Incipit Virgiliocentonas de Veteri et Novo Testamento, quem composuit Proba Falconia uxor Adelphi*), S. Basili *Ad Gregorium Nazianzenum de officiis vitae solitariae* interprete Philelpho (ff. 17–23), eiusdem *De studio litterarum* Leonardo Aretino interprete (ff. 24–37), Leonardi Aretini *Epistulam ad Baptistam de Malatestis de studiis et litteris* (ff. 37^{v}–50^{v}). Fuit Monasteri Sanctae Mariae Incoronatae Mediolanensis usque ad a. 1607, cum Bibliothecam Ambrosianam ingressus est.

105 *Catalogue général des manuscrits des départements*, 7, Paris 1885.

106 *Inventory of western manuscripts in the Bibliotheca Ambrosiana*, by L. Jordan and S. Wool, Notre Dame 1984–1989.

v Leidensis Vossianus (Leiden, Bibliotheek der Rijksuversiteit, Vossianus Lat. Q 2[107]), partim chartaceus partim membraneus, constat ex novem fragmentis in unum librum compactis, ff. 60. Nos hic tantum de fragmento III agemus, quod Probam continet. Sunt codicis ff. 3–30, saec. X–XI, membranea, mm. 275 x 225. Continentur duo fragmenta Macrobi *Commentari in Somnium Scipionis* (ff. 3–25^{v}) et Probae *Cento* (omittuntur vv. 259–393; subscr.: *Finit metrum Probae feliciter*, ff. 26–30). In Germania exaratus videtur. Fuit Ambrosi Camaracensis († 1496), deinde Pauli Aemili Parisini († 1529), deinde Petaviorum. Alexander Petavius († 1672) hunc librum cum ceteris suis Christinae Suecorum reginae dedit, ipsa Christina Isaaco Voss (1618–1689), cuius libri a. 1690 in Bibliothecam Universitatis Leidensis translati sunt.

Vb * Vaticanus Ottobonianus (Città del Vaticano, Biblioteca Apostolica Vaticana, Ottoboni, Lat. 1261[108]), saec. XV, chartaceus, ff. 183, mm. 304 x 212. Continet ps.-Ciceronis *Synonyma* (fragmentum: ff. 1–6^{v}), Stati vitam (inc.: *P. Statius Papinius ortus fuit patre P. Statio Papinio*), *Achilleida* cum commentario (ff. 8^{v}–22^{v}), Probae *Centonem* (ff. 71–85^{v}), Festi *De verborum significatu* (ff. 86–151^{v}), ps.-Ciceronis seu ps.-Isidori Hispalensis *De proprietate sermonum* (ff. 152–155^{v}), Charisi *Artis grammaticae* excerpta e libro V (ff. 155^{v}–160), *Differentias verborum* (ff. 160–177). In Italia conscriptus est, fortasse in Etruria cum chartarum insignia inde oriunda sint; fuit cardinalis Marcelli Cervini (1501–1555), deinde Cardinalis Sirleti (1514–1585), deinde Ottobonorum et a. 1748 cum ceteris libris illius familiae Bibliothecae Apostolicae accessit.

Ve * * * Vercellensis (Vercelli, Biblioteca Agnesiana, Fondo Gorini, 1[109]), saec. XV, chartaceus, ff. 16, mm. 200 x 143. Continet solum Probae *Centonem*. De huius libri vicibus nihil comperi.

107 *Codices Vossiani Latini*, II, descripsit K. A. De Meyier, Leiden 1975.

108 *Les manuscrits classiques latins de la Bibliothèque Vaticaine*.

109 A. Grua, *Un manoscritto vercellese del Centone virgiliano di Proba*, Vercelli 2003; quae dissertatio apud Bibliothecam Universitatis urbis Vercellarum invenitur, sed nunquam publici iuris facta est.

Vg * Vaticanus Reginensis (Città del Vaticano, Biblioteca Apostolica Vaticana, Reginensis Lat. 585[110]), saec. XII ex., membraneus, ff. 81, constat ex pluribus libris in unum compactis. Liber, qui Probam continet (ff. 1–4; inscr.: *Incipit Virgiliocentona quem composuit Proba de Eptatico et Evangeliis*), est ff. 12, mm. 260 x 182 continetque post *Centonem* carmina quaedam (scilicet eadem quae in **Hb t**; ff. 4–6), deinde Hildeberti Cenomanensis *De dissensione exterioris et interioris hominis* (ff. 7–10), Symonis Caprae Aureae *Versus* (ff. 10–12^{v}). In Abbatia Floriacensi conscriptus esse videtur; cum ceteris Christinae libris a. 1689 Bibliothecam Apostolicam ingressus est.

Vi Vicetinus (Vicenza, Biblioteca Bertoliana, 507[111]), saec. XIV–XV, membraneus, ff. 236, mm. 316 x 245. Continet Vergili *Bucolica* (ff. 1–15), *Georgica* a 1, 46 (ff. 16–52^{v}) et *Aeneida* usque ad 12, 919 (ff. 53–220^{v}), Probae *Centonem* (ff. 221–233^{v}), ps.-Vergili *Moretum* (ff. 234^{v}–236^{v}). Post finem Probae legitur: *Deo gratias amen. Ego vero Iohaninus de Gerenzano scripsi. Vita brevis, divinus amor terrorque Gehennae / sunt tria quae recolens labe carebit homo.* Codex Patavi vel in eius vicinia exaratus videtur in usum familiae Thiene. Fuit postea viri cuiusdam Girolamo Carpi, deinde canonici Vicetini Iohannis Checcozzi, post cuius obitum (1776) eius soror eum Bibliothecae Bertolianae donavit.

Vl * * * Valentinianus (Valenciennes, Bibliothèque Municipale, 395 [378][112]), saec. IX, membraneus, ff. 101, mm. 252 x 173. Continet

110 Orth, *Hildeberts Prosimetrum "De querimonia"*, 14; M. Mostert, *The Library of Fleury. A provisional list of manuscripts*, Hilversum 1989, 269–271; A. Poncelet, *Catalogus codicum hagiographorum Bibliothecae Vaticanae*, Bruxelles 1910; E. Pellegrin, *Bibliothèques retrouvées*, Paris 1988, 228–231, 243–244, 257–258.

111 *I manoscritti medioevali di Vicenza e provincia*, a cura di N. Giovè Marchioli – L. Granata – M. Pantarotto, con la collab. di G. Mariani Canova – F. Toniolo, Impruneta 2007.

112 Plenissima libri descriptio legitur in pagina aetherea ccfr.bnf.fr/portail ccfr/jsp/index_view_direct_anonymous.jsp?record=eadcgm:EADC: D30021371. Cfr. etiam Ehwald, *Aldhelmus*, 39; De Nonno, *Tradizione e diffusione*, 11 sqq.; Bischoff, *Katalog*, nr. 6389.

Mari Victorini *Artem grammaticam* (ff. 1–72), eiusdem *De metris Horatianis* (ff. 72–76^{v}), Probae *Centonem* (inscr.: *Opusculum de Veteri Testamento et de nativitate et passione Domini excerptum de Virgiliano opere*; subscr.: *Explicit*: ff. 77–84), *De finalibus ad Basilium* (ff. 84–87), Aldhelmi *De metris et aenigmatibus* (ff. 87^{v}–101). Fuit Ubaldi S. Amandi (ca. 830–940) atque in Bibliotheca Amandina mansit usque ad finem saec. XVIII, cum in Bibliothecam Publicam Valentinianam delatus est.

Vn * Vaticanus Ottobonianus (Città del Vaticano, Biblioteca Apostolica Vaticana, Ottoboni, Lat. 560[113]), saec. XIV, membraneus, ff. 26, mm. 200 x 126. Continet solum Probae *Centonem* (praecedit Isid. *Etym.* 1, 39, 25–6). A. 1748 cum ceteris Ottobonianis Bibliothecam Apostolicam iniit.

Vo Volaterranus (Volterra, Biblioteca Comunale, 281[114]), saec. XV, chartaceus, ff. 244, mm. 222 x 155. Continet Seduli *Carmen Paschale* (ff. 1–43), Iuvenci *Evangeliorum libros* (ff. 50–119), Iosephi Flavi fragmentum de Iesu (f. 120), Probae *Centonem* (ff. 121–137; praecedit Isid. *Etym.* 1, 39, 25–6), Iacobi Bracellei *De illustribus viris Genuensibus* (138–145), Antoni Panormitae *Orationem ad Genuenses contra Venetos* (145–152), fragmentum translationis e Graeco sermone (inc.: *Cum in rebus bellicis super ceteris ex Graeco in Latinum tibi transtuli*; 152^{v}), Dyctis Cretensis *Ephemerida* (153–243^{v}). In f. 244 legitur: *Ans*[*anus*] *Falconius Volaterranus huius libri exemplator et dominus de Dicti Cretensi historiographo qui sub Idomeneo duce Troiano bello adfuit huiuscemodi epitaphium edidit: Dyctos mi nomen Gnosos patria est tumulusque / qui scripsi castris Ilios excidium.* Conscriptus est igitur liber Volaterrae, ubi semper mansit.

113 Bibliothecae Ottobonianae Latinae index nondum prelis mandatus est; inspiciendum est adhuc *Inventarium codicum manuscriptorum Latinorum Bibliothecae Vaticanae Ottobonianae* (conscripserunt D. Teoli et P. L. Galletti a. 1748–1760).

114 G. Mazzatinti, *Inventari dei manoscritti delle biblioteche d'Italia*, 2, Forlì 1892; Springer, *The manuscripts of Sedulius*, 108.

Vs * Vaticanus Latinus (Città del Vaticano, Biblioteca Apostolica Vaticana, Vaticanus Lat. 1666[115]), saec. XIV–XV, membraneus, ff. 39, mm. 284 x 204. Constat e duobus codicibus in unum compactis, quorum prior (saec. XV) Probae *Centonem* exhibet, alter (saec. XIV ex.) reliqua opuscula. Continet Probae *Centonem* (ff. 1r–12v; inscr.: *Incipit prefatio in Virgilio Centonam Probae gentilium carmina ad obsequium fidei retorquentis*; subscr.: *Explicit Virgiliocentona Probae cuius Homerocentonam non habet Latinitas sicut Virgiliocentonam non habet Graecia; studuit enim utramque gentem ad fidem catholicam invitare priorum documentis auctorum*, cf. *La tradizione*, 361–362), Petrarchae *De oboedientia ac fide uxoria* (ff. 17–22), Johannis Conversani Ravennatis *Elysiae Historiam* (ff. 23–28), eiusdem *Historiam Lugi et Conselicis* (ff. 28–39). Fuit Cardinalis Barbo (1420–1491).

Vu * Vaticanus Latinus (Città del Vaticano, Biblioteca Apostolica Vaticana, Vaticanus Lat. 1586[116]), saec. XV, membraneus, ff. 95, mm. 259 x 174. Continet Vergili *Bucolica* (ff. 1–14v) et *Georgica* (ff. 15–51), ps.-Vergili *Moretum* (51–53), quaedam minora ex *Appendice Vergiliana* vel *Anthologia Latina* necnon *Priapea* (54–83), Probae *Centonem* a v. 94 (ff. 84–94; sequitur Isid. *De viris ill.*, 5), ps.-Octaviani versus (*Poetae Lat. min.*, 4, 183; f. 94). Libri historiam ignoro.

Vz * Vaticanus Latinus (Città del Vaticano, Biblioteca Apostolica Vaticana, Vaticanus Lat. 1667[117]), saec. XV, membraneus, ff. 12, mm. 255 x 165. Continet Probae *Centonem* (inscr.: *Faltoniae Veccie Probae cl. feminae Virgilio Centon Genesis et Evangeliorum liber incipit*, ff. 1–11), carmen *Salve salus mundi verbum patris* (f. 11v), deinde precationem ad Mariam (inc. *Te deprecor domina mea mater mea*; *f.* 12). Libri historiam ignoro.

115 B. Nogara, *Codices Vaticani Latini*, 3, Romae 1912.
116 Nogara, *Codices Vaticani.*
117 Nogara, *Codices Vaticani.*

W Caesaraugustanus (Zaragoza, Biblioteca del Real Seminario Sacerdotal San Carlo, A 5 25[118]), saec. XV, chartaceus. Continet *Disticha Catonis* (ff. 1–16), anonymi carmen ad Nicolaum V (inc.: *Quamvis nemo malam valeat benedicere causam*, ff. 16v–18), versus Antoni Nebrissensis (inc. *Salve parva domus pariter[que] salvete penates*; ff. 18–18v), Probae *Centonem* (ff. 19–39), anonymi poema de lupo (inc. *Saepe lupus quidam per pascua loca vagantes*; ff. 40–42v), *Anth. Lat.* 342 (f.42v), excerpta ex ps.-Ovidi *De vetula, De pulice, De ludo scacorum* aliosque versus Ovidi (ff. 44–46v), Vergili *Bucolica* (ff. 47–66v). In Hispania conscriptus est. Hunc librum non vidi neque invenire potui, qui aliqua in meum usum conferret.

w Monacensis (München, Bayerische Staatsbibliothek, Clm 249[119]), anni 1460, chartaceus, ff. 224, mm. 300 x 210. Continet Johannis Boccacci *De casibus virorum illustrium* (ff. 1–117v: a. 1461 conscripta sunt), Francisci Petrarchae *Invectivas contra rudem et procacem medicum* (ff. 118–141), Arnoldi Saxonis *De iudiciis virtutum et vitiorum* (ff. 142–152v), Marcipauli Veneti *De mirabilibus condicionibus et consuetudinibus orientalium regionum* Fr. Pipino interprete (ff. 153–190v), F. Pipini *De locis Terrae Sanctae*, epistulas quasdam (ps.-Lentuli, Pilati etc... ff. 190v–199), Petrarchae epistulam ad Lombardum a Serico (ff. 200–202v), *Dialogum Mercuri, Charontis et Alexandri Magni* (inc.: *Cur o Charon infernas sedes*), *Dialogum Palinuri et Charontis* (inc.: *Obsecro te o Charon*, ff. 203–211v, a. 1469 scripta), Aeneae Silvi *Proverbia* et Gasparini Barzizae *De laudibus scientiae et praesertim medicinae orationem* (ff. 212–216v, a Valentino Eber a. 1459 Vindobonae conscripta), Probae *Centonem* (ff. 217–224v; praecedit Isid. *De viris ill.*, 5 ea

118 Kristeller, *Iter Italicum*, 4, 1969, 667.

119 C. Halm – G. Laubmann, *Catalogus codicum Latinorum Bibliothecae Regiae Monacensis*, 1, Monachii 1868; R. Stauber, *Die Schedelsche Bibliothek*, Freiburg i. B. 1908; O. Hartig, *Die Gründung der Münchener Hofbibliothek durch Albrecht V. und Johann Jakob Fugger*, «Abh. Kön. Ak. Wiss. München» 1917; A. Sottili, *I codici del Petrarca nella Germania occidentale*, 1, Padova 1971, 385–387; F. Fuchs, *Hartmann Schedel und seine Büchersammlung*, "Die Anfänge der Münchener Hofbibliothek unter Herzog Albrecht V.", München 2009, 146–168.

forma quam transcripsi in opusculo *La tradizione*, 362–363; subscr.: *Explicit Virgiliocentona Probae cuius Homerocentonam non habet Latinitas sicut Virgiliocentonam non habet Graecia; studuit enim utramque gentem ad fidem catholicam invitare priorum documentis auctorum*, cf. *La tradizione*, 361–362). Probae *Centonem* scripsit Hartmann Schedel Norimbergensis (1440–1514), cf. *La tradizione*, 363. Chartarum insignia dispexi simillima typo 14822 B. (Prague 1446, Bavière 1447, Ratisbone 1457). Fuit Schedelorum, deinde (a. 1572) Bibliothecam Fuggerianam Augustae Vindelicorum ingressus est, tandem (a. 1571) Bibliothecam Bavaricam Monacensem.

Wi Vimariensis (Weimar, Herzogin Anna Amalia Bibliothek, Q 111[120]), saec. XIII in., membraneus, ff. 88, mm. 255 x 160. Insunt Alani *Anticlaudianus* (ff. 1–55^{v}), Bernardi Silvestris *Cosmographia* (ff. 55^{v}–76), Probae *Cento* (ff. 76^{v}–84; inscr.: *Incipit prologus Probae Valeriae Aniciae uxoris Adelphi*, post v. 23 legitur: *Explicit prologus. Incipit liber Probae Valeriae Aniciae ex Vergilio centonizatus in Veteri et Novo Testamento*; subscr.: *Explicit Centon Probae Valeriae Aniciae uxoris Adelphi*), excerpta e Bernardi *Cosmographia*, Johannis Sarisberiensis *Policratico*, Hildeberto Lavardinensi, Marbodo Redonensi, Ausonio (ff. 84^{v}–88^{v}). In Gallia conscriptus esse videtur. Fuit Adami Boreel Amstelodamensis (1603–1666/67), deinde fratrum Schurzfleischorum, quorum libri a. 1722 Bibliothecam Vimariensem ingressi sunt.

Ww Wratislaviensis (Wrocław, Bibliotheka Uniwersytecka, Rehdigerianus 141[121]), saec. XIV ex., membraneus, ff. 12, mm. 200 x 280. Continet tantum Probae *Centonem* (inscr.: *Incipit praefatio in Virgiliocentona Probae gentilium carmina ad obsequium fidei retorquentis*, cf. *La tradizione*, 363; subscr.: *Explicit in Virgiliocentona*

120 M. Eifler – B. C. Bushey, *Bibliographien und Kataloge der Herzogin Anna Amalia Bibliothek zu Weimar. Die lateinischen Handschriften*, Wiesbaden 2012.

121 *Catalogus codicum Latinorum classicorum qui in bibliotheca Urbica Wratislaviensi adservantur*, sociis A. Hilka, F. Skutsch, Ġ. Tuerk, R. Wuensch compositus a K. Ziegler, Wratislaviae 1915.

Probae cuius in Homero Centona hon habetur Latinitas sicut in Virgiliocentona eius non habet Graecia. Studuit enim utramque gentem ad fidem catholicam invitare priorum documentis auctorum, cf. *La tradizione*, 361–362). "Complectitur codicem folium membranaceum metrorum 0,265 x 0,385, in quo litteris pallidis quidem sed satis facilibus lectu testamentum nobilis cuiusdam viri Parmensis [anni 1338] scriptum est" (Ziegler, *Catalogus*, 119). In Italia septentrionali exaratus est. Fuit Thomae Rehdigeri (1540–1576), "qui in Italia, Belgio, Germania multos et nobiles libros manuscriptos aut ipse aut amicis adiutoribus collegit" (Ziegler, V) cuiusque libri ab a. 1645 in Bibliotheca Publica Wratislaviensi asservantur.

X Parisinus (Paris, Bibliothèque Nationale, Lat. 8232[122]), saec. XV, chartaceus[123], ff. 130. Liber mihi videtur ex tribus codicibus constare, qui postea in unum compacti sunt: primus amplectitur ff. 1–73 (mm. 216 x 145), alter ff. 74–90 (mm. 217 x 156), tertius ff. 91–130 (mm. 217 x 152). Leguntur Catulli *Carmina* (sed non omnia: ff. 1–46^{v}), *Carmina Priapea* (ff. 48–58^{v}), Galli Forliviensis *De senectute* (ff. 59–73), Probae *Cento* (ff. 74–90^{v}; praecedit Isid. *Etym.* 1, 39, 25–6; subscr.: *Explicit Probae versus ad exempli liber Centonuta ex Virgilianis*), Arati *Phaenomena* Graece a Iohanne Rhoso a. 1488 Venetiis conscripta (ff. 91^{r}–130^{r}). Probae versus manu Gallica conscripti videntur. Fuit Claudi Puteani (1545–1594) et a. 1656 cum ceteris eius libris Bibliothecam Regiam ingressus est.

x * * * Mediolanensis Ambrosianus (Milano, Biblioteca Ambrosiana, G 111 inf.[124]), saec. XV in., chartaceus, ff. 84, mm. 295 x 210. Insunt *Annales S. Iustinae Patavini* (ff. 1–19), Albertini Mussati *Eceneris* (ff. 22–34^{v}), ps.-Bernardi Silvestris commentariorum in

122 *Catalogus librorum manuscriptorum Bibliothecae Regiae.*

123 Non igitur "membranaceus", sicut legitur in *Catalogo librorum manuscriptorum Bibliothecae Regiae.*

124 Moretti, *In margine a due testimoni*; E. Pellegrin, *Un manuscrit autographe de Bartolinus de Vavassoribus de Lodi à la Bibliothèque Ambrosienne*, «Italia medioevale e umanistica» 2 (1959) 445–448.

Aeneidos libros I–VI versio breviata (ff. 37–50), scripta quaedam Bartolini Laudensis ipsius manu exarata (ff. 53–72), Probae *Cento* (ff. 75–84ᵛ; de subscriptione vide opusculum meum *La tradizione*, 364 adn. 32 et Moretti). Fuit Bartolini de Vavassoribus Laudensis eiusdemque fili Basiani (qui *Ecerinida* in nostro libro a. 1400 exaravit), qui in prima parte saeculi XV in Gallia Cisalpina vixerunt.

Y Upsaliensis (Uppsala, Universitetsbibliotek, C 918[125]), anni 1474, chartaceus, ff. 308, mm. 285 x 210. Continet Sallusti *Catilinae coniurationem* et *Bellum Iugurthinum* (ff. 1–40ᵛ), Daretis Phrygi *De excidio Troiae* (47ᵛ–53), ps.-Plutarchi *De liberis educandis* Guarino interprete (ff. 54–63ᵛ), S. Basili *De studio litterarum* Leonardo Aretino interprete (ff. 64–70ᵛ), Aeneae Piccolomini *De curialium miseria* (ff. 72–85), Maffei Vegi *Dialogum veritatis et philaletis* (ff. 86–92ᵛ), Pii II epistulam ad Iohannem de Eich (ff. 93–94), Andreae Cappellani *De amore* (ff. 95–155ᵛ), Mapesi *Dissuasionem nubendi* (ff. 156–157ᵛ), Johannis Trösteri *Dialogum de amore* (ff. 158–163), Ciceronis *De amicitia* (ff. 164–178), Probae *Centonem* (omissi sunt vv. 293–410; praecedit Isid. *De viris ill.*, 5; subscr.: *Explicit Virgiliocentona Probae cuius Homerocentonam non habet Latinitas sicut Virgiliocentonam non habet Graecia; studuit enim utramque gentem ad fidem catholicam invitare priorum documentis auctorum*, cf. *La tradizione*, 361–362; ff. 179–187), Johannis Boccacci *De casibus virorum illustrium* (ff. 188–308ᵛ). Non longe ab Argentorato exaratus videtur esse fuitque Thomae Aucupari Argentoratensis, deinde emptus est ab eius concivi Johanne Scheffero (1621–1679), qui Upsaliae professor Skytteanus fuit cuiusque libri a. 1719 Bibliothecam Universitatis Upsaliensis ingressi sunt.

y Mediolanensis Ambrosianus (Milano, Biblioteca Ambrosiana, H 23 sup.[126]) saec. XV, chartaceus, ff. 120, mm. 213 x 155. Continet

125 M. Andersson-Schmitt – H. Hallberg – M. Hedlund, *Mittelalterliche Handschriften der Universitätsbibliothek Uppsala*, Stockholm 1993; E. Pellegrin, *Manuscrits d'auteurs latins de l'époque classique conservés dans les bibliothèques de Suède. Upsal, Bibliothèque Universitaire*, «Bulletin de l'IRHT» 4 (1955) 20–21.

Iusti de' Conti carmina Italica (ff. 1–6^{v}), Andreae Contrari epistulam ad Nicolaum Palaeum et Hermolaum Celsum (ff. 7–10^{v}), Basini Parmensis epistulam metricam ad Theodorum Gazam (ff. 11–11^{v}), indicem operum in codice contentorum anno 1603 factum (f. 12), Persi *Saturas* cum scholiis (ff. 13–27), Probae *Centonem* (ff. 28–42^{v}; subscr.: *Explicit Virgiliocentona Probae cuius Homerocentonam non habet Latinitas sicut Virgiliocentonam non habet Graecia; studuit enim utramque gentem ad fidem catholicam invitare priorum documentis auctorum*, cf. *La tradizione*, 361–362; sequuntur quaedam de Proba, maxime e vita Boccacciana sumpta[127] et Papiae *Elementari* vox de centone), Henrici querelam et monita ad praesulem Florentinum (Inc.: *Quomodo sola sede*; ff. 45–64^{v}), Ovidi *Epistulam Sapphonis* (ff. 68–72), *Anth. Lat.* 762 (ff. 72–73^{v}), carmen elegiacum ad Virginem (inc. *Unica spes animi*

126 *Inventario Ceruti dei manoscritti della Biblioteca Ambrosiana*, 3, Trezzano s. N. 1977.

127 Haec scilicet (f. 42; correctiones ex Boccacci editone V. Zaccariae, Milano 1967, sumpsi): *Proba mulier elegantissima Adelphi cuiusdam proconsulis Romani uxor per haec tempora floruit et tam litterarum quam nomine fuit memoratu dignissima. Haec namque cum †pranissima† esset etiam liberalibus studiis plurimum valuit et inter alia eiusdem studia adeo pervigili cura Virgilii carminibus familiaris fuit, ut fere omni tempore a se confecto teste in conspectu et memoria semper habuerit. Quae quidem* ⟨*dum*⟩ *aliquando perspicaciori animadvertentia legeret,* ⟨*in*⟩ *extimationem incidit ex illis omnem Veteris et Novi Testamenti historiam placido atque expedito et sicuti* [fuit *succi*] *pleno versu posse describi. Operam igitur pio conceptui praestans, nunc huc nunc illuc per Bucolicum Georgicumque atque Aeneidum saltim discurrendo carmen, nunc hac ex parte versus integros nunc ex illa metrorum particulas carpens* (f. 42^{v}) *miro artificio* ⟨*in*⟩ *suum redegit propositum, adeo apte integros collocans et fragmenta co*⟨*m*⟩*mittens, servata lege pedum et carminis dignitate, ut nemo nisi expertissimus compages posset advertere et bis* [fuit *his*] *ab orbis exordio principium faciens, quicquid historiae in Veteri atque Novo legitur Testamento et usque ad missionem Spiritus Sancti tam compte composuit, ut huius compositi ignarus homo Prophetam pariter et Evangelistam facile credat fuisse Virgilium. Ex quibus sumitur hinc egregiae mulieri sacrorum voluminum integram fuisse notitiam vocavitque opus suum a se compositum Centonam. Erat itaque haec Proba tam Graecarum quam Latinarum eruditissima nationeque Romana; alii tamen volunt eam tempore Antonii Pii floruisse et eandem hanc Eudochiae (?) Theodosii uxori*[*s*] *ascribere.*

cordisque redemptio nostri; ff. 75–76), epigrammata quaedam (ff. 76ᵛ–77), ps.-Ovidi *De scacorum lusu* (ff. 77–77ᵛ), *De pulice* (ff. 78–78ᵛ), Iusti de' Conti carmina quaedam Italica (ff. 79–120ᵛ). Fuit bibliothecae Ambrosianae usque ab institutione.

Z * Taurinensis (Torino, Biblioteca Nazionale, F IV 7[128]), saec. XV, chartaceus, ff. 269, mm. 230 x 320. Continet Vergili *Aeneida* cum argumentis (ff. 4–191ᵛ), Probae *Centonem* (ff. 194–207ᵛ; vv. 423–468 exciderunt; de inscriptione vide quae de **I** dixi), Vergili *Bucolica* (ff. 208–224ᵛ), *Georgica* (ff. 225–267). Fuit Francisci Allioni (1728–1804), cuius libri a. 1774 in Bibliothecam Regiam Taurinensem ingressi sunt; in monasterio Bobiensi numquam fuit (de hac re vide quae scripsi in *La tradizione*, 356 adn. 14, quae omnia debeo m. d. F. Porticelli, librorum Taurinensium custodi).

z Monacensis (München, Bayerische Staatsbibliothek, Clm 526[129]), a. 1472, chartaceus, ff. 153, mm. 205 x 150. Continet Persi *Saturas* cum vita et commentario (ff. 6–54ᵛ), Probae *Centonem* (ff. 57–76ᵛ; praeceduntt Isid. *De viris ill.*, 5, ea scilicet forma quam iam transcripsi in opusculo *La tradizione*, 362–363, et epigramma Antoni Panormitae in honorem Probae: *Haec Proba Virgili Centonem carmine fecit / in qua complexa est omnia facta Iesu*; subscr.: *Explicit Virgiliocentona Probae cuius Homerocentonam non habet Latinitas sicut Virgiliocentonam non habet Graecia; studuit enim utramque gentem ad fidem catholicam invitare priorum documentis auctorum*, cf. *La tradizione*, 361–362), Hieronymi de Vallibus *Iesuida* (ff. 77–87: scripsit Jo. Motun in civitate Nordlingen a. 1572), Johannis Aloysi Tuscani epistulam ad Paulum II Papam et eiusdem *Carmen ad principes Christianos de capiendis in Turcas armis* (ff. 96–111ᵛ), Georgii Flisci Genuensis *Euboida* (ff. 112–124ᵛ), Aeneae Sylvi *Carmen in laudem Friderici III* cum scholis

128 Cf. J. Pasini, *Codices manuscripti Bibliothecae Regii Taurinensis Athenaei*, Taurini 1749; cf. etiam C. Cipolla – G. De Sanctis – C. Frati, *Inventario dei codici superstiti greci e latini antichi della Biblioteca Nazionale di Torino*, «Riv. di Fil. e d'Istr. class.» 32 (1904) 568 ("bruciacchiato ai margini; macchiato d'acqua, ma il testo è leggibile").

129 Vide, quaeso, opuscula quae in adn. 119 memoravi.

(ff. 130–135^{v}), series epithetorum (inc. *avia nemora*; ff. 136–137^{v}), *Diffidentiam inter Venetos et dominum de Carraria*, scilicet versus invectivos utrimque (ff. 142^{r-v}), Philelphi *Saturam in Poggium* (ff. 143^{v}–145), Alani ab Insulis *Carmen de virginibus* (ff. 147–149^{v}), carmina quaedam minora poetarum Italicorum aetatis humanisticae et carmina quaedam epigraphica Romana et Capuana (ff. 143^{r}; 145^{v}–146; 151–153). Praeter ff. 57–87 (de quibus vide supra) reliqua conscripsit H. Schedel, cf. *La tradizione*, 363. Fuit igitur ipsius Schedeli, postea (a. 1572) Bibliothecam Fuggerianam Augustae Vindelicorum ingressus est, tandem (a. 1571) Bibliothecam Bavaricam Monacensem.

Zw Zwickauensis (Zwickau, Ratsschulbibliothek, XIII, II, 5[130]), a. 1485–86, chartaceus, ff. 373, mm. 310 x 210. Insunt Vergili *Bucolica* cum vita (ff. 1–20^{v}), Ciceronis *De senectute* (ff. 21–41^{v}), Johannis Zwick carmen ad Nicolaum Serrich (f. 42^{r-v}), Tibulli carmina quaedam (ff. 44–83^{v}), carmen ad Priapum spectans (ff. 84–88), ps.-Vergili *De rosis nascentibus* (ff. 88^{v}–89), *Carmen de Virginis Mariae visitatione* (ff. 89^{v}–90; inc.: *Dignas Christiferae laudes persolvite matri*), Ovidi *Ars amatoria* et *Remedia amoris* (ff. 92–159^{v}), *Ecloga Theoduli* (ff. 160–165), excerpta e Ciceronis epistulis et Gaspari Bergomatis aliorumque praecepta de arte scribendarum epistularum (ff. 169–223), Ovidi *Epistula Sapphonis* (ff. 224–228), Probae *Cento* (ff. 229–243; inscr.: *Virgiliocentones Veteris et Novi Testamenti incipit feliciter.* Sequitur introductio *Nolo dum breve hoc opus intueberis ... Vale, optime lector*; multa scholia in marginibus leguntur; cf. quae dixi de **Hc**), Boethi *De consolatione philosophiae* (ff. 243^{v}–316), Terenti *Andria* et *Eunuchus* (ff. 317–370^{v}). Conscriptus est a. 1485–86 Lipsiae, partim a quodam Johanne Zwick.

Iam transeo ad illos libros, qui vel *Centonem* amiserunt vel ipsi omnino perierunt.

Exstant duo libri, qui Probam olim continebant, sed, cum alia folia adhuc supersint, illa quae *Centonem* exhibebant perierunt. Sunt hi:

130 R. Schipke, *Die mittelalterlichen Handschriften der Ratsschulbibliothek Zwickau*, Berlin 1990.

Carnotensis (Chartres, Bibliothèque Municipale, 95[131]), saec. X, ff. 87, mm. 285 x 180. Continebat: Martyrologium quoddam, Hieronymi *Commentarium in Daniel*, Probae *Centonis* fragmentum (in folio 86 incipiebat). Fuit abbatiae S. Petri Carnotensis. Incendium, quod die VII Kal. Iunias a. 1944 Bibliothecam Carnotensem absumpsit, et hunc librum perdidit[132]. Exstant quaedam adnotationes, quas de hoc libro scripserat Dom H. Quentin (in Bibliotheca Publica Carnotensi legi possunt), nonnullaque fragmenta ipsius libri, sed nihil ad Probam pertinent. Ex ieiuna descriptione, quae in catalogo legitur, efficitur inscriptionem fuisse *Incipit carmen Probae de Evangelio* poemaque cum versu 333 (*Nunc ad te et tua, magne pater, consulta revertor*) coepisse. Reliquias voluminis Carnoti inspexi, sed nihil inveni, quod ad Probam pertineret.

Oxoniensis quoque Barlowianus (Oxford, Bodleian Library, Barlow, 48[133]), saec. XII–XIII, membraneus, ff. 144, mm. 444 x 271, nullum *Centonis* versum exhibet, sed in initio libri legitur: *Haec continentur in isto volumine: Policraticus Ioannis Salisberiensis divisis partibus liber, explanatio quorundam verborum extraneorum, opusculum Probae uxoris Adelphi ad testimonium Veteris et Novi Testamenti versifice compositum.* Ceterum, cum *Policraticus* (ff. 1–140^{v}) tractatusque grammaticalis de centonibus (incipit cum: *Incipiunt capitula quid sit Homerocentonas*, finit cum: *apud Terentium per diversas scenas saepe notatur*, ff. 141–144) adhunc insint, Proba abscisa est. In Britannia conscriptus est. Fuit ecclesiae S. Mariae Durocornoviensis.

131 *Catalogue général des manuscrits des bibliothèques publiques de France, Départements, XI, Chartres*, par H. Omont, A. Molinier, Couderc et Coyecque, Paris 1890.

132 Cf. M. Jusselin, *Petit histoire de la Bibliothèque Municipale de Chartres*, Chartres 1962, 64–66.

133 H. Schenkl, *Bibliotheca Patrum Latinorum Britannica*, 1/1, Wien 1891, 53; R. A. B. Mynors – R. M. Thomson, *Catalogue of the manuscripts of Hereford Cathedral Library*, Cambridge 1993, 93.

Sequantur libri, quorum notitiam tantum ex antiquis catalogis capimus[134].

In catalogo monasteri Augiensis anni 821 duo libri describuntur, qui Probam exhibebant[135], scilicet codices 406 (*metrum Iuvenci presb. IV Evangeliorum libri IV, metrum Sedulii Paschalis carminis lib. IV, metrum Cento Probae lib. I, Virgiliaca manuscripta in cod. I*) et 407 (*item metrum Iuvenci presb. IV Evangeliorum lib. IV, metrum Sedulii Paschalis carminis lib. III, metrum Cento Probae lib. I, metrum Bedae presb. de vita S. Gudberti episcopi lib. I, metrum Aldhelmi de laude virginum lib. I in cod. I*). Neutrum eorum censet Schenkl (517) esse Augiensem nostrum (**A'**) vel saltem eius partem, sed alterutrum patrem codicum **A'** et **T** suspicatur esse. Cum codicem 407 Augiensem nostrum esse nemo credat, possit oriri suspicio codicem 406 esse nostrum **A'**; sed hoc credere dissuadent Vergiliana, quae in Augiensi catalogi erant[136].

134 De his libris pauca inveniuntur apud Schenklium cui ii soli innotuerant quorum notitia in catalogis a G. Beckero editis (*Catalogi bibliothecarum antiqui*, Bonnae 1885) exstat. Catalogis Ambrosianis inspectis possis suspicari et librum F 63 sup. *Centonem* continere; scito tamen solum Isid. *De viris ill.*, 18 inesse. B. de Montfaucon praeter Padolironensem alios Probae libros se vidisse affirmat: cf. *Bibliotheca bibliothecarum manuscriptorum nova*, Parisiis 1739, 487, 532; in hoc opere (487) vir insignis testatur se (praeter alios Probae libros, quos facile et ipse inveni) vidisse in Bibliotheca Zabarella Patavi librum *Probae Falconiae Virgilii Centones*. Ubi hic liber hodie sit comperire non valui; certe Patavi vel in eius vicinia non est, cf. *I manoscritti medioevali di Padova e provincia*, a cura di L. Granata et alii, Impruneta 2002, ubi de Proba οὐδὲ γρῦ.

135 P. Lehmann, *Mittelalterliche Bibliothekskataloge Deutschlands und der Schweiz*, 1, München 1918, 252; Becker, *Catalogi bibliothecarum*, n. 6; Holder, *Die Reichenauer Handschriften*, 3, 1, 71 sqq.

136 Crediderat Preisendanz (*Die Reichenauer Handschriften*, 3, 2, 154, 197) Augiensem **A'** adhuc separatum codices 406, 407 catalogi antiqui fuisse, sed postea opinionem mutavit (cf. Ertmer, *Studien zur althochdeutschen und altsächsischen Juvencusglossierung*, 262). "Zusammengenommen bleibt es mit Blick auf die frühe Reichenauer Provenienz des Augiensis CCXVII lediglich bei der Feststellung, dass die Bibliothek der Abtei Reichenau im neunten Jahrhundert mehrere Juvencushandschriften mit darüber hinaus ähnlichem Inhalt wie im Augiensis CCXVII besessen hat" (Ertmer, 264).

De catalogo Bibliothecae Centulensis S. Richari anni 831 infra disseremus[137].

Thesaurorum bibliothecarum inventor felicissimus, F. Dolbeau, in catalogo Bibliothecae Laubiensis a. 1049, haec invenit (nr. 238)[138]: *Centon Valeriae Probae Aniciae de Virgilii libris Veteris et Novi Testamenti. Damasi episcopi versus de Praetextato praefecto urbis. Libri Dracontii quos fecit de divinis laudibus et de sua paenitentia et indulgentiis Paschalibus et de nativitate et miraculis Christi vol. I.*

In catalogo abbatiae Becci (le Bec-Hellouin) a. 1142–1164 his verbis codex hodie deperditus describitur (nr. 110)[139]: *Seneca De nat. quaestionibus et Adelermus Batensis (Adhelardus Bathonensis* recte ci. Becker*), Proba vates, Aurea capra Simon et liber Hildeberti Turonensis archiepiscopi De dissensione interioris et exterioris hominis et sermones eius et vita ipsius.*

Catalogus bibliothecae Cluniacensis, ca. a., ut videtur, 1158–1161 compositus, talem librum recenset (nr. 537)[140]: *Volumen in quo continetur Alchimus episcopus in Eptateuchum versifice et in libros Regum, Paralipomenon, Hester, Judith, Machabeorum, et opusculum de Veteri Testamento, nativitate ac passione Domini excerptum de Virgiliano, de sententia Dei, de diluvio mundi, de originali peccato, de transitu Maris Rubri et de aenigmatibus variarum rerum.* Nemo dubitat quin *opusculum de Veteri Testamento, nativitate ac passione Domini excerptum de Virgiliano* opusculum Probae fuerit.

137 Cf. pp. XC–XCII. Suspicatur Peiper (*Cyprianus Gallus*, IV) et alium librum catalogi Centulensis *Centonis* memoriam continere (nr. scilicet 187: *Althelmus. Metrum cuiusdam de Veteri et Novo Testamento cum vita Cosmae et Damiani metrica in I vol.*). Peipero assentior *Metrum cuiusdam de Veteri et Novo Testamento* Probae carmen esse potuisse, sed Probae *Cento* numquam vitam Cosmae et Damiani comitatur.

138 F. Dolbeau, *Un nouveau catalogue des manuscrits de Lobbes aux XIe et XIIe siècles*, «Recherches Augustiniennes» 13 (1978) 3–36; ib. 14 (1979) 191–248. De nomine poetriae cf. supra pp. VII–X et Green, *Proba's Cento*, 552–553.

139 Becker, *Catalogi bibliothecarum*, cat. 86; Hine, *Escorial MS. O III 2.*

140 Delisle, *Le cabinet*, 2, 479–480; Peiper, *Alcimus Avitus*, LVIII–LIX.

In inventario saec. XII exeuntis ecclesiae S. Victoris Massiliensis hic codex memoratur (nr. 254)[141]: *Volumen Prosperi et liber qui dicitur iam dudum temerasse dices et liber qui dicitur quod lingua loquitur.* Quae Prosperi Aquitani opera liber continuerit nescimus, sed, ut iam vidit Nebbiai, ea sine dubio Probae *Cento* et Gregori Magni *Epistulae* sequebantur.

Dubitant et Becker et Schenkl nonne etiam codex monasteri S. Vedasti Atrebatensis (Becker, *Catalogi bibliothecarum*, cat. 125, saec. XII, nr. 18) Probam continuerit; ita liber describitur: *liber Euricii, liber Probi per versus, Boethius De musica, Aurelianus De laude musicae disciplinae, versus Hubaldi ad Carolum imperatorem, Macrobius De sumno Scipionis, divisio mathematicae, Sedulius et Iuvencus in uno volumine.* Fere certum mihi videtur *Probi* in *Probae* esse mutandum.

In catalogo abbatiae Corbeiensis, ca. a. 1200 conscripto, talis liber recensetur[142]: *Fortunati de diversis rebus. In laudem sanctae Mariae liber unus bis scriptus. De vita Sancti Martini libri IIII. Multa alia de diversis. De virginitate laudanda in Sanctis Veteris et Novi Testamenti. Aenigmata Althelmi episcopi et Symphosii scholastici. Versus Probae.* Nullus dubito quin hic liber sit Petropolitanus F v XIV 1 + Parisinus Lat. 7701 (cf. Bleskina, *Ex oriente lux*, 53; Winter, *Die mittelalterlichen Bibliothekskataloge*, 112, 236), qui ea aetate nondum separati erant.

Medio saec. XIII Richardus de Fournival Samarobrivensis catalogum librorum suorum composuit; sub nr. 128 talis liber recensetur[143]: *Probae uxoris Adelphi liber Centonum ex Virgilianis, cum ubitatione*[144] *domini Stephani, canonici Sancti Sepulchri. Item Aurelii Prudentii liber de pugna virtutum et viciorum, et sunt septem, videlicet Fidei contra Ydolatriam, Pudicitiae contra Libidi-*

141 D. Nebbiai, *La bibliothèque de l'Abbaye Saint-Victor de Marseille (XIe–XVe siècle)*, Paris 2005.

142 U. Winter, *Die mittelalterlichen Bibliothekskataloge aus Corbie*, Diss. Berlin 1972, 112 (nr. 166); Becker, *Catalogi bibliothecarum*, cat. 136. Cf. etiam U. Winter, *Die mittelalterlichen Bibliothekskataloge von Corbie*, "Altertumswissenschaft mit Zukunft. Dem Wirken W. Hartkes gewidmet anlässlich seines 65. Geburtstages", Berlin 1973, 116–124.

143 Delisle, *Le cabinet*, 2, 532.

144 Quam vocem in *rubricatione* equidem correxerim.

nem, Patientiae contra Iram, Humilitatis contra Superbiam, Sobrietatis contra Luxuriam, Benignitatis contra Avaritiam et Concordiae contra Discordiam. Item eiusdem liber de hymnis et canticis ad laudem divinam certis temporibus deputatis. Item cuiusdam scribae liber temporum ad laudem eandem certis similiter temporibus canendorum. In uno volumine cuius signum est littera P. Non nullius momenti sunt quae de Stephano canonico Sancti Sepulchri leguntur, praecipue si ea cum iis, quae e Parisino 8317, Guelferbytano Gud. Lat. 237 et Mutinensi 678 (**E**, **Jg**, **Mu**) exscripsi, conferas: videtur scilicet iste Stephanus (de quo nihil aliunde comperire valui) operam ad reperiendos locos Vergilianos, unde Proba versus sumpserat, navasse. In nostris libris saepe Probae versibus locus Vergilianus ascriptus est; quatenus in hac re libri nostri e Stephano Sancti Sepulchri pendeant (si omnino ex eo pendent) nescio neque sine aliquo labore haec res illustrari poterit.

Et ecclesia Cantuariensis Probam habuit (cf. etiam descriptionem libri **Cj**), ut monstrat catalogus ca. 1284–1331 compositus (nr. 965)[145]: *Alani Anticlaudianus; Bernardi Silvestri Cosmographia, Virgilius, Opus Probae uxoris Adelphi, tractatus de numero et astrolabio, Anselmus de differentiis donorum (tonorum), libellus de quadripharia Dei operatione, liber de mathematica, Albimazart de floribus, ysagoge Iohannicii, tractatus R. Premostracensis de canone missae, Methodius, liber de usibus ordinis monastici.*

Saeculo XIV et in Bibliotheca Abbatiae S. Benedicti Rameseiensis Proba asservabatur[146] (nr. 200: *Centone Virgilii*).

Sub finem saeculi XIV in bibliotheca Burgi S. Petri Probae exemplar erat[147] (nr. 157: *Liber Esdrae prophetae. Liber Methodii de creatione mundi. Liber qui vocatur Virgiliocentena Probae gentilium carmina ad obsequium fidei retorquentis*).

145 M. R. James, *The ancient Libraries of Canterbury and Dover*, Cambridge 1903.

146 *Corpus of British medieval library catalogues. 4. English Benedictine Libraries. The shorter catalogues*, ed. by R. Sharpe, J. P. Carley, R. M. Thomson, A. G. Watson, London 1996, 372.

147 *Corpus of British medieval library catalogues. 8. Peterborough Abbey*, ed. by K. Friis-Jensen and J. M. W. Willoughby, London 2001, 113.

In catalogo bibliothecae abbatiae Sancti Augustini Cantuariensis annorum ca. 1375–1420 invenitur *Liber Probae uxoris Adelphi*[148].

Ca. a. 1420–1437 Thomas quidam Sudbyry e bibliotheca St. Albani librum mutuatus est, in quo inerant[149]: *libellus Probae uxoris Adelphi qui dicitur Virgiliocentona, sermones de nativitate cum aliis sermonibus plurimorum Sanctorum, excerpta ex Enchridio S. Augustini, excerpta ex epistulis Augustini.*

De libro olim Phillippico 20761 (Cheltenham, Phillips library, 20761[150]), chartaceo, saec. XVI, in quo Boccacci opusculum *De mulieribus claris* sequebatur Probae *Cento*, nihil mihi constat[151]. Licet autem suspicari hunc librum solum caput operis Boccacci habuisse, quod Probae vitam contineret, sicut e. g. libri nostri **Ha K M**; sed exstant et libri qui et opus integrum Boccacci et *Centonem* habeant, sicut **Kr**.

Neque vestigium inveni duorum librorum, qui mihi volumina illa pretiosissima *Mittelalterliche Bibliothekskataloge Deutschlands und der Schweiz* evolventi obvenerant, unus in catalogo a. 1511/12 Monasteri Walderbachensis deprehensus (vol. 4, 1, München 1977, 545; inscribebatur: *Cento uxoris Adelphi*), alter in catalogo Monasteri Rebdorfiensis saec. XV–XVI (vol. 3, 1, München 1932, 298; inscribebatur: *Proba Romana, Adelphi proconsulis uxor, Centone⟨s⟩ e Maronis carminibus excerptae* [sic!])[152].

148 *Corpus of British medieval library catalogues. 13. St. Augustine's Abbey, Canterbury*, ed. by B. C. Barker-Benfield, 1, London 2008, 260.

149 *English Benedictine Libraries*, 556.

150 H. Schenkl, *Bibliotheca Patrum*, 1/2, Wien 1892, 144. De altero Phillippico (nr. 16366), nunc Petropolitano Academiae Scientiarum (**Pn**), supra egimus.

151 Neque mihi vacavit ut indagarem adnotationes in Probam, *Disticha Catonis*, Calpurnium atque Nemesianum a quodam J. B. Hubero ca. annos 1720/30 conscriptas, quarum notitiam inveni in: F. Madan, *A Summary catalogue of Western manuscripts in the Bodleian Library at Oxford which have not hitherto been catalogued in the quarto series*, 5, Oxford 1905, 832, nr. 30552 (leguntur in ms. Lat. Class. f. 2).

152 Quod ad "librum antiquissimum" Geminiani Inghirami attinet qui Probam cum Sedulio et Prudentio exhibebat (cf. quae diximus de **N**), nihil invenire potui; neque in catalogis antiquis librum inveni, qui tres poetas unus idemque contineret, neque origo eorum quae de Proba in **N**

DE LIBRORVM NECESSITVDINIBVS ET DE EDITIONIBVS

Testibus *Centonis* quam potui diligenter recensitis, ad eorum necessitudines enucleandas transeo. Omnem Probae memoriam ex eodem fonte pendere monstrant aliquot errores, quorum in partes omnes testes, qui aetatem tulerunt, veniunt:

> 5 nulloque] **Ch** *suo Marte* : nullaque **ω**; 25 si vera infusa] *Schenkl* : si viris fusa **A'** : si veros fusa **C Ch Lb S ς** : sive infusa **P** : si veris fusa **p Pd Rb** : si viros fusa **Ra** : si vires fusa **T**; *post v. 233 lac. indicavit Schenkl*; 258 ni] *nos* : si **ω**; 340 quom] *Schenkl* : quod **A** : quos **C P** : quo **Ch p Pd Rb S** $\mathbf{\Gamma^1}$ $\mathbf{\Gamma^{corr}}$ **Ra Vl Vz** : quum (cum) **Θ**; 454 cruentas] *ex Verg. Schenkl* : cruentos **P** : cruento **ω**; *v. 549 post v. 552 nos transtulimus.*

Omnes libros in duas classes (**Φ** scilicet et **Ψ**) dividendos esse Schenkli vestigia insistens nuper contendi (cf. *La tradizione*, 367 adn. 38): codicum ante s. XIV exaratorum in classem **Φ** cadunt **C Ch S**[153] (quibus accedit pars codicis alterius classis, scilicet **Pb**[154]),

leguntur mihi nota est. Sed Inghirami tantopere interpolationi operabatur ut omnia quae ex eius calamo fluxerunt ego pro suspectis habeam.

153 Libris classis **Φ** ante s. XIV exaratis **D G Oj** addendi sunt, Schenklio quidem omnino ignoti, de quibus primum ego aliqua protuli vel hic vel in *La tradizione*; sed cum ii ceteris Sardis venalibus classis $\mathbf{\Gamma^{corr}}$ (de qua vide infra) adsimiles sint, operae mihi non fuit de ipsis amplius agere.

154 In opusculo *La tradizione*, de **Pb** nihil dixi, quia collationes librorum antiquiorum nondum suppetebant. Nunc antiquioribus collatis et de **Pb** aliquid certi mihi proferre posse videor, scilicet eum cum **C Ch** artiore affinitate religari, ut monstrat tabula quam propono. Neque haec res admirabilis est, cum tam **Pb** quam **S** scriptura Corbeiensi AB scripti sint (quod tamen et de ipso **P** dici potest), quam viri palaeographiae periti in uno eodemque scriptorio adhibitam esse censent (cf. Ganz, *Corbie*, 48–56); e fonte igitur codicis **S** descriptus est **Pb**. Ceterum vix casu accidere potuit ut **S** cum eo versu desinat in quo incipit ea codicis **P** pars quae bis conscripta est (vide descriptionem codicum **P** et **S**). Potuit fieri ut librarius alter codicis **P** librum quo utebatur librarius codicis **S** ab ipso receperit admonitusque fuerit ubi ipse transcribere desierat (scil. in v. 489). Libro postea **P** in manus sumpto, quo versu prior librarius ipsius libri **P** desierat non inspexit, factumque est ut aliquot versus bis scriberentur.

in classem autem **Ψ** cadunt **A' La Lb P p Pd Pl Ra Rb T v**[155] **Vg Vl**. Ecce errores classis **Φ**:

v. 10 aeternique] aeternumque **C Ch S**; 26 toto se] magno se **C Ch** (*ex Verg., sed vix recte*) : cito magno se **S** (cito *deletum est*); 35 virorum] sacrorum **C Ch S**; 38 et] ut **C Ch S** (*ex coniectura scilicet*[156]); 49 studio] studium **C Ch S**; 109 perfectis ordine rebus] diversis orbibus orbibus **S** : diversis orbibus orbes **C Ch S**^{corr} (d. o. orbis); 141 ea] et **C Ch S**; *post v.* 147 **C Ch S** *addunt* in medio ramos annosaque brachia pandens (*A* 6, 282)[157]; 167 horti] ortum **C** : ortu **S** *a. c.*; 177 spirans] inspirans **C Ch S**; 197 lege] leve **C Ch S**; 208 obtentu] obiectu **C Ch** : obientu **S** *a. c.*; 211 observans] prospiciens **C Ch S**; *v.* 222 *om.* **C Ch S**; 236 monitisque sinistris] monitique sinistri **C Ch S**; 300 duris] durum **C Ch S**; 318 agitant] *Schenkl* : agitans **A L p Pd Pl Ra Rb Vl Vz** : agitat **C Ch S** : agens **P**; 340 dei] tui **C S**; 373 sinu] simul **C Ch S**; 387 qui] quis **C Ch S**; 430 serpentis] serpentum **C Ch S**; 452 terrae] terra **C Ch S**; 458 deducere] decurrere **C Ch S**; 469 moniti] moniti et **C Ch S**; 491 mortalive] *recc* : mor-

Quo fonte codex **P** post v. 527 usus sit difficile est dictu: cum eadem manus quae vv. 490–527 iterum scripserat (**Pb**) usque ad finem perrexerit, suspicari possis fontem mutatum non esse, sed res difficilis est diiudicatu, cum post v. 527 vix ullus inveniatur error qui duas classes (**Φ**, **Ψ**) clare definiat.

155 Cum ceteros antiquiores integros contulerim valeamque eorum lectiones semper referre, libri Leidensis (**v**) solos vv. 1–38, 394–465 plene contuli, reliquorum versuum tantum ordinem recognovi. Hic liber a Schenklio penitus ignorabatur affectusque gaudio sum cum eum, dum catalogos bibliothecae Leidensis evolvo, detexi: rebar enim aliquid boni librum satis antiquum offerre. Fuit tamen ista spes omnino fallax; librorum enim antiquiorum est sine dubio **v** deterrimus, cum interpolationi omnifariam obnoxius sit. Factum est ita ut hunc librum raro ad partes vocem; neque tibi suaserim, ut integram collationem suscipias, cum nihil inde nos lucri capturos sperem.

156 Locus graviore corruptela laborat, cf. pp. CXX–CXXII.

157 De hoc versu bene observavit Schenkl (525): "quamquam illud *in medio* convenit cum *Gen* 2, 9, tamen idem fere his verbis significatur quod eis, quae sequuntur *in conspectu*. Simul vix ferendum est *ramos* iuxta id, quod legitur in v. 148, *ramis felicibus*"; cui astipulatur Sineri.

taline **A p Pa Pd Ra Rb** : mortalique **C Ch Pb**; *ib.* et] nec **C Ch Pb**; 492 audiam et haec] **A** : audite et **C Pb** : annuo et hoc **Ch** : audiant et **Pa** : audiam haec **Ra**; 505 multa] dicta **C Ch Pb**; 508 quina] et quina **C Ch Pb**; 513 et] *om.* **C Pb**; 516 superare] sufferre **C Ch Pb**; 520 relictum] relictum est **C Ch Pb**; 564 pueri] puerique **C P** : et pueri **Ch**.

Nunc tibi exscribam errores classis **Ψ**:

v. 7 innumeris ... viduatas] innumerans ... viduatis **La** *a. c.* **P** : innumeras ... viduatis **A La**^{corr} **Lb Pd Pl Ra** : innumeras ... viduata **v**; v. 86 et] at **A L P** : ad **Pd Rb**; 94 non ulli] non nulli **A L Ra Vl** : non ullae **p**; 151 hac] **C Ch** : at **A Pd Pl Rb Vl** : ad **L P p** : ut **Ra** : haec **S**; 160 sub limina] sub lumine **A P** : sublime **Pd** : sub limine **L Rb** : sub lumina **Ch p**^{corr} **Ra Vl**; *ib.* ortus] ortu **A L Pd Rb**; 189 quis] **A C Ch p S Vl** : quid **L P Pd Pl Ra Rb**; *v. 201 post 202 ponunt* **L P p Pl Ra v Vl**; 288 excipit] excepit **L P p Vl**; 332 post me] post **A P** : haec post **Ra** : post com- **Pd Rb**; 350 caeli] caeli in **A P p Pd Ra Rb Vl**; 352 cunctisque] cunctique **A P**^{corr} **p Pd Ra Rb Vl**; 357 clamore] fervore **A P p Pd Ra Rb Vl**; 397 et] **C Ch S Γ**^{1} : ad **A'** : at **p Pd Ra Rb T Vl**; 434 infremuitque] intremuitque **A P p** *a. c.* **Pd Ra Rb Vl**; 611 stupor] pudor **A p Pd Ra Rb Vl**.

Incipiamus a **Φ**, quae paucioribus libris antiquis continetur. Primum est considerandum utrum **C Ch** ex **S** originem ducant an ex alio exemplari nunc deperdito (ξ), ut vult Schenkl (525–527). Codex **S** exhibet aliquot errores, quorum in partem neque **C** neque **Ch** venit, cf.:

v. 11 resera] reserans **S**; 41 marmoreo] marmoreum **S**; 42 a et] ut **S**; 77 et varios] ut varios **S**; 130 ingens] *om.* **S**; 148 conspectu] conspectum **S**; 162 umbra] umbras **S**; 200 infelix] infilias **S**; 268 mea] meo **S**; 270 oculi] oculis **S**; 278 magnum] ramum **S**; 300 ferrea] ferre **S**; *vv. 307–308 ordine inv. in* **S**; 314 in terris] interior **S**; 321 bella] bello **S**; 332 praetereo] praeterea **S**; 374 infantem] infantum **S**; 390 ecce] ait **S**; 399 alas] *om.* **S**; 400 huc] huic **S**; 415 grates] *om.* **S**; 453 ille] illi **S**; 461 animis] animum **S**; 465 dedit] *om.* **S**; 476

partem] parem **S**; 477 pulsatusve] pulsanti suae **S** (s- *postea deletum est*).

Exstant et aliquot errores codicum **C Ch**, qui in **S** non inveniuntur:

v. 35 nam] iam **C Ch**; 135 inhaesit] adhaesit **C Ch**; 151 hac[158]] **C Ch** : haec **S** : et **S**corr : ad *vel* at **Ψ**; 389 egelido] a gelido **C Ch**; 398 et] atque **C Ch**; 484[159] aestuat atque imo barathri eructat harenam (*A* 6, 297 + *A* 3, 421 + *A* 6, 297)] aestuat atque omnem Cocyti eructat harenam (*A* 6, 297, *sed* Cocyto) **C** : aestuat atque imo baratri ter gurgite vastos (*A* 6, 297 + *A* 3, 421) / sorbet in abruptum fluctus rursusque sub auras (*A* 3, 422) / erigit atque omnem Cocyti eructat harenam (*A* 3, 423 + *A* 6, 297) **Ch**.

Deprehendi multos quoque errores singulares utriusque recentioris:

v. 3 diversasque] divisasque **C**; 10 tui] tuis **C**; 12 Proba cuncta] cuncta verba **C**; 23 munera] numina **C**; 46 fidem tanto] fides stante **C**; 61 subvecta] invecta **C**; 77 ponit ... atra] ponto ... arva **C**; 95 gelidam] hominum gelidam **C**; 101 visu] dictu **C**; 116 fingitque] finxitque **C**; 182 sic] sicque **C**; 232 globos] apices **C**; 251 et] *om.* **C**; 295 aegra] atra **C**; 296 visco] iusto **C**; 305 opes] opus **C**; 306 miserans] miseras **C**;

158 Hic error non est, sed bona probandaque lectio, quam tamen sine dubio ξ suo Marte ex Vergilio repetivit.

159 Nemo dubitat quin Proba scripserit: *Turbidus hic caeno vastaque voragine gurges* (*A* 6, 296) / *aestuat atque imo barathri eructat harenam* (*A* 6, 297 + *A* 3, 421 + *A* 6, 297). Patet etiam interpolationes codicum **C** et **Ch** eandem originem habere (cf. *omnem Cocyti*); ambigitur autem utra antiquior sit. Affirmat Schenkl (526) ξ eadem habuisse atque **C** (*Turbidus hic caeno vastaque voragine gurges A* 6, 296 / *aestuat atque omnem Cocyto eructat harenam A* 6, 297), quae **Ch** suo Marte auxit. Sed hoc parum probabile est, cum hac ratione vix constet cur interpolatori in mentem venerit versus ex *A* 3, 421 sqq. addere; nisi ipse verba *imo barathri* (*A* 3, 421) legisset, vix talia inseruisset, quod iam intellexit Sineri (250). Credo igitur interpolationem codicis **C** constare ex interpolatione codicis ξ (quam nobis servavit **Ch**) et lectione genuina, quas ipse **C** commiscuit.

319 caedes] sedes **C**; 341 mirabile] miserabile **C**; 347 origo] imago **C**; *vv. 348–9 om.* **C**; 360 nescia] inscia **C**; 367 ac] haud **C**; 385 attonitis] attonitas **C**; 396 undis] annis **C**; 401 certatim] est tanti **C**; 425 strueremque] sternamque **C**; 435 adfatur] adflatur **C**; 449 vides] fides **C**; 456 volitans magnas] magnas volitans **C**; *v. 481 om.* **C**

v. 14 de vertice ducere] deducere vertice **Ch**; 21 libamina] libamine **Ch**; 42 simul ignis] ignis fons **Ch**; 89 iam sole] iamque solo **Ch**; 138 tremefacta] tremefacto **Ch**; 155 femina] ante mea **Ch**; 159 gloria] gaudia **Ch**; 283 credere] induere **Ch**; 286 in] et **Ch**; 335 angusti] me angusti **Ch**; 402 tum] tunc **Ch**; 414 instans] insistens **Ch**; 432 poscere] noscere **Ch**; 435 ac serpens] asserpens **Ch**; 475 repertis] relictis **Ch**; 490 truncis et robore nata] truncisque et robore natas **Ch**; 503 cunctis] cunctos **Ch**; 504 insinuat] instimulat **Ch**; 533 transverberat] diverberat **Ch**; 564 nota] parvi **Ch**; 602 patribus] et patribus **Ch**; 620 potiti] potiri **Ch**; 652 positum] est positum **Ch**; 657 primi] ad primos **Ch**; 673 mittite] exuite **Ch**.

Rebus sic stantibus, haud absurde coniecit Schenkl **C** et **Ch** non ex **S**, sed ex alio libro deperdito (ξ) qui Parisino propinquus erat, descendere. Si ita est, **Ch** fidelius antigraphum expressit, cum aliquot errores Parisini et Carolivillensis exstent, quos Cantabrigiensis vitat:

120 cui mentem] mentemque **C** : ac mentem **Ch** : a mentem **S**; *v. 251 post v. 271 ponunt* **Ch S**; 282 gramina] gramine **Ch S**; 287 propinquum] propinqua **Ch S**; 308 effundit] infundit **Ch S** : immittit **C**; 348 venitque in] venit quo **Ch** : venitque **S**.

Istos errores **C** sine dubio vel suo Marte vel alio exemplari adhibito sustulit.

Venio ad classem **Ψ**, cuius necessitudines perplexiores esse iam tabula supra (p. LXXVIII) prolata monstrare potest. Ut enim videre potuisti, aliquando et testes satis antiqui errores classis **Ψ** evitant: cui diligentiae ipsa natura carminis, quod loco Vergiliano invento facile sanari potest, multum favit. Gregem tam discrepantem in ordinem digerere haud facile est; quaedam tamen affinitates cum apertae sint, ab illis incipiam.

Libri **La** et **Lb** ex eodem fonte manant atque tam saepe conspirant ut eorum consensum Schenkl et ego siglo **L** indicaverimus; eadem dici possunt et de **A' T** (quorum consensus siglo **A** notatur[160]) et de **p** (**v**) **Vl** (horum fontem ego primus siglo **Π** indicabo, cum Schenkl **v Vl** ignoraverit[161]).

L et **Pl** artissimo vinculo astrictos esse iam Schenkl noverat, sed cum ipsi de **Pl** fere nihil constaret, rem diligenter persequi nequiit. **L Pl** desinunt cum v. 318, quem excipit ps.-Cypriani carmen *De Sodoma*; haec haud casu facta sunt, sed ut "ea parte, qua narratio a creatione mundi usque ad res post diluvium gestas perducitur, cum initio capitis de Sodoma ex Cypriani carmine desumpti coniuncta unum quodam modo corpus constitueretur" (Schenkl, 519). His accedunt tituli, qui fere easdem *Centonis* partes iisdem locis in **La Lb Pl** dividunt (tituli codicum **La Lb** apud Schenklium invenias; scito **Pl** eadem praebere). Aetate librorum perspecta, suspicari possis ex **La** vel **Lb** vel **Pl** vel utrumque descriptum esse, vel etiam **Pl** ex **Lb** derivari. Ad hanc rem diiudicandam perutilem tibi hanc tabulam spero fore:

v. 3 regum] regum et **La** : regnum et **Lb Pl**; 5 nulloque] **Ch** *suo Marte* : nullaque **ω** : nonnulla **Pl**; 15 saxa] falsa **Lb**^{corr} **Pl**;

160 Aetate et similitudine librorum observata, suspicari possis **T** ex **A'** descriptum esse. Versus tamen 638–655 in **T** exstant, cum in **A'** desiderentur; sunt item aliquot errores codicis **A'** a **T** vitati, hi scilicet: 87 caudis] caudas **A'**; 88 circum gens] circumiens **A'**; 183 ait] at **A'**; 193 resolvere] nesolvere **A'**; 258 triticeam] sic reticeam **A'**; 283 et lentis] et in lentis **A'**; 358 acuit] *om.* **A'**; 394 expectate] expectata **A'**; 472 vocat] vocate **A'**; 475 soli] sol **A'**; 482 infectum] inflectum **A'**; 502 palantesque] plantasque **A'**; 517 fidem] fide **A'**; 594 meorum] eorum **A'**; 596 curas] vestras **A'**; 598 unum] num **A'**; 627 timuerunt] timuerint **A'**. Vide et haec: 377 hic] haec **A'** : nec **T**; 619 quos] post **A'** : *om.* **T** (*qui* postera *pro* cetera *exhibet*): his locis, si Turicensis lectionem Augiensis (quam ex coniectura ortam esse suspicor) prae oculis habuisset, vix scripsisset quae scripsit. Neque glossae Germanicae codicis recentioris ex antiquiore scatere videntur, cf. Ertmer, *Studien zur althochdeutschen und altsächsischen Juvencusglossierung*, 380–382. Nullus igitur dubito quin **A'** et **T** pro fratribus sint habendi.

161 Quatenus **p** (**v**) et **Vl** cohaereant, mox te docebo.

17 iurgantesque] purgantesque **Pl**; 23 loquar] nunc **A** : loquor **L Pl**; 27 tardant] tradant **Pl**; 37 trahantur] trahatur **L**; 49 laborem] labores **L p Ra Vl**; 63 caeli] celsus **Pl**; 66 umbris] tenebris **A** : umbras **L Pl**; 70 videt] vidit **L A'**; 81 magnus] magnas **Pl**; 87 secabant] siccabant **L**; 91 eoo] aevo **L** : in aevo **Pl**; 93 rubent] rubet **Pl**; 94 curae] curas **L Pl**; 101 silvis] silvas **Pl**; *ib.* visu] dictu **C** : dictu vel visu **Pl**; 102 movet] movit **L**; 104 formae] forma **L Pl**; 108 hoc] haec **Pl**; 131 insignis facie] insignis factae **L**; 132 matura] natura **L Pl**; *ib.* plenis] plena **L** : plene **Pl**; 135 excepitque] excipitque **L**; 147 contra] ego **Pl**; 161 locos] loco **Pl**; 165 populus] populos **L**; *ib.* antro] alte **Pl**; 166 imminet] eminet **Pl**; *ib.* texunt] texent **L P**; 190 vana] una **La Pl Vl v**; 207 visu ... nec] visu ... ne **Pl**; 213 este] iste **L P** : ite **Pl**; 215 frementem] loquentem **Pl**; 223 ultro] verbis **L Pl**; 225 inquit] inquam **L Pl**; 231 torquetque] torquet **L Pl**; 234 merui] meruit **L Pl**; 242 ut me] ut ne **La** : sic **Pl**; 252 tibi] ubi **Pl**; 257 lappaeque] lappadaeque **L**; 261 subeunt] subveniunt **L** : veniunt **P Pl**; 267 morere] morare **L**; 273 opaca] ocopa **La** : occapa **Pl**; 280 artem] artes **L Pl**; 282 inque] inquo **L**; 294 additus ut] additis et **L**; 308 effundit] effudit **L Pl**; 309 diluvio] diluvium **L Pl**; 312 neci] noe **Pl**.

Ut iam vidit Schenkl (519), sunt loci ubi **Pl** cum solo **La** vel cum solo **Lb** errorem praebeat (vv. 3, 15, 190, 273); etiam in v. 242 credo **Pl** in antigrapho suo lectionem codicis **La** invenisse: quam cum animadvertit absurdam esse, suo Marte *sic* excogitavit[162]. Probabile est igitur **Pl** non ex **La** vel ex **Lb** descendere, cum utriusque errores singulares exhibeat, sed ex eorum parente descendere[163].

Crediderant Schenkl et Peiper (hic scilicet in editionibus Aviti, Cypriani Galli et ps.-Cypriani) **La** et **Lb** ex communi fonte descendere, sed huic opinioni non adquiescit Gorman, qui suspicatur **Lb**

162 Librarium **Pl** aliqua suo Marte (vel etiam alio exemplari adhibito) excogitasse monstrant vv. 91, 101, 113, 147, 165 (*alte*). Exstant et aliquot errores qui in solis **La Lb** deprehenduntur (vv. 37, 49, 87, 131, 135, 165, 166, 257, 261, 267, 282, 294), quos ipsum **Pl** sustulisse in prono est credere.

163 Eadem de Cypriani Galli *Heptateucho* statuit Peiper (Cypriani Galli *Heptateuchos*, VI).

e **La** descriptum esse (*The encyclopedic commentary*, 198). Si solam Probam haberemus, possemus et Gormani suspicione allici, cum errores separativi codicis antiquioris parvi momenti sint:

v. 56 ac terras] *ut vid. om.* **La**; 221 per auras] perdurans **La**; 242 me] ne **La**; 273 opaca] ocopa **La**.

Sed vide quot errores separativi codicis **La** mihi apparatum Alcimi Aviti, Cypriani Galli et ps.-Cypriani perscrutanti obvenerint[164]:

Alc. Avit. 1, 59 vultu] vultum **La**; 2, 68 delusos] delusus **La**; 2, 233 hic] haec **La**; 3, 402] praeda *om.* **La**; 4, 21 more] morte **La**; 4, 162 decedat] decebat **La**; 4, 178 quo] quod **La**; 4, 286 levatis] levatus **La**; 4, 344 providus] provideus **La**; 4, 401 carcer] cancer **La**; 4, 432 insuetus] insuetos **La**; 4, 509] trahat] trahit **La**; 5, 100 ipse] ipsa **La**; 5, 366 iuncto] victo **La**; 452 via dum] vadum **La**; 479 dente] degente **La**; 527 castra] casta **La**; 602 fluctuque] fluctusque **La**; 612 piis] *om.* **La**; 657 divisum] disum **La**.

Cyprianus Gallus, *Lev.* 264 quocumque] quaecumque **La**; *Num.* 43 limina] lumina **La**; 51–2 praesentet / quam credit peccasse sibi canamquae] *om.* **La**; 178 clangoribus] clamoribus **La**; 220 suadeam] suadeam tibi **La**; 294 confesso] confesso ver **La**; 325 petunt] petent **La**; *v.* 339 *om.* **La**; 414 lectus] lectis **La**; 460 quia] qui **La**; 553 refertum] referentum **La**; 633 crudumque] crudum **La**; 724 vicerat] viserat **La**; 745 molli] vir molliens **La**; *Deut.* 3 qui] qua **La**; 29 duceret erectis] ducere retis **La**; 43 situ] sitis **La**; 56 ulli] illi **La**; 161 rimis] ramis **La**; *Iesu Nave* 28 referant] referunt **La**; 202 quod] qui **La**; 236 nemorosa] numerosa **La**; 323 succurrat] succurrit **La**; 339 ensis] enses **La**; 449 cessat] cessit **La**; *Iud.* 165 Aotus] actus **La**; 167 pondere] ponere **La**; 360 virtutis] virtutes **La**; 392 testor] testator **La**; 659 firmant] firment **La**.

164 Alcimum Avitum et Cyprianum Gallum in editione Peiperiana contuli; ps.-Cyprianum in editione a L. Morisio parata (Bologna 1993), cum lectiones codicis **Lb** Peiper in hoc carmine non rettulerit.

Ps.-Cypriani *De Sod.* 81 mox quo] quo mox **La**.

Non est igitur cur dubitemus quin **La** et **Lb** fratres sint[165]. Eorum propinquus erat liber Cluniacensis (**Clu**) nunc deperditus (cf. eius descriptionem supra, p. LXXII); ut enim vidit Peiper (*Alcimus Avitus*, LVIII–LIX), auctor catalogi aliqua Cypriani opera Alcimo Avito tribuit. Si ita est, non est dubitandum quin liber Cluniacensis aliqua adfinitate cum **L** coniungeretur, cum praeter eos nullus innotuerit liber, qui Alcimum Avitum, Cyprianum Gallum et Probam contineret.

Liber Padolironensis (**Pd**) et Vaticanus Reginae 1666 (**Rb**) ex eodem fonte scatent:

v. 6 tulerat] tolerat **Ch S** : tulerant **Pd Rb**; ib. fama] fata **Pd Rb**; 71 fecit] vocat **Pd Rb**; 86 et] at **A L P** : ad **Pd Rb**; 98 cessavit] cessabit **Pd Rb**; *vv. 105–106 ordine inv. praebent* **Pd Rb**; 210 nullis] ullis **Pd Rb**; 245 animis] armis **Pd** : minis **Rb**; *vv. 291–292 ordine inverso praebent* **Pd Rb**; 316 revocetur haberet] revocaret haberet **Ch** : revocet origo **P** (*cf. A* 7, 371) : renovetur haberet **p** (*in cuius marg.* revocetur h.) **Vl** : renovare haberet **Pd** : renovaret haberet **Rb**; 323 quo] quod **Pd Rb**; 325 casti] casti ad **A** : adsint **C** : casti dum **p Ra Vl** : casti atque **Pd Rb**; 328 complerint] **C Ra**^{corr} **Rb** : complerunt **A** :

165 Peiper (*Alcimus Avitus*, LIII sqq.) opinatus est libros Laudunenses e codice quodam Laureshamensi fluere quem citat catalogus (ca. a. 860 confectus) illius bibliothecae (cf. A. Häse, *Mittelalterliche Bücherverzeichnisse aus Kloster Lorsch*, Wiesbaden 2002, 165, 316): *Metrum Cipriani super Eptaticum et Regum, Hester, Iudith et Machabeorum. Metrum Alchimi ad Apollinarium episcopum, libri sex: ⟨I⟩ de initio mundi, II de originali peccato, III de sententia Dei, IIII de diluvio mundi, V de transitu Maris Rubri et de X plagis Aegypti, VI de virginitate; metrum Draconti de fabrica mundi, metrum Columbani et alii versus quam plurimi, in uno codice.* Si cogitaveris Wigbodum, cuius opera **La** et **Lb** servant, haud ignotum fuisse Laurissae, Peiperi coniectura haud negligenda tibi videbitur, quamvis eius verba nimis confidentia sint (LVIII: "illud certissimum codicum Laudunensium archetypum prodiisse ex S. Nazarii coenobio; ibi fuisse qui, ut et delectaret et prodesset, Hilarii Probae Dracontii Aviti Cypriani denique carmina cum Wigbodi conlectis coniungeret eum ordinem secutus, ut singulis carminibus singulas commentationes submitteret"). Hanc rem iterum infra attingemus.

compleverunt **P** : compleverint **Pd Ra** : complerent **p S Vl**; 332 post me] post **A P** : haec post **Ra** : post com- **Pd Rb**; 387 eunti] eunti est **Ch S** : euntis **Pd Ra**; 426 in munera] innumera **A** : munera **C Ch p S v Vl** ς : munere **Pd Rb**; 511 effatus] affatus **Pd Rb**; 547 par] pars **Pd Rb**; 677 et] at **Pd Rb**.

Adde **Pd** et **Rb** solos notitias aliquas de Probae vita tradere, quae sine dubio ex optimo antiquissimoque fonte originem ducunt: hi soli scilicet libri de nomine Betitiae (**Rb**) necnon de Probae filiis atque poemate ante *Centonem* conscripto (**Pd**) nos edocent (cf. pp. VII-IX); quin alterum ex altero pendere censeamus obstant hae ipsae notitiae, cum uterque liber aliqua praebeat quae in altero non inveniuntur.

Libros **Ra Rb** codici **p** affines esse credit Schenkl (529), sed naturam libri **p** nullo modo intellegere poteris, nisi **Vl** (aliquatenusque etiam **v**) ad partes vocaveris (quos testes Schenkl penitus ignorabat). Vide quot errores in solis **p Vl** (quibus haud raro accedunt **Ra v**) inveniantur.

v. 9 nunc, Deus omnipotens] omnipotens genitor **Ra v Vl**; 10 resolve] resolvat **Ra v Vl**; 24 pergam] pandam **p** *a. c.* **Ra v Vl**; 59 caelo] caeli **p Vl**, *in utroque supra* -o *scriptum est* -o; 61 subvecta] subiecta **p** *a. c.* **Vl**; 68 intentos] intendens **p** *a. c.* **Vl**; *post v. 69* **p Vl** *addunt*: obliquus qua se signorum verteret ordo (*G* 1, 239); 122 ex agmine] examine **p** *a. c.* **Vl**; 132 nubilis] nobilis **p Vl**, *in utroque supra* -o- *scriptum est* -u-; 160 limina] lumina **p**[corr] **Ra Vl**; 172 per florea] et perfida **p** *a. c.* **Vl**; 205 obicit atque] obicitque **p** *a. c.* **Vl**; 209 spes opis] opis spes **p** *a. c.* **Vl**; 213 este] estote **p** *a. c., ut videtur* **Vl**; 214 ac] et **p Ra Vl**; 217 silvasque] silvas **p Vl**; 229 vocarint] vocari **p Ra Vl**; 232 attollitque] attolletque **p** *a. c.* **Vl**; 237 sucos] speciem **p** *a. c.* **Vl**; 240 morte] caede **p** *a. c.* **Ra Vl**; 249 desidia] desidiam **p** *a. c.* **Ra Rb Vl**; 250 cogentibus] concentibus **p** *a. c.* **Ra Vl**; 253 artem] artus **p** *a. c.* **Vl**; 255 horrebit] horrescit **p Vl**; 263 coniunx] vatis **p** *a. c.* **Ra Vl**; 267 quod] ut **p Vl**; 273 gressi] gressu **p Ra Vl**; 280 homines] hominum **p Vl**; *v. 291 post v. 293 ponunt* **p Vl**; *post v. 295* **p Vl** *addunt:* tunc alnos primum fluvii sensere cavatas (*G* 1, 136);

305 incubat] innovat **p** *a. c.* **Vl**; 313 dictu] visu **p** *a. c.* **Ra Vl**; 316 revocetur] renovetur **p** *a. c.* **Vl**; 325 casti] casti dum **p Ra Vl**; 344 virum] dominum **Ra** : deum **p** *a. c.* **Vl**; 367 iussi] iussa **p** *a. c.* **Vl**; 374 reddit] tendit **p** *a. c.* **Ra Vl**; 394 venis] tuis **p** *a. c.* **Ra v** : venis tuis **Vl**; 408 videbis] videbunt **p Vl**; *post v. 425* **p v Vl** *addunt*: namque erit ille mihi semper (*h. v. s. l. postea additum*) deus, illius aram (*B* 1, 7) / cuncti obtestemur veniamque oremus ab ipso (*B* 11, 358; *cf. ib.* 5, 70 *et* 11, 801); *post v. 464* **p Vl** *addunt*: edocet humanis quae sit fiducia rebus (*A* 10, 152) / admonet immiscetque (immiscesque **p Vl** *prima manus*) cari praecepta parentis (*A* 10, 153; *ib.* 5, 747); 473 et] *om.* **p** *a. c.* **Vl**; 487 densantur] densentur **p Ra Vl**; 490 robore] robora **p Vl** *a. c.*; 502 ruinam] ruinas **p** *a. c.* **Ra Vl**; 504 videbant] videbunt **p** *a. c.* **Ra Vl**; 524 et] *om.* **p** *a. c.* **Ra Vl**; 533 transverberat] iam verberat **p Vl**; 539 subita] subito **p** *a. c.* **Ra Rb Vl**; 549 distat] distant **p Vl**; 567 antiqua e] antiqua **p Vl**; 574 quaeve] atque **p Ra Vl**; 581 victu] victo **p Vl**, *in utroque supra* -o *scriptum est* -u; 589 ait] *om.* **p Ra Vl**; 602 ferturque] serpitque **p Ra Vl** *ex Verg.*; 617 constituunt] corripiunt **p** *a. c.* **Ra Vl**; 622 generis tenuit] tenuit generis **p** *a. c.* **Pd Ra Vl**; 628 corda] corda quiescunt **p** *a. c.* **Vl**; 634 quin] atque **p Vl**; 658 superbus] superbum **p** *a. c.* **Ra Vl**; 667 fides] fidis **p Vl**; 679 immiscentque] immiscetque **p Vl**; *ib.* gaudentque tuentes] gaudetque tuendo **p** *a. c.* **Ra Vl**; 684 in] *om.* **p** *a. c.* **Vl**; 690 tua] tu **p Vl**.

Errores, quos in hac tabula solis libris **p Vl** tribui, alibi (nisi interdum in **v**, de cuius Punica fide vide adn. 155) non inveniuntur, unde efficitur **p** (**v**) **Vl** vel ex communi fonte scatere vel alium ex alio descriptum esse. Cum libri **p Vl** non solum Probae *Centonem*, sed etiam Mari Victorini *Artem grammaticam* aliaque exhibeant, iam v. d., qui rhetoris Africani commentariis grammaticis operam navarunt, de duobus codicibus egerunt, multique censuerunt **Vl** ex **p** pendere. Hanc opinionem confutare conatus est ante aliquot lustra De Nonno[166], qui censet **Vl** et **p** ex eodem fonte, utrumque

166 De Nonno, *Tradizione e diffusione*, 13–14; cf. etiam Ehwald, *Aldhelmus*, 39; Bischoff, *Die Abtei Lorsch*, 66.

sua via, scatere. Nuperrime Sineri (36–37) suspicata est et Probae memoriam codicis Valentiniani non ex illa codicis Palatini derivatam esse; quam suspicionem nos rem certam facere conabimur. Exstant enim tres loci insignes, qui veram codicis **p** naturam revelant; vide sis:

v. 9 nunc, Deus omnipotens] omnipotens genitor **Ra v Vl**; 94 non ulli] non nulli **A L Ra Vl** : non ullae **p**; *v. 312 post 309 ponunt* **Ra Vl**; 399 iter] item **Ra** *a. c.* **v Vl**.

Sunt tres errores magni momenti (praecipue illi versuum 9 et 309–312), quorum in partem **p** non venit: neque, opinor, codici Palatino alia causa fuit, qua haec menda vitaret, nisi interpolatio, qua ubique pullulat. Haec interpolatio bis grassata est, et cum liber primum scribebatur et cum corrector omnes antigrahi errores tollebat (vide quotiens *a. c.* scripserim!). Sed **Vl** ex **p** descriptus esse nequit, quia e codice Palatino errores quos enumeravi accipere non potuit. Sequitur ut opinemur **p** (**v**)[167] **Vl** ex eodem fonte (**Π**) pendere[168]: qui fons ex alio altiore (**Σ**) scaturiebat, unde et **Ra** memoriam suam hausit.

In codice **Π** aliquot interpolationes inveniebantur:

post v. 295 **p Vl** *addunt* (*hoc loco deest* **v**): tunc alnos primum fluvii sensere cavatas (*G* 1, 136); *post v. 425* **p**[169] **v Vl** *addunt*:

167 Turpissima contaminatio qua **v** laborat hoc saltem non obscuravit, Leidensem et Vaticanum Palatinum ex eodem fonte scatere. Vide haec: v. 19 parvam] pravam **p v**; *post v. 33* **v**, *post v. 34* **p** *addunt*: munera vestra cano, satis est potuisse videri (*G* 1, 12; *A* 6, 24). Haec additio non eodem loco facta demonstrat antigraphum ex quo **p v** pendent versum in margine habuisse.

168 Noli autem credere **p** ex **Vl** descriptum esse; vide hos errores, quos solus **Vl** habet: v. 14 libet] licet **Vl**; *vv. 15–18 om.* **Vl**; *vv. 43–47 om.* **Vl**; 53 quiete est] quieta **Vl**; 94 rastris] nostris **Vl**; 345 semine] semineque **Vl**; 381 furor] furorem **Vl**; 431 ausus] casus **Vl**; 434 dominumque] dominum **Vl**; 478 cum] *om.* **Vl**; 535 rates] rateres **Vl**; 591 vobis] vestra **Vl**; 617 ligant] litant **Vl**; 689 i decus, i nostrum] decus i nostrorum **Vl**. Adde **p** vetustiorem esse quam **Vl**. E libro Valentiniano sine dubio Bruxellensis (**Br**) descriptus est, quippe qui omnes codicis **Vl** errores exhibeat.

169 Interpolationem et **p** post v. 425 praebet, non post v. 426, sicut rettulit Schenkl.

> namque erit ille mihi semper Deus, illius aram (*B* 1, 7) / cuncti obtestemur veniamque oremus ab ipso (*A* 5, 70, *A* 11, 801; *A* 11, 358); *post v. 464* **p Vl** *addunt*: edocet humanis quae sit fiducia rebus (*A* 10, 152) / admonet inmiscetque cari praecepta parentis (*A* 10, 153; *A* 5, 747).

Sunt aliquot loci, ubi ipse **p** interpolasse videatur. Versus 463–465 ita scripsit Proba: *postquam altos ventum in montes, aeterna potestas / iura dabat legesque viris, secreta parentis / spemque dedit dubiae menti curasque resolvit.* Hac forma versus leguntur in libris antiquioribus fere omnibus, sed ab ea discedunt **p** et **Vl**. Legitur in Valentiniano: *postquam altos ventum in montes, aeterna potestas / iura dabat legesque viris, secreta parentis / edocet, humanis quae sit fiducia rebus / admonet inmiscetque cari praecepta parentis.* Quae interpolatio et in **p** invenitur, sed in eius margine v. 464 nova forma proponitur (*iura dabat legesque viris, operumque laborem*). Prope v. 460 in margine solus addit **p**: *conveniunt vitamque volunt pro laude pacisci* (*A* 1, 361, *A* 1, 700, *A* 9, 779; *A* 5, 230). Vide etiam quae adnotavi ad vv. 438–9 et 580.

Videtur igitur familia, in quam **p v Vl** cadunt, interpolationibus pullulare, cum tam **Π** quam **p** et **v** aliqua suo Marte addiderint immutaverintque; illud quidem ut credam adduci vix possum, singulos librarios tantam novandi cupiditatem fovisse, ut quisque per se ipsum consilium interpolandi iniret. Illa magis explicatio arridet, fontem aliquem interpolationis (sive librum sive virum doctum) tam **Π** quam **p** et **v** (vel eorum fontibus) praesto fuisse. Possis etiam cogitare ipsum **Π** multas additiones variasque lectiones in margine rettulisse, quas recentiores amanuenses exscripserunt quatenus ipsi sibi visi sunt. Ceterum cum omnes hae additiones ex eodem fonte scatere videantur, de ipsarum fide uno eodemque iudicio iudicari debet, neque possumus, ut fecit Sineri (195, 234–235, 246), has pro interpolationibus damnare, illas tamquam aliquam bonitatis speciem prae se ferentes dubitanter absolvere. Quod ad me attinet, nullam familiae **Π** additionem admittere sustinui, quia nulla prae se genuinitatis speciem praebet.

Quod ad **P** attinet, iam alibi (*La tradizione*, 368 adn. 40) monui huius libri nullam progeniem exstare, cum eius errores singulares nusquam alibi inveniantur:

v. 57 labores] laboris **P**; 59 labentem] libentem **P**; 68 calores] caloris **P**; 126 illi] illum **P**; 147 quae] quem **P**; 172 dies] *om.* **P**; 174 septem ingens] septem erigens **P**; 255 sonitu] sonitum **P**; 275 paribus] patribus **P**; 279 matri] matris **P**; 325 quique] quisque **P**; 331 cetera] vetera **P**; 334 priorum] piorum **P**; 366 certa reportent] cerare possent **P**; 411 viae] vitae **P**; 422 agerem si] agere misi **P**; 456 fama] fama sit **P**; 552 ad] *om.* **P**; 604 sanguine] sanguina **P**; 660 foribus] floribus **P**; 669 quae] quo **P**.

Credit Schenkl (527) arta quadam necessitudine **P** et **L** astrictos esse; olim huic opinioni assensus eram (*La tradizione*, 367 adn. 38). Hi sunt errores, quibus haec sententia fulciri potest:

v. 166 texunt] texent **L P**; 213 este] iste **L P** : ite **Pl**; 261 subeunt] subveniunt **L** : veniunt **P Pl**.

Ut quisque videt, ex tam paucis erroribus opportunum non erat inferre fontem communem, de qua memoria codicum **L** et **P** fluxisset, sicut Schenkl et ego fecimus. Adde quod plures errores exstant **A** et **Pd Rb** religantes:

v. 119 procedit] processit **A Pd Rb**; 125 lumina] lumine **A' T** *a. c.* **Pd Rb**; 149 sternere] scindere **A Pd Rb**; 187 liquidi] liqui **A** : liquidi et **Pd**; 215 gradientem] gradiente **A Pd**; *vv. 319–320 ordine inv. in* **A Pd Rb**; 460 concurrunt] conveniunt **A Rb**; 476 maneret] manebat **A Rb**; 480 infernisque] infernique **A Pd**; 519 animi] praestans animis **A Pd Rb**; 524 frater] fratre **A** : fratrem **Pd**; 528 in] *om.* **A Pd Rb**; 570 hae] haec **A Pd Rb**; 602 patribus] patribusque **A Pd Rb**; 619 quos] post **A' Rb** : *om.* **T** (*qui* postera *pro* cetera *exhibet*); 630 gemitum] sonitum **A Rb**; 631 commotae Erebi de] commoti animi de **A Rb** : commoti Erebi de **Pd**.

Difficillimum est diiudicare quae ratio inter codices classis **Ψ** intercedat, praecipue cum **L Pl** in v. 318 finiant, codices autem **p v Vl** tam penitus interpolati sint, ut de eorum fide semper dubitandum sit; neque **A P Pd Ra Rb** pro puris haberi possunt. Mihi autem hanc rem semel iterumque meditato haud absurdum visum est conicere **A** et **Pd Rb** memoriam familiae **Ψ** ex aliquo interiecto fonte (η) acceptam redundare.

Sagax lector sine dubio miratus est libros **P** et **S** non in eandem familiam cadere, cum uterque Corbeiae asservatus fuerit eodemque temporis tractu et eodem litterarum ductu exaratus sit (adde eandem inscriptionem duos libros praebere, scilicet *Versus Probae*). Quaestio altius repetenda est librorumque deperditorum catalogi advocandi.

Catalogus codicum abbatiae Centulensis, prope Corbeiam sitae (cf. and. 78), a. 831 confectus, inter alios et hunc librum recenset[170]: *Versus Probae et medietas Fortunati*. L. Traube, memoriae Centulensis et Perronianae sospitator indefessus[171], opinatus est librum, in quo *Versus Probae et medietas Fortunati* inerant, partem fuisse nostri libri Parisino-Petropolitani (**P**). Legerat scilicet vir doctissimus versus quosdam Miconis abbatis Centulensis, quibus ipse conqueritur libros quosdam Venanti Fortunati ex abbatia Centulensi subtractos esse[172] conferensque cum catalogo Centu-

170 Hariulf, *Chronique de l'abbaye de Saint Riquier (Ve siècle – 1104)*, publiée par F. Lot, Paris 1894, 92. Idem catalogus invenitur et apud Beckerum, *Catalogi*, 11 nr. 182. Verba ipsa Hariulphi certa sunt, sed ubi interpunctio, quae opera in sua quaeque volumina discribat, ponenda sit ambigitur. Credit Becker librum de quo agimus non solum *Versus Probae et medietatem Fortunati* sed etiam *Epigrammata Prosperi* (ante scilicet Probam) habuisse. Si editionem Loti inspicias, possis efficere haec in libro stetisse: *Prosper, Aratus, Sedulius, Juvencus, Epigrammata Prosperi, Versus Probae et medietas Fortunati.* Ego Traubium (cf. insequentem adnotationem) secutus sum, qui credit librum nostrum solum *Versus Probae et medietatem Fortunati* continuisse (ita interpretatus erat etiam vetus editor L. D'Achery, *Specilegium sive collectio veterum aliquot scriptorum qui in Galliae bibliothecis delituerant*, 2, Parisiis 1723, 311). Huic interpretationi valde favet usus coniunctionis "et" qua iis solis locis auctor catalogi utebatur quibus duo tantum opera in eodem volumine esse indicare volebat; cf. in Beckeri editione nr. 40, 47 (*de definitionibus dogmatum ecclesiasticorum et epistulae S. Fulgentii in uno volumine*), 49 (*de sancta virginitate et academicorum in uno volumine*), 50, 51, 84, 102, 104, 187.

171 Cf. eius opusculum *Perrona Scottorum*, «Sitz. der Bay. Ak. der Wiss.» 1900, 469–537 = *Vorlesungen und Abhandlungen*, 3, München 1920, 95–119.

172 Cf. *Poetae Latini aevi Carolini*, 3, ed. L. Traube, Berolini 1896, 266–7.

lensi nuper memorato intulerat librum Parisino-Petropolitanum ante a. 831 discerptum esse unamque partem Centuli remansisse (in qua erat Proba parsque Fortunati, cf. *medietas Fortunati* catalogi), alteram Corbeiam migrasse (in qua scilicet erat altera Fortunati pars). Sed neque librum Parisino-Petropolitanum Centuli scriptum esse certum est (ut credebat Traube), neque intellego quomodo auctor catalogi scribere potuerit *Versus Probae et medietas Fortunati*, cum in libro Parisino-Petropolitano Probae *Cento* in fine esset, vix in initio; adde librum Parisino-Petropolitanum multa habuisse, quae vix intellegas qua de causa auctor catalogi praeterierit.

Ego quidem potius credo librum catalogi Centulensis esse **S** (Parisinum scilicet 13048), qui Probam tantum et Venantium continet, sicut liber catalogi, eodemque ordine; titulus quoque conspirat, cum utrobique *Versus Probae* legatur. Neque est quod mireris auctorem catalogi tantummodo dimidium operis Venantiani in **S** contineri scribere, cum **S** non omnia carmina Venanti contineat; sciebat hoc, opinor, monachus et inde *medietas Fortunati* scripsit. Sed cur Mico conquerebatur Venantium demptum esse bibliothecae abbatiae Centulensis? Iam supra dixi **P** et **S** verisimiliter in eodem coenobio conscriptos esse; si ita est, non errabimus a veritate, si cogitaverimus et **P** olim Centuli fuisse unde postea Corbeiam migravit; potuit igitur Mico conqueri **P** de bibliotheca sua subtractum esse. Non enim omnia carmina Venanti, quae in **P** sunt, etiam **S** habet; quorum absentiam observaverat Mico lamentabaturque.

Suspicor ergo tam **P** quam **S** e coenobio Centulensi originem ducere[173], unde **S** post a. 831, **P** certe ante initium s. XIII Corbeiam

173 Quominus cogitemus **P** vel **S** Corbeiae scriptos esse, obstant et Venanti Fortunati poemata quae ex Venanti exemplari quod tunc temporis Corbeiae asservabatur (nunc Petropolitano Q v XIV 1), descripta non sunt (cf. Ganz, *Corbie*, 53). Idem Ganz (51) haec nos docet: “The exemplars of these [id est AB] manuscripts did not come from Corbie. The text of Aldhelm, the copies of Beda on Canticles, Augustinus on the Psalms, Cassiodorus and Ephraem can be collated with Corbie volumes present in the library by 800 and shown to be from different textual families. Quotations in the *Liber glossarum* do not draw on Corbie texts of Isidorus, Augustine or Jerome.” Quaerere possis quomodo factum sit

migravit (cf. catalogum Corbeiensem circa a. 1200 confectum quem p. LXXIII protuli; ceterum, si vera sunt quae nuper de Miconis carmine conieci, **P** ante **S** Centulum reliquit). Res est magni momenti, cum uterque liber celebri illa scriptura, quae "Corbeiensis AB" nuncupatur, exaratus sit neque satis constet quo in scriptorio ea adhibita sit (cf. Ganz, *Corbie*, 48–56). Si verum est quod ego argui, duo saltem exemplaria eius ex monasterio Centulensi originem ducere videntur[174].

Iam in eum locum devenimus, qui a nobis reposcit ut de origine universae memoriae iudicemus. Si vera sunt quae exposui, libri antiquissimi vel Centuli (**P**, **S**), vel Laurissae (**p**), vel prope Mosellam (**La**), vel in monasterio Sancti Amandi (**Vl**) conscripti sunt (neque defuit qui suspicaretur et **L** e bibliotheca Laureshamensi originem ducere, cf. adn. 165); solus **A'** e Raetia originem ducit. Vix ergo dubitari potest quin memoria nostra ex Gallia Belgica oriatur. Credit Ganz (*Corbie*, loc. laud.) Bibliothecam Palatinam Aquisgranensem scriptorio illi, ubi scripturae stilus Corbeiensis AB adhibebatur, multa exemplaria suppeditasse. Ego, Traubi vestigia insistens, **P S** Centulo vindicare conatus sum. Palatinus **p** Laureshamensis fuit suspicatusque est Peiper et **L** e bibliotheca S. Nazari originem ducere. Bischoff animum adverterat (*Die Abtei Lorsch*, 76; *Die Hofbibliothek Karls des Grossen*, "Mittelalterliche Studien", 3, Stuttgart 1981, 156 sqq.) catalogum Centulensem anni 831 nonnumquam auctores indicare, qui et in Bibliotheca Laureshamensi S. Nazari asservabantur collegeratque libros, qui in utraque bibliotheca erant, ex bibliotheca Palatina Aquisgranensi originem duxisse: est igitur verisimile etiam Probae memoriam ex illa bibliotheca scatere.

ut sylloge epigraphica Christiana codicis Petropolitani "Centulensis" vocata sit, cum de libri origine Centulensi parum constaret; causa fuit Angilberti Centulensis epitaphium Sancti Chaidoci, cf. De' Rossi, *Inscriptiones Christianae*, 76.

174 Difficile est dictu utrum omnes libri scriptura Corbeiensi AB exarati in eodem scriptorio facti sint necne; cf. T. A. M. Bishop, *The script of Corbie: a criterion*, "Varia codicologica: Essays presented to G. I. Lieftinck", Amsterdam 1972, 15.

De libris antiquioribus disputatione absoluta, ad recentiores venio, quorum necessitudines iam in disputatione *La tradizione*, 354–368, persecutus sum.

Recentiores fere omnes in familiam **Φ** cadunt, ut monstrant interpolationes et versus 147 a (*in medio ramos annosaque brachia pandens*)[175], quam recentiorum soli **f I J Kr l Lu n No t Vg Vz Z**[176] vitant, antiquiorum autem soli **C Ch S** praebent, et versuum 345 a (*imperium Oceano, famam qui terminet astris*), 684 a (*infert se saeptus nebula mirabile dictu*)[177], quas antiquiorum solus **C** praebet, recentiorum vero soli **f n t Vg Vz** non habent.

Si ergo excipias **f I J Kr l Lu n No t Vg Vz Z**, ceteri recentiorum e familia **Φ** originem ducunt. Horum plurimi et interpolationes classis **Π** admiserunt (scilicet codices classium **Γ^1 Γ^{corr}**): nam versus interpolati 295 a (*tunc alnos primum fluvii sensere cavatas*), 426 a–b (*namque erit ille mihi semper deus, illius aram / cuncti obtestemur veniamque oremus ab ipso*), 460 a (*conveniunt vitamque volunt pro laude pacisci*), 464 a–b (*edocet humanis quae sit fiducia rebus / admonet inmiscensque cari praecepta parentis*), quos vetustiorum soli **p** (**v**) **Vl** habent[178], recentiorum innumeri

175 De hoc v. cf. adn. 157.

176 Codicem Lucensem (**Lu**) post dissertationem *La tradizione* confectam primum adii; ceterum collatio suffragata est opinioni quam illic sola catalogi notitia fretus protuleram, Lucensem scilicet de classe **Λ** (cf. infra) censeri; e qua classe etiam **Kr No** censentur: scito enim hos libros omnes errores codicum **l Z** (quos in *La tradizione*, 359–360 enumeravi) participare.

177 Hi versus genuini esse non possunt; de v. 345 a cf. Sineri ad loc.; v. 684 a tolerari non potest post ea quae dicta sunt in v. 683.

178 In opusculo *La tradizione*, 355–356, affirmavi **Γ^1 Γ^{corr}** interpolationes nuper memoratas ex **p** sumpsisse; de qua re dubitare poterit qui animadverterit has interpolationes et in ceteris classis **Π** testibus (**v** scilicet et **Vl**) inveniri. Possum tamen hoc dubium solvere, cum v. 34 a in solis **p v** legatur, versus autem 460 a, 460 a–b non habeat **v**. Adde versum 464 Palatini marginem hac forma praebere: *iura dabat legesque viris operumque labores*, quod et codices classium **Γ^1 Γ^{corr}** plerumque faciunt, cum **v Vl** ita versum exhibeant: *iura dabet legesque viris secreta parentis.* Sequitur solum **p** omnia praebere quae in classibus **Γ^1 Γ^{corr}** deprehendimus.

exhibent, hi scilicet[179]: **b** $\mathbf{b}^1$ **c Cj Cl Co Cs D F Fm G g i K k Lh Lr M Md N o Oj pl Pn q r Sn u Vb Ve Vs Vu w Ww x Y y z**. Hos libros in duas classes divisi, unam (Γ^1) codici antiquissimo **S** propiorem (in quam cadunt **K k Md N u Vb x**), alteram (Γ^{corr}) acri interpolationi obnoxiam (in quam cadunt **b** $\mathbf{b}^1$ **c Cj Cl Co Cs D F Fm G g i Lh Lr M o Oj pl Pn q r Sn Ve Vs Vu w Ww Y y z**[180]).

Ceteri classis **Φ** recentiores (quos siglo **Θ** insignivi) facillime agnoscuntur, quia vv. 463–466 omiserunt, interpolationum autem classis **Π** nullum vestigium habent; sunt autem hi[181]: **a Av B Cf E**

179 Laterculo codicum classium Γ^1 Γ^{corr} iam in disputatione *La tradizione* divulgato hos libros, quos antea nondum contuleram, hic primum addidi: **Cj Cl Cs Fm Lh Lr Oj Pn Sn Ve Ww**. Codicem Wratislaviensem Rehdigerianum (**Ww**) de classe Γ^{corr} censeri (quod ex ieiuna catalogi notitia suspicatus eram) integra codicis collatio Wratislaviae habita confirmavit. Codex Academiae Scientiarum Petropolitanae (**Pn**) et Florentinus Magliabechianus (**Fm**) artissimo necessitudinis nexu cum **g i Vu** religantur, cum errores quos in **g I Vu** deprehendi (cf. *La tradizione*, 362) omnes exhibeant. Inveniuntur aliquot errores qui **Pn** nunc cum **g**, nunc cum **i** coniungant: *v.7 om.* **g Pn**; 34 a vestra] nostra **Fm g Pn**; 250 cogentibus] congentibus **Fm** : cum gentibus **i Pn**; 258 at si triticeam] atque et triticeam **i Pn**; *v. 269 bis scripserunt* **g Pn**; 272 iussi] rapidi **g** : rapida **Pn**; *v. 502 om.* **Fm i Pn**. Cum Petropolitanus antiquior quam **Fm g i** sit, suspicari possis **Fm g i** ex eo descriptos esse, sed librarios interpolationibus non abstinuisse. Petropolitani errores separativi pauci parvique momenti videntur (v. 1 regnandi] regnandum **Pn**; 20 sed] se **Pn**; 251 tenuis] ternus **Pn**). Codicem Cantabrigiensem Sancti Johannis (**Cj**) et Londiniensem Lambethanum (**Lh**) fortasse aliqua necessitudo cum **G** astringit, cum hi soli codices huius classis v. 147 non omittant (cf. *La tradizione*, 361); sed est, uti vides, consensus in lectione genuina.

180 Verisimile est et librum deperditum bibliothecae Burgi S. Petri, cuius supra mentionem fecimus (p. LXXIV), laterculo addendum esse, ut eius inscriptio indicat: cf. *La tradizione*, 363.

181 De libris **Av Cf Ha Hc Ja Jg Ll Lr Pc Ph So Vi Vo Zw** hic primum referre possum, cum eorum lectiones ante paucos menses nactus sim. Manuscriptum Vicetinum (**Vi**) sine dubio cum libris **e h m O Rn** (nos hanc familiam **β** appellabimus) artissima affinitate astrictus est, cum omnes istorum codicum proprietates, quas iam in *La tradizione*, 357, enumeravi, et in **Vi** inveniantur. Etiam liber Londiniensis Harleianus 1895 (**Ll**) de familia **β** censetur; fortasse artior quidam nexus eum cum

e H h Ha Hc j Ja Jg Ll m Mu O Pc Ph Q Rc Rn s So Vi Vn Vo X Zw.

Exstant igitur tres recentiorum classes, quae e **Φ** originem ducunt, scilicet **Γ^1 Γ^{corr} Θ**.

In dissertatione *La tradizione*, 367–368, contendi **Γ^1 Γ^{corr}** ex **C S p** descendere, **Θ** autem ex **C**; sed cum haec scribebam, libros vetustiores nondum ipse contuleram solaque Schenkli adnotatione (quae satis infida est) nitebar. Vide nunc hanc tabulam:

> v. 10 aeternique] aeternumque **C Ch S Γ^1 Θ**; 11 resera] reserans **S Γ^1**; 14 ducere Musas] Musas **S** : quaerere Musas **S^{corr} Γ^1**; 16 laurigerosque] laurigerasque **C Ch S^{corr} Γ^1 Γ^{corr} Θ** : laurigerusque **S**; 26 toto se] magno se **C Ch Γ^1 Γ^{corr} Θ** (*ex Verg., sed vix recte*) : cito magno se **S** (cito *del. est*); 35 virorum] sacrorum **C Ch S Γ^1 Γ^{corr}**; *post v. 147* **C Ch S Γ^1 Γ^{corr} Θ** *addunt*: in medio ramos annosaque bracchia pandens (tendens **C Θ**) (*A* 6, 282); 177 spirans] inspirans **C Ch S Γ^1 Γ^{corr} Θ**; *v. 191 om.* **C Ch S Γ^1** *aliquot ex* **Γ^{corr} Θ**; 211 observans] prospiciens **C Ch S Γ^1 Γ^{corr} Θ**; 222 *om.* **C Ch S Γ^1 Γ^{corr} Θ**; *v. 251 post 271 ponunt* **Ch S Γ^1**; 300 duris] durum **C Ch S Γ^1 Γ^{corr} Θ**; *vv. 307–308 ordine inv. in* **S Γ^1**; 327 quae] quae et **S Γ^1**; *post v. 345* **C Γ^1 Γ^{corr} Θ** *addunt*: imperium Oceano, famam qui terminet astris (*A* 1, 287); 357 fervore] clamore **C Ch S Γ^1 Γ^{corr} Θ** (*cf. A* 5, 207); 373 sinu] simul **C Ch S Γ^1 Γ^{corr}** : manu **Θ**; 389 egelido] a gelido **C Ch Γ^{corr} Θ** : gelido **S**; 458 deducere] decurrere **C Ch S Γ^1**; 491 mortalive]

Sessoriano (**Rn**) astringit; vide carmen quod in eorum descriptionibus rettuli. Aliqua artior necessitudo intercedit inter **O** et **Vi**, quippe qui soli carmen *Vita brevis ... labe carebit homo* habeant (cf. eorum descriptionem). Suspicor praeterea codicem Avaricensem (**Av**) artiore quadam affinitate cum Parisino 8317 (**E**) religari: cum solum vv. 1–38 in utroque libro contulerim, nihil certi affirmare possum, sed errores quosdam alicuius momenti deprehendi quos soli **Av E** praebent: v. 12 Proba] bona **Av E**; 13 ambrosium] ambrosii **Av E**; 20 fonte] forte **Av E**. Si insuper consideraveris utrumque codicem in Gallia Lugdunensi conscriptum esse, haud temerarium videbitur conicere vel **E** ex **Av** (qui est antiquior) descriptum esse, vel utrumque sua via e fonte communi descendere. Aliqua adfinitas fortasse **Hc** et **Zw** religat, cum eandem introductionem exhibeant (vide eorum descriptionem).

aliquot ex **Θ** : mortalique **C Ch Pb** Γ^1 Γ^{corr}; ib. et] nec **C Ch Pb** Γ^1 Γ^{corr}; 492 audiam et haec] **A** : audite et **C Pb** Γ^1 Γ^{corr} **Θ** : annuo et hoc **Ch**; 505 Haec] *edd.* : hic **C** : hoc **Ch Pb** Γ^1 Γ^{corr} **Θ**; 508 quina] et quina **C Ch Pb** Γ^1; 513 et] *om.* **C Pb** Γ^1 Γ^{corr}; 516 superare] sufferre **C Ch Pb** Γ^1; 520 relictum] relictum est **C Ch Pb** Γ^1; 613 raptis] aptatis **C Θ**; *post v. 689* Γ^1 **Θ** *addunt* (*sed non addit* **C**, *sicut falso rettulit Schenkl*): semper honos nomenque tuum laudesque (laudesque tuae nomenque Γ^1) manebunt (*A* 1, 609)

Nemo dubitare potest Γ^1 Γ^{corr} **Θ** memoriam classis **Φ** redundare, quam Γ^1 Γ^{corr} cum illa libri **p** miscuerunt (cf. and. 178). Difficile est autem dicere utrum recentiores e **S** an e recentiore rivulo (**ξ** ?) memoriam classis **Φ** hauserint, cum in hos libros interpolatio tam penitus penetraverit, ut nihil iam distingui possit. Γ^{corr}, ut ipsum siglum indicat, quominus innumera corrigeret non abstinuit; insignis est illa correctio, qua ordo versuum 531 sqq. restituit (cf. *La tradizione*, 361). Ceterum ne ipsa quidem classis Γ^1, quae pro codicis **S** genuiniore prole haberi potest (cf. vv. 11, 14, 251, 307, 327), ipsum fideliter repraesentat, quippe quae et illos errores codicis Parisini, quos supra (p. LXXXIX) collegi, sustulerit et duas saltem interpolationes a **S** vitatas cum recentioribus communes habeat (cf. v. 345 a, 689 a). Donec singulorum recentiorum necessitudines inexplicatae atque obscurae manebunt, si de ratione quae inter eos et antiquiores intercedit quaeres, aquam e pumice postulabis[182]. In stemmate Γ^1 Γ^{corr} e fonte codicum **Θ ξ** fluere indicabuntur multarum interpolationum causa, quas cum **C** librisque familiae **Θ** communes habent.

Numerus testium etiam classis **Θ** digestionem implicat. Versus 147 a eadem forma in **C** et **Θ** traditur (nam hi soli testes *tendens*

182 Alioqui, cum satis constet **p** usque ad aetatem renascentium litterarum Laurissae mansisse, haud absurdum est credere et familias Γ^1 Γ^{corr} inde originem duxisse. Familiae Γ^{corr} testes antiquissimi sunt **D** et **G Oj** ille in Italia hi in Gallia saec. XIII exarati. **Φ**, alter classis Γ^{corr} parens, e Gallia originem ducit. Suspicor classem Γ^{corr} in Gallia Belgica ortam esse indeque in ceteras Gallias, deinde in Italiam penetrasse. Etiam classis Γ^1 inde orta videtur, quippe quae cum libro **S**, qui semper in Gallia mansit, artissimo necessitatis vinculo astringatur.

pro *pandens* habent): inde effeceram (*La tradizione*, 368) **Θ** e **C** pendere. Hoc est sine dubio falsum, cum codicis Cantabrigiensis errores singulares, quos supra (pp. LXXIX-LXXX) collegi, in **Θ** vix deprehendantur; error inde ortus est, quod, dum disputationem *La tradizione* conscribo, **C** ex sola Schenkli adnotatione mihi notus erat, ubi varietas lectionis huius libri adumbratur tantum (utinam v. d. admonuisset, se solum aliquot libamenta mendorum libri Cantabrigiensis memoriae mandasse!): unde ego mihi suaseram **C** fere nullum errorem exhibere, qui in **Θ** non exstet; sed hoc a vero longe abest. Prudentius est igitur existimare **C** inter libros antiquiores classi **Θ** simillimum existere, quippe qui versus 345 a et 684 a habeat, cum classium **Γ**[1] **Γ**[corr] interpolationes e **p** sumptas (295 a, 426 a–b, 460 a, 464 a–b) prorsus ignoret. Ipse tamen **C** in classem **Θ** vix cadit, cum vv. 463–466 non omittat.

Quarta recentiorum classis (Λ) comprehendit **I J Kr l Lu No Z**. Hi libri versus additicios 345 a et 684 a, sicut et **C Γ**[1] **Γ**[corr] **Θ**, praebent, sed carent versibus 147 a, 295 a, 426 a–b, 460 a, 464 a–b: unde colligeres classem **Λ** natam esse ex contaminatione classis **Φ** cum aliqua memoria aliunde petita (vix enim aliter explicares classem **Λ** aliquas interpolationum classis **Φ** admisisse, aliquas evitasse: si enim sola memoria istius classis nisa esset, omnes eius interpolationes admisisset!). Conieceram (*La tradizione*, 367) **A** alterum memoriae rivulum classi **Λ** ministrasse, sed falsus sum: est enim verum, in quo opinio mea institerat, et **A** et **Λ** vv. 319–320 ordine inverso praebere, sed cum hoc solum mendum **A** et **Λ** coniungat, alium librum habemus satis antiquum, qui multos errores cum **Λ** communes habet (inter quos et inversionem versuum 319–320), scilicet **Rb**. Vide sis haec:

> v. 6 tulerat ... fama] tulerant ... fata **Pd Rb Λ**; 23 loquar] loquor **L Pd Pl Rb Λ**; 72 diversis] divisis **La**[marg] **Pd Rb Λ**; *vv. 106–107 ordine inverso praebent* **Pd Rb Λ** (**I** *v. 106 in marg. habet*); 118 improviso] improvisum **Pd Rb Λ**; 149 sternere] scindere **A Pd Rb Λ**; 160 ortus] ortu **A L Pd Rb Λ**; *vv. 291–292 ordine inverso praebent* **Pd Rb Λ**; 316 revocetur] renovare **Pd** : renovaret **Rb Λ**; *vv. 319–320 ordine inverso praebent* **A Pd Rb Λ**; 325 casti] casti atque **Pd Rb Λ**; 426

munera] munere **Pd Rb Λ**; *ante 580* **Rb Λ** **p**^{marg} *addunt*: Sol ruit interea et montes umbrantur opaci (*A* 3, 508).

Unde apparet familiam **Λ** ex mixtione memoriae **Φ** et **Rb** ortam esse. Hinc et initium inscriptionis codicum **I J Kr l Lu No Z** dilucidatur, ubi affirmatur Probam uxorem Alypi fuisse (cf. adn. 46): coniunx enim et filius poetriae et in **Rb** confunduntur (cf. huius libri descriptionem), neque ullum quemquam dubitaturum puto quin error ex **Rb** in **Λ** fluxerit[183]. Si a me quaeras unde **Λ** memoriam classis **Φ** hauserit, respondere nequeo. Alioqui pro comperto habeo hanc familiam e Gallia originem ducere; quamvis enim eius testes in Italia vel in Germania exarati sint, mansit **Rb** usque ad s. XVI in Gallia[184].

Addo nunc pauca de recentioribus classis **Ψ**. Codicem **f** ex **A** ultimam originem ducere iam viderat Schenkl egoque huic opinioni accedens addidi verisimiliter **f** e **n** (libro Schenklio penitus ignoto) descriptum esse. Affirmat insuper Schenkl **f** ex **T**, non ex **A'** originem ducere; sed cum nullam huius sententiae demonstrationem attulerit, mihi satius visum est tabulam differentium lectionum codicum exarare, eademque adhibita originem librorum **f n** indagare. Perscrutare, sis, hanc tabulam[185]:

v. 87 caudis] caudas **A'**; 88 circum gens] circumiens **A'**; 90 rorem late] rore late **A'** : relate **f T**; 121 agit] aut **A'** : ait **f T**; 183 ait] at **A'**; 193 resolvere] nesolvere **A'**; 243 sua] suo **T**;

183 Rem tam manifestam in opusculo *La tradizione* proferre non potui, eo quod librum **Rb** post absolutum demum opusculum integre contuli.

184 Aliqua via etiam Vimariensis (**Wi**) cum **Pd** vel **Rb** vel eorum fonte coniunctus est, cuius errores nonnumquam participat (sicut in v. 6) plerumque tollere conatur (v. 292 om. **Wi**; v. 320 om. **Wi**); videtur librarius memoriam codicis **Rb** (vel eius adfinis) cum memoria libri **p** miscuisse, cuius interpolationes fere omnes habet (ea scilicet forma quam in adn. 178 descripsi, unde efficitur librarium nostrum eas vel ex ipso **p** vel ex eius prole sumpsisse). Ceterum codex Vimariensis valde interpolatus est.

185 Cum **f** ex **n** descriptus sit, opportunius erat **n** ipsum adhibere; sed **f** facilius aditur (in pagina scilicet aetherea Bibliothecae Laurentianae); quin **n** in locis infra citatis eadem praebeat, non dubito.

250 nullis] nullus **S** : nulli **f T**; 258 triticeam] sic reticeam **A'**; *ib.* messem robustaque] messoribus taque **A'** : messoribus itaque **f T**; 279 tulerunt] tulerant **T**; 283 et lentis] et in lentis **A'**; 342 sanguinis edit] sanguinis edet **A'** : sanguine sedit **f T**; 358 acuit] *om.* **A'**; 364 at rex] atrox **f T**; 372 gemitu] gemitum **T**; 377 hic] haec **A'** : nec **f T**; 383 per] *om.* **T**; 394 expectate] expectata **A'** : expectatae **f T**; 431 ausus] au- **A'** corr : ausurus **f T**; 447 vatum] tua tum **T**; 472 vocat] vocate **A'**; 475 soli] sol **A'**; 482 infectum] inflectum **A'**; 486 ferri et] ferret **A'** : ferre et **S** *a. c.* : ferrum et **T**; 502 palantesque] plantasque **A'**; 505 moneret] maneret **T**; 508 redibant] rediceant **A'** (*in* rediant *correctum*) : rediebant **Pb** : rescibant **T**; 510 continuo] continua **T**; 517 fidem] fide **A'**; 535 iam] *om.* **T**; 539 sociis] socii **T**; 559 gemuit] gemit **T**; 569 curia] cura **T**; 594 meorum] eorum **A'**; 596 curas] vestras **A'**; 598 unum] num **A'**; 606 insontem] insonte **T**; 609 exposcunt] et poscunt **f T**; 619 quos] post **A'** : *om.* **f T** (*qui* postera *pro* cetera *exhibet, sicut et* **f**); 627 timuerunt] timuerint **A'**.

Cum errores singulares codicis **A'** a **f** omnes vitentur, codicis autem **T** nonnulli admittantur, patet **f n** e **T**, non ex **A'** descendere; quam opinionem certissimam reddunt et discrepantiae nonnullae in versuum ordine, quas observabis collata descriptione codicis **A'** et codicis **f** (qui eundem ac Turicensis ordinem praebet); dubitare possis, utrum directe e **T** an ex eius affini Florentini descendant, cum aliquot errores Turicensis in Florentinis non inveniantur; sed errores Turicensis a **f n** vitati facile tolli poterant.

In opusculo *La tradizione*, 361, sola catalogi notitia nisus, conieceram codices **t Vg** aliqua affinitate cum **Ra** coniungi; sed cum libri Vaticani Reginensis (**Ra**) nullam collationem haberem, rem procrastinaveram. Nunc libro Vaticano diligenter excusso horum librorum affinitatem praestare possum; addo hic etiam lectiones codicis Hauniensis **Hb**. Vide quatenus **Hb Ra Vg** cohaereant:

v. 3 post v. 4 ponunt **Hb Ra Vg**; 13 ambrosium] ambituum **Hb Ra Vg**; 16 sequi] sed **Hb Ra Vg**; 25 vera] *Schenkl*: virtus **Hb** : viros **Ra Vg** : veros *fere rell.*; 29 o hominum] ac hominum **Hb** : hominum **Ra Vg**; 32 caelestis] caelestia **Ra**

> **Vg**; 33 novamus] novam **Vg**; 47 enim] *om.* **Hb Ra Vg**; 50 temptanti] temptandi **Hb Ra Vg**; 61 nox] nex **Hb Ra Vg**; 74 haec] hoc **Hb Ra Vg**; 80 illo] illa **Hb Ra Vg**; 81 commixtus] commixtis **Hb Ra Vg**; 86 variae] varias **Hb Ra Vg**; 91 postera] posterea **Hb** *a. c., ut vid.* **Vg**; 96 avia tum resonant avibus virgulta canoris] avitum resonant avibus virgulta caneris **Hb Ra Vg**; 97 liquidas] reliquas **Hb Ra Vg**; 110 mentem nequit] nequit mentem **Hb Ra Vg**; *v. 119 om.* **Hb Vg**; 121 agit ... remittit] agitque ... remittat **Hb Ra Vg**; 132 iam] iamque **Hb Ra**; 135 excepitque] excipiatque **Hb Ra Vg**; 138 tremefacta] tremefactus **Hb Ra**; 149 nec sternere ferro] nec sunt ne referro **Hb Vg**; 152 vertit] fallit **Hb Ra Vg**; 165 premunt] promunt **Hb Ra Vg**; 177 tristia] tristitia **Hb Ra Vg**; 179 tot] *om.* **Hb Ra Vg**; 182 dictis] *om.* **Hb Ra Vg**; 184 rivis] viris **Hb Ra Vg**; 187 liquidi] liquidique **Hb Ra Vg**; 188 defuit] defugit **Hb Ra Vg**; 191 dedit] dedita **Hb Vg**; 193 iura] vera **Hb Ra Vg**; 194 fas] *om.* **Hb Ra Vg**; 197 dicto citius] dic totius **Hb Ra Vg**; 225 tenditis inquit] tendit in aquam **Hb Ra Vg**; 240 morte] cede **Hb Ra Vg**; 243 seminat] seminet **Hb Ra Vg**; 271 audire] aut dicere **Hb Ra Vg**; 282 audent] aut dent **Ra**; 285 adolent dum] adolendum **Ra**; 315 eripuit] obstipuit **Hb Ra Vg**; 325 casti] casti dum **Hb Ra Vg**; 332 post me] haec post **Hb Ra Vg**; 375 fastigia] vestigia **Hb Ra Vg**; 394 venis] tuis **Hb Ra Vg**; 404 magnum] magno **Hb Ra Vg**; 417 ulla] nulla **Ra**; 440 pacique] pacisque **Hb Ra Vg**; 446 sedato] da a to **Ra** : de toto **Hb Vg**; 460 frequentes] ruentes **Hb Ra Vg**; 492 iterumque iterumque] iterumque **Hb Ra Vg**; 524 fratrem ne desere frater] frater ne desere fratrem **Hb Ra Vg**; *vv. 538–539 ordine inverso in* **Hb Vg**; 553 id] hic **Hb Ra Vg**; 592 manent] manet **Hb Ra**; 603 morem] movent **Hb Ra Vg**; 617 constituunt] corripiunt **Hb Ra Vg**; 646 tecum] tectum **Hb Ra Vg**; 657 primi] primo **Hb Ra Vg**; 661 adfluxisse] fluxisse **Hb Ra Vg**; *v. 690 om.* **Hb Ra Vg**.

Ut vides, exstant aliquot errores quos soli **Hb Vg** exhibent (vv. 91, 119, 149, 191, 446, 538–9), ex quibus efficitur Hauniensem et Reginensem 585 vel e communi fonte scatere vel alterum ex altero descriptum esse. Cum Orth monstraverit, quod ad carmina ab ipso edita attinet, Hauniensem e Reginensi descriptum esse, nihil obstat quominus de *Centone* eadem credamus[186].

Nullum mendum codicis **Ra** inveni, quod **Vg** corrigere non potuerit (errores versuum 282, 285, 417 non sunt eius notae, ut acrem Latinitatis restitutorem desiderent). Censeo igitur **Vg** e **Ra** descriptum esse.

In dissertatione *La tradizione*, 360, aliquot errores indicaveram, qui **t** et **Vg** religant; eos fere omnes in tabula nuper prolata invenisti, sed alii **Hb Ra Vg** tribuuntur, alii soli **Vg** (cf. vv. 33), alii **Hb** et **Vg** (cf. 149, 538–539): colligeres **t** vel e fonte codicum **Hb Vg** vel ex ipso **Vg** pendere: artissimam librorum necessitudinem similitudo quoque operum quae sunt inclusa in codicibus **Hb t Vg** demonstrat (cf. horum librorum descriptionem); quod autem in tabula nuper prolata **t** non memoratur, causa est collatio, quam in Bibliotheca Scorialensi mihi tempore excluso ampliorem exscribere non vacavit; cum autem Orth monstraverit, quod ad carmina ab ipso edita pertinet, librarium Scorialensis ea e Reginensi **Vg** sumpsisse, velim mecum statuas *Centonem* eodem fonte nisum descripsisse. Libro Scorialensi **t** simillimus fuisse videtur liber deperditus abbatiae Becci (eum **Bec** appellabimus), cuius supra (p. LXXII) mentionem feci: vide utriusque libri descriptionem intellegesque duos libros aliqua adfinitate sine dubio coniungi. Iam satis constabat **Hb Ra Vg** in Gallia conscriptos esse; accedit nunc liber abbatiae Becci, et ipse in Gallia quondam asservatus; nullus iam dubito quin et Scorialensis (**t**) e Gallia originem ducat.

Post aliquot saecula haec librorum stirps novam prolem generavit, cum scilicet Marquardus Gude (1635–1689) librum **Hb** transcripsit: nam liber Guelferbytanus **Jh** sine dubio ex Hauniensi originem ducit, ut monstrant errores libri antiquioris, quos omnes recentior quoque exhibet et ipsa librorum historia, cum liber Hauniensis olim in Bibliotheca Gottorpiensi (postea Gudiana) fuerit[187].

186 In libro Hauniensi quaedam leguntur quae sine dubio librarius suo Marte excogitavit: cf. vv. 25, 29 et Orth 15 adn. 19.

187 Gudius etiam reliqua opuscula libri **Hb** transcripsit, in libro scilicet Guelferbytano Gud. Lat. 265, cf. Orth, *Hildeberts Prosimetrum "De querimonia"*, 16.

Unus restat recentiorum classis **Ψ**, Vaticanus scilicet Latinus 1667 (**Vz**). Cum **Rb** nondum contulissem, sola librorum inscriptio mihi animum dederat, ut coniectarem **Rb** et **Vz** artissimo vinculo necessitudinis religari (*La tradizione*, 361). Scrutare, quaeso, hanc tabellam:

v. 51 altas] alta **Pd Rb Vz**; 52 aliquid] *om.* **Vz**; 56 ac] *om.* **Rb**; 58 statuit] instituit **Rb**; *ib.* vos o] vox **Vz**; 68 intentos] intentus **Pd Rb Vz**; 69 obverterit] verterit **Rb**; 71 fecit] vocat **Pd Rb Vz**; 86 et] ad **Pd Rb Vz**; *v. 106 post v. 107 ponunt* **Pd Rb**; 109 perfectis] praefectis **Rb**; 155 ullius] ullus **Rb**; 156 si] sic **Rb**; 182 aggreditur] alloquitur **Vz**; 188 id rebus defuit unum] is rebus defuit annum **Rb**; 189 latentes] latent **Rb**; 210 nullis] ullis **Pd Rb**; 221 auras] atras **Pd** : astras **Rb** : atrae **Vz**; 229 vocarint] vocant **Pd** : vocaret **Rb Vz**; 245 animis] armis **Pd** : minis **Rb**; 280 homines] omnes **Vz**; *v. 291 post v. 292 ponunt* **Pd Rb**; 316 revocetur] renovare **Pd** : renovaret **Rb**; 317 vocatis] vocantis **Rb**; 323 quo] quod **Pd Rb**; 325 casti] casti atque **Pd Rb Vz**; 334 priorum] pastorum **Rb**; 363 mens] ingens **Rb Vz**; 386 matrum qui] matrumque **Rb**; 400 huc] hinc **Pd** : hunc **Rb** : tunc **Vz**; 402 natum dictis] dictis ultro **Vz**; 407 laetus] legis **Vz**; 409 regere] rege **Rb Vz**; 417 mihi] tibi **Vz**; *vv. 418–419 om.* **Vz**; 426 munera] munere **Pd Rb Vz**; *v. 431 om.* **Vz**; 437 domo qui] domoque **Rb**; 444 ardua] aut duo **Vz**; 505 moneret] moneri **Rb**; 508 redibant] ridebant **Rb**; 512 merito] merita **Rb**; 517 iussa capessere fas est] *haec verba in alba lac. om.* **Rb**; 523 et quae sit] utque sis **Rb** : utque sit **Vz**; 547 par] pars **Pd Rb**; 551 nudati] mutati **Rb Vz**; 566 propinquabant] propinquat **Vz**; *post v. 579* **Rb** $\mathbf{p}^{\mathrm{marg}}$ *addunt*: sol ruit interea et montes umbrantur opaci (*A* 3, 508); 589 discite] dicite **Rb**; 594 tantum] tantumque **Vz**; 616 ingentem quercum] ingentemque crucem **Rb Vz**; 619 quos] post **Rb Vz**; 644 iubes] iubet **Rb Vz**; 672 accipiet] accipite **Rb** : accipit et **Vz**; 677 et ... ostendebat] at ... ostentabat **Pd** : at ... ostentat **Rb** : aut ... ostentat **Vz**; 681 dextrae coniungere dextram] dextram coniungere dextrae **Rb Vz**.

Ut vides, multi sunt errores (nec parvi ponderis !) codicis Reginensis, quos **Vz** non admittit; valde suspicor **Vz** fontem codicis **Rb**, non ipsum **Rb** prae oculis habuisse. Neque video qua ex causa **Vz**, si prae oculis **Rb** habuisset, versum 579 a (qui et in $\mathbf{p}^{\mathrm{marg}}$ legitur) omitteret. Probabile est igitur **Rb** et **Vz** utrumque sua via ex eodem fonte scatere.

Hactenus de libris; nunc aliqua de editionibus addamus, quarum laterculum infra (pp. CXXVII–CXXVIII) invenies. In opusculo *La tradizione*, 357–358, demonstravi tres editiones, de quibus tunc mihi aliquid constabat (scilicet editionem principem anni 1472 et editionem Brixiensem anni 1496 necnon Parisinam anni 1499) in familiam **Θ** cadere. Docui etiam neque editionem Brixiensem neque Parisinam ex editione principe pendere, cum innumeros errores, qui editionem principem familiae codicum **β** (scilicet: **e h m O Rn Vi**, cf. adn. 181) addicunt, evitet. Ceterum, quin editiones Brixiensis et Parisina ex eodem fonte scaterent nullus dubitavi, cum eundem admirabilem versuum ordinem exhibeant (quem iam descripsi, *La tradizione*, 358[188]); nesciebam tamen utrum editor Brixiensis primus talem ordinem intulisset. Interim alias editiones evolui et aliquid novi proferre possum, quamquam Probae librorum impressorum historiam accuratam nondum scribere queamus[189].

188 Non indagaveram (*La tradizione*, 358) qua de causa hae editiones ordinem versuum immutavissent; sed re accuratius dispecta, patet versus 638–647 (scilicet discipulorum fugam post Iesu comprehensionem) ab istis editoribus post v. 599 transpositos esse, ut *Centonis* enarratio similior Evangelicae evaderet (cf. adn. 209).

189 Nuper in manus meas venit opusculum M. Clément, *Mettre en verse français une poétesse latine. Proba Falconia à Lyon en 1557*, "Auteur, traducteur, collaborateur, imprimeur... qui écrit?", Paris 2012, 165–191, ubi et aliud opus memoratur quod inspicere non potui: H. Cazes, *Les Évangiles selon Falconia Proba et Richard le Blanc: lectures d'une traduction des centons virgiliens dédiée à Marguerite de France*, "D'une écriture à l'autre: les femmes et la traduction sous l'ancien régime", Ottawa 2004, 101 sqq. Opusculum Clementae est sine dubio utile, sed magis ad litteras Francogallicas quam ad Latinas spectat. Ipsa Cazes in opere inedito (*Le livre et la lyre: grandeurs et décadens du centon virgilien au Moyen Age et à la Renaissance*, Lille 1999, pp. 409 sgg.) Probae editiones enumeravit.

Exstant et aliae editiones, quae versus sicut Brixiensis et Parisina turbant, hae saltem[190]: Pictava a. 1499, Veneta post a. 1500, Parisina a. 1509, Oppenheimiana a. 1514, Lugdunensis a. 1516, Rostochiensis a. 1516, Parisina a. 1543, Basileensis a. 1546, Parisina a. 1578, Coloniensis a. 1592, Parisina Bigneana a. 1618, Monacensis a. 1618, Londinienses a. 1713 et 1721[191] (**impr^1**). Bernardinum Misintam Brixianum hunc ordinem intulisse tibi spondere non possum, sed valde suspicor rem ita se habere; certe mihi nulla editio Brixiensi antiquior innotuit, quae talia praebeat. His editionibus addendus est liber Friburgensis (**Fr**), ubi versuum ordo nuper laudatus invenitur; suspicor librum Friburgensem ex editione Basileensi a. 1546 descriptum esse, cum in codice Friburgensi etiam alia opera legantur ex editionibus Basileensibus sumpta (cf. Hagenmaieri catalogum). Huic familiae Tolosanus quoque (**To**) accedit.

Ne editio quidem Basileensis a. 1474 ex editione principe derivata est, quippe quae de familia **Γ^{corr}** censeatur. Editionum, quas evolui, praeter Basileensem solae Salamanticensis a. 1487 et Hispalensis a. 1495 (quae Salamanticensi tam similis est, ut inde expressa videatur) in classem **Γ^{corr}** cadunt (ceterum Hispanicae cum v. 29 incipiunt).

Praeter Brixiensem eiusque affines etiam alii libri impressi in familiam **Θ** cadunt, sed hac scilicet ratione, ut communem characterem classis **Θ** exhibeant, nullum vero ostendant vestigium, quod eos vel familiae librorum **β** editionique principi vel editionibus nuper recensitis addicat; hi sunt: ed. Romana a. 1482, Lipsiensis a. 1492–1496, Lipsiensis ca. a. 1500, Aldina a. 1501, Francofurtana a. 1541, Parisina Bigneana a. 1589, Bononiensis a. 1692, Pisaurensis a.

190 Non omnes hae editiones cum v. 686 finiunt (cf. *La tradizione*, 358); sunt enim quae et reliquos exhibeant (scilicet Oppenheimiana, Rostochiensis, Stephaniana altera, Londinienses a. 1713 et 1721). In ed. a. 1578 admonet Stephanus se ultimos VIII versus ex editione Antwerpiensi a. 1489 supplevisse. Equidem editionem Antwerpiensem non vidi.

191 Editio Londiniensis recentior ex editione a. 1713 repetita est, ut etiam paginarum facies monstrat. Insuper et librorum tituli necessitudinem revelant: *Opera et fragmenta veterum poetarum Latinorum profanorum et ecclesiasticorum* (ed. a. 1713); *Corpus omnium veterum poetarum tam prophanorum quam ecclesiasticorum* (ed. a. 1721).

1766 (**impr**^{2}). Possis suspicari matrem harum omnium editionum Romanam a. 1482 esse.

Editionum familia novissima ex editione Romana a. 1588 originem ducit. Haec editio, ut ipse Iulius Roscius nos docet, libris, qui tunc temporis Romae erant, nititur. Sine dubio editor multa e memoria classis **Γ**^{corr} hausit, ut monstrat et ordo versuum 531 sqq. (cf. *La tradizione*, 361) et epigramma praefatorium, quod ex Angelicano **M** sumptum videtur (cf. infra). Ceterum editiones huius classis facillime dignoscuntur, quippe quae solae epigramma praefatorium *Centoni* praemittant; de hac classi igitur censentur saltem Helmstadiensis a. 1597, Coloniensis a. 1601, Lipsiensis a. 1793 (**impr**^{3}). Editionem Iuli Rosci simul cum illa Helmstadiensi Meibomi pro fundamento habuit Kromayer editioni Halensi a. 1719, ut ipse editor profitetur.

STEMMATA

Si quae hucusque diximus vera sunt, hoc stemma designare possumus[192]:

192 Ita demum hoc stemma plene comprehendere poteris (praecipue singulorum recentiorum nexus), si opellam *La tradizione* legeris; illae stemmatis partes quae vel a stemmate ibi depicto (368) recedunt vel illi adduntur hic primum explicatae sunt. Libros **k x** hic viciniores posui eis quae protulit Moretti (*In margine a due testimoni*) accedens.

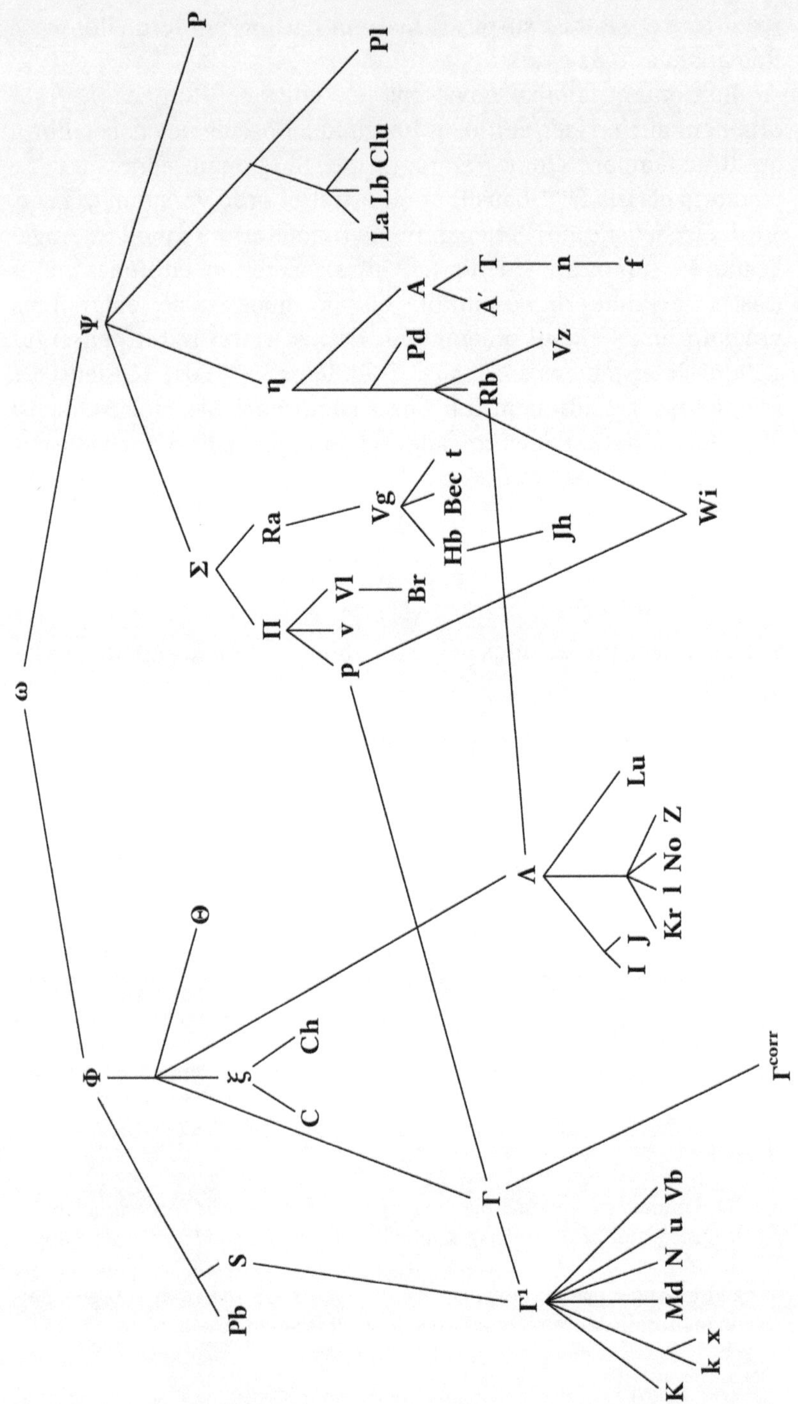
P
Pl
La Lb Clu
ψ
η
A
A'
T
n
f
Pd
Rb
Vz
Σ
Ra
Vg
Hb Bec t
Jh
Wi
Π
Vl
Br
v
p
ω
Λ
Lu
I J Kr l No Z
Φ
Θ
ξ
Ch
C
Γ
Γcorr
Γ1
S
Pb
K k x Md N u Vb

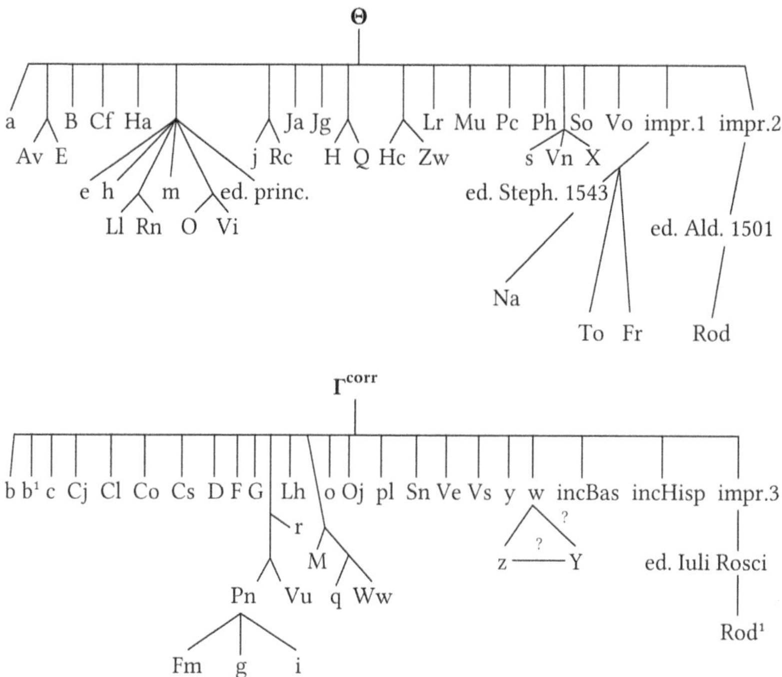

Cum haec editio illam a viro summo Carolo Schenklio factam excipiat, opportunum est et eius stemma hic iterare[193]:

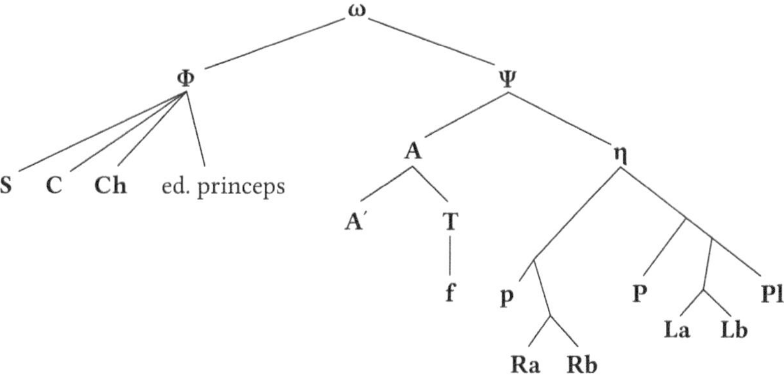

193 Ipse Schenkl stemma non composuit; primus ego (*La tradizione*, 367) ea quae ipse de libris sentiebat stemmati accommodavi.

DE EPIGRAMMATE PRAEFATORIO (= *ANTH. LAT.* 719 D)

Venio nunc ad carmen, quod aliquis post Probae obitum *Centoni* praemisit[194]. Quis impolitos versus conscripserit nescimus neque cuius iussu id fecerit inter viros doctos satis constat; quin hic in fastigio imperi steterit, dubitare non licet (cf. vv. 1–3: *Romulidum ductor, clari lux altera solis, / Eoa qui regna tenes moderamine iusto, / spes orbis fratrisque decus*), sed quae necessitudo eum cum Arcadio, Orientis imperatore (a. 495–508), coniunxerit, vix intelligitur (vv. 13–14: *haec relegas servesque diu tradasque minori / Arcadio, haec ille suo semini*). Fuerunt qui crederent *Romulidum ductorem* Theodosium I († 395), patrem Arcadi et Honori, fuisse[195], sed neque ipse Theodosius imperator Orientis tantum fuit neque eius filius *Arcadius minor* appellari potuit. Sunt qui credant anonymum poetam cum Arcadio ante Theodosi II ortum (scilicet ante mensem Aprilem a. 401) sermonem instituere, cum adhuc nesciretur filii futuri nomen, quod anonymus praesumpsit "Arcadium" futurum esse[196]. Alii existimant carmen Theodosio II,

194 Primus post renatas litteras *Centoni* hoc carmen (quod libri plerumque cum Seduli carminibus tradunt) praemisit Iulius Roscius Hortinus in editione Romana a. 1588 (cf. Kromayer in praefatione editionis suae a. 1719; fides ei abroganda non est). Ante Iulium Roscium carmen ediderat Georgius Fabricius, sed, quamvis animadvertisset epigramma ad Sedulium non referri, ei Probae *Cento* in mentem non venerat (cf. infra).

195 Cf. Coelii Sedulii *Carminis Paschalis libri V et Hymni duo*, cum notis C. Barthi, Ch. Cellarii ... curante H. J. Arntzenio, Leovardiae 1761, praef. VI–VIII, ubi opiniones multorum referuntur.

196 Ita O. Seeck (Q. Aurelii Symmachi *Quae supersunt*, Berolini 1883, XCVI): "traditus est liber [scil.: Probae] Augusto, qui simul cum fratre orbem Romanum regens (*fratrisque decus*) Orienti praeerat (*Eoa qui regna regis*) et heredem imperi sperabat, cui nomen Arcadio futurum esse poeta praesumpsit. Itaque hi versus ad Arcadium scripti sunt, eo quidem tempore quo filius Theodosius minor nondum natus erat (395–401)". Eadem quae Seeck sentit K. G. Holum, *Theodosian empresses*, Berkeley – Los Angeles – London 1982, 178 adn. 14. Seeckium secutus est et P. Mastandrea (*L'epigramma dedicatorio del "Cento Vergilianus" di Proba*, «Boll. di studi latini» 31, 2001, 565–578), qui opinatur poemation ante mensem Iunium anni 397 conscriptum esse, quo mense Arcadio nata est filia, cui nomen erat Flaccillae (cf. iam Green, *Proba's Cento*, 561–562). Sed quid filiae ortus ad nomen filii futuri attinuerit, equidem non video.

imperatori Orientis (408–450), scriptum esse, qui fortasse filium habuit cui nomen erat Arcadio[197]. Ceterum hunc virum (qui, si exstitit, certe immature obiit) lapis tantum Ravennas memorat, quippe qui eum coniungat cum Eudocia aliqua Augusta, quae filia Theodosi II et uxor Valentiniani III, Occidentis imperatoris (425–455), esse videtur[198].

Sunt qui credant (Holum, Mastandrea) *Romildum ductorem* Theodosium II esse non posse, ea causa quod anonymus poeta de aliquo eius fratre loquitur (v. 3), cum non constet Theodosium fratres habuisse. Solebant tamen imperatores collegas alterius

Quod ad epigrammatis auctorem attinet, Fl. Anicio Petronio Probo (cos. 406; *PLRI* 2, Probus 11) id tribuit Mastandrea; hoc vix probabile est, praesertim cum fratres istius viri, Anicius scilicet Probinus (cos. 395; *PLRI* 1, Probinus 1) et Anicius Hermogenianus Olybrius (cos. 395; *PLRI* 1, Olybrius 2), epigrammata nulla metrica labe deturpata scripserint (cf. W. Speyer, *Naucellius und sein Kreis*, München 1959, 113 sqq. et *AL* 772 a), poematii vero Probae praemissi saepe numeri labent. Si epitaphium quod in *CLE* 1408 legitur Anicio Petronio Probo scriptum est (quod vix affirmari potest), is pro "carmine doctiloquo" habebatur (v. 2); neque ipsum epitaphium metro laborat.

197 H. Dessau, ad *ILS* 818; A. Cameron, *The empress and the poet: paganism and politics at the court of Theodosius II*, «Yale Class. Studies» 27 (1981) 217–289; Id., *Petronius Probus, Aemilius Probus and the transmission of Nepos: a note on late Roman calligraphers*, "Humana sapit: études d'antiquité tardive offertes à Lellia Cracco Ruggini", Turnhout 2002, 121–130. Opinio vero J. A. Fabrici (*Bibl. Lat.*, cf. adn. 227), *Romulidum ductorem* Honorium fuisse, omni probabilitate caret.

198 *CIL* XI 276 = *ILS* 818: lapis ipse perit. Nescio an verba quae Cyrillus Alexandrinus ca. a. 430 Theodosio scripsit ad rem diiudicandam aliquid auxili ferre possint (*Acta conc. Oec.* 1, 1, ed. E. Schwartz, Berolini et Lipsiae 1927, 44, 14–21): ἄριστα δὲ κἀγὼ τοῦτο εἰδὼς ἔχειν, παρωρμήθην ἀναγκαίως τῆς ὀρθῆς καὶ ἀποστολικῆς πίστεως τὴν παράδοσιν ἐγγράψαι μὲν τῷδε τῷ βιβλίῳ, ξένιον δὲ ὥσπερ τι πνευματικὸν προσκομίσαι τῷ ὑμετέρῳ κράτει, καὶ αὐταῖς δὲ ταῖς θεοφιλεστάταις ἀληθῶς βασιλίσιν, αἳ τῇ ὑμετέρᾳ γαληνότητι συναστράπτουσι, ἡ μὲν ταῖς εὐκταιοτάταις ὑμῖν ἐπαυχοῦσα γοναῖς καὶ τῆς εἰς ἀεὶ διαμονῆς τὰς ἐλπίδας τοῖς σκήπτροις εἰσφέρουσα, ἡ δὲ τοῖς παρθενικοῖς βλαστήμασι συνακμάζουσα καὶ τὰς τῆς εὐκλεεστάτης ὑμῶν βασιλείας οἰκειουμένη φροντίδας. Dixissetne Cyrillus Eudociam Augustam ἐπαυχοῦσαν γοναῖς καὶ τῆς εἰς ἀεὶ διαμονῆς τὰς ἐλπίδας τοῖς σκήπτροις εἰσφέρουσαν si nullum marem adhuc edidisset? Rem diiudicare nequeo.

partis imperi “fratres” appellare, etiamsi ex iisdem parentibus prognati non erant (cf. *TLL* s. v. *frater* 1256, 58 sqq.). Neque recte iudicat Holum, cum contendit Arcadium et Eudociam Augustam lapidis Ravennatis esse Arcadium Theodosi II patrem eiusque coniugem; ut enim admonuit Dessau, “ii supra inter imperatores defunctos enumerari debuerunt et enumeratur ibi Arcadius”.

Mihi rem rursus atque iterum meditato, de universa quaestione recte iudicasse visus est Cameron (praecipue in dilucida disputatione *Petronius Probus*). Vidit enim vir doctus, persaepe Ludovici Traube vestigia insistens[199], duo epigrammata praefatoria exstare (scilicet *AL* 783 et *AL* 724) a librario quodam Aemilio Probo conscripta, quibus Corneli Nepotis opera historica Agrippaeque tabulam geographicam a semet ipso descripta imperatori Theodosio II commendabat. Cum Theodosium calligraphia se valde delectasse et aliunde constet (cf. Cameron, *Petronius Probus* 126 adn. 34), iam omnia nos inducunt ut credamus et epigramma *Centoni* nostro praepositum ab illo Aemilio Probo imperatori Theodosio II conscriptum esse (adde Eudociam Theodosi uxorem Probae *Centonem* lectitasse); huc accedunt et numeri labantes, qui in tribus epigrammatibus frequentes deprehenduntur necnon aliqua similiter dicta[200]. Appellatio quoque “Arcadius minor” (vv. 13–14) solum congruit, si ad virum refertur, cui re vera Arcadio nomen erat: Theodosius II fortasse filium

199 L. Traube, *Untersuchungen zur Überlieferungsgeschichte römischer Schriftsteller*, «Sitz. der Bay. Ak. der Wiss.» 1891, 387–428 = *Vorlesungen und Abhandlungen*, 3, München 1920, 20–30.

200 In nostro carmine: v. 2 (*Eoa qui regna tenes moderamine iusto*); v. 5 (*scribendum famulo quem iusseras. Hic tibi mundi*); vv. 6–8 (*principium formamque poli hominemque creatum / expediet limo, hic Christi proferet ortum, / insidias regis, magorum praemia, doctos*); v. 14 (*Arcadio, haec ille suo semini, haec tua semper*); in *AL* 783: v. 6–7 (*se meminit, vincit hinc magis ille homines, / ornentur steriles fragili tectura libelli*); v. 11 (*corpore in hoc manus est genitoris avique meaque*); in *AL* 724: vv. 7–8 (*confici, ter quinis aperit cum fascibus annum. / Supplices hoc famuli, dum scribit, pingit et alter*). Compara insuper epigrammatis nostri v. 2 (*regna tenes*) cum *AL* 783, 5 (*regna tenere*), v. 4 (*mutatum in melius*) cum *AL* 724, 10 (*in melius reparamus opus*), v. 5 (*scribendum famulo quem iusseras*) cum *AL* 724, 6–8 (*Theodosius princeps venerando iussit ab ore / confici ... / supplices hoc famuli*).

aliquem ita appellatum habuit; certe non habuit Arcadius. His fretus carmen praefatorium Aemilio Probo, imperatoris Theodosi II famulo, tribuendum censeo.

Quod ad libros attinet qui epigramma ferunt, scito id in Seduli libris plerumque ferri. Unde factum est, ut mihi de hac re inquirenti utilissimum opusculum Springeri saepe memoratum fuerit. Schenklio noti erant sex epigrammatis testes, scilicet **A f T** Angelicanus 1515, Monacensis 18628 et Venetus Marcianus XII 7; quibus ego iam addidi **M n**. Nunc omnes testes recensendi sunt, qui epigramma praefatorium omisso *Centone* exhibent. Hi sunt:

Angelicanus (Roma, Biblioteca Angelica, 1515), s. X, f. 30.
Antwerpiensis (Antwerpen, Musaeum Plantin-Moretus Bibliotheek, M. 17. 4 = 126), s. XIV, f. 38^{v}.
Eboracensis (York, Minster Library, XVI Q 14 = 42), s. XIII in., f. 31^{v}.
Eboricensis (Évreux, Bibliothèque Municipale, 43), s. XI, f. 1^{r-v}.
Graecensis (Graz, Universitätsbibliothek, 1585), s. XII, f. 35. Finit cum v. 5.
Guelferbytanus (Wolfenbüttel, Herzog August Bibliothek, 79 = Gud. Lat. 2°, 4383), s. XI, f. 77^{v}.
Leidensis (Leiden, Bibliotheek der Rijksuversiteit, BPL 175), s. XIII, f. 27^{r-v}.
Monacensis (München, Bayerische Staatsbibliothek, Clm 18628), s. X medio vel ex., f. 70^{v}. Continet vv. 7–15.
Notredamensis (Paris, Bibliothèque Nationale, Lat. 18553, olim Notredamensis), s. IX, ff. 43^{v}–44.
Parisinus (Paris, Bibliothèque Nationale, Lat. 15148), s. XIII, ff. 88^{v}–89. Deest v. 1.
Parisinus (Paris, Bibliothèque Nationale, Lat. 17188, olim Notredamensis), s. XVIII, f. 283.
Pragensis (Praha, Narodny Knihovna, XXIII F. 137 = Lobkov. 499), s. XII, ff. 46^{v}–47.
Vaticanus (Città del Vaticano, Biblioteca Apostolica Vaticana, Barberini, Lat. 429), s. XIII, f. 4^{r-v}.
Vendocinensis (Vendôme, Bibliothèque Municipale, 165), s. XV, f. 181.

Venetus Marcianus (Venezia, Biblioteca Marciana, Lat. XII 7), s. XII, f. 5^{v}.

Omnes hos libros conferre mihi non vacavit; praeter *Centonis* testes et Angelicanum, Monacensem et Marcianum (quorum lectiones iam apud Schenklium invenias), equidem contuli Antwerpiensem, Eboracensem, Eboricensem, Graecensem, Guelferbytanum, Notredamensem antiquiorem, Pragensem; de Leidensi A. T. Bouwman, de Vaticano Barberino A. Fassina, de Veneto Marciano C. De Stefani aliqua mecum communicaverunt.

De librorum cognationibus disserere tam paucis versibus fretus nequeo; neque auxilium ullum capitur ex editionibus Seduli, ubi de libris, qui epigramma nostrum tradunt, nihil fere refertur. Ceterum omnes libros nostros ab eodem exemplari pendere suadet v. 10, ubi iure Bücheler *fractum* pro librorum *fructum* restituit; efficeres archetypum characteribus Carolinis conscriptum fuisse. Suspicares etiam librum Graecensem et Pragensem aliqua necessitudine astringi, item Monacensem et Venetum (cf. adnotationem criticam).

Patet etiam librum Angelicanum **M** epigramma transcripsisse vel e Florentino Laurentiano **f** vel e Florentino Marciano **n**. De hac re et ipsa verba librari codicis Angelicani nos docent (cf. supra codicis **M** descriptionem, ubi origo Florentina epigrammatis aperte declaratur) et errores quidam, quos Angelicanus ex alterutro Florentinorum sumpsit[201]:

v. 4 divino agnoscere sensu] divinum agnoscere sensum **A f M n**; v. 5 quem iusseras] qui iusserat **A f M n**.

Ipse Angelicanus **M** libros genuit impressos, qui ante Schenklium epigramma *Centoni* praemiserunt. Ut iam admonui, primus hoc epigramma *Centoni* praeposuit a. 1588 Iulius Roscius Hortinus, cuius epigrammatis editio usque ad Schenklium repetita est. Sine dubio Iulius Roscius codice **M** usus est. Non solum enim Roscius errores versuum 3–4 et 5 nuper memoratos admisit, sed in versibus 4 et 5 alios quoque errores exhibet, qui solum e **M** manare potuerunt:

201 Memento libros Florentinos e **T** (**A**) pendere, cf. pp. XCVIII–XCIX.

vv. 3–4 Maronem / mutatum] Marone mutato **M** Iulius Roscius editoresque sequentes; v. 14 semini] genereri **M** Iulius Roscius editoresque sequentes (etiam **Vatic**, sed non est quod cogites Iulium Roscium eum adhibuisse).

Adde ipsum Roscium docere lectores se ad Probae editionem comprandam libris Romae servatis usum esse; quid igitur est patentius, quam Iulium Roscium nostrum epigramma e codice Angelicano **M** sumpsisse?

Ante Roscium epigramma nostrum ediderat G. Fabricius, qui his verbis id introducit[202]: "Circumfertur carmen quoddam Sedulii nomine ad Theod. imp., quod adieci non quia eius esse censeam, sed quod ab aliis citatur. Puto autem alterius cuiusdam esse praefatiunculam, qui carmen ipsum imp. eiusque filio voluerit esse commendatum". Quid sibi velit istud "circumfertur" equidem nescio; certe mihi editiones huius epigrammatis Fabriciana vetustiores non sunt notae, neque notae erant, ut videtur, Kromayero, qui in praefatione editionis suae *Centonis* a. 1719 omnes libros impressos diligenter recenset. Fons editionis Fabricianae fuit, opinor, liber Vaticanus Barberinus 429 (neque id mirum est, cum Fabricius Romae versatus sit antiquitatesque Urbis semper coluerit). Sunt enim aliquot errores, qui peculiares libri Vaticani Barberini et editionis Fabricianae videntur esse:

v. 2 Eoa] Eoum **Vatic** Fabricius; v. 5 iusseras] iussisti **Vatic** Fabricius; v. 10 fractum] *Bücheler* : fluctuum **Vatic** Fabricius : fructum *cett.*

Editio Fabriciana fuit fons editionis Arntzeni (cf. adn. 195), ubi omnes hi errores reperiuntur.

202 G. Fabricius, *In poetarum veterum ecclesiasticorum christiana opera et operum reliquias atque fragmenta commentarius*, Basileae 1564, 25.

DE PROBAE FONTIBVS PARTIBVSQVE *CENTONIS* AB IPSA PROBA NON ABSOLVTIS

Ab editore *Centonis* fontibus quoque investigandis opera aliquatenus navanda est, ut eos continens apparatus quam maxime diligens idemque brevis evadat.

Satis constat Probam narrationem de initio mundi non eodem ordine praebere, quo in *Genesi* legitur. De hac re nuper acute disseruit Bažil[203], qui multum profecit. Meo quidem iudicio, primus creationis dies versibus 56–81 describitur; hoc mirum videri potest, quia in v. 82 legimus *et iam prima novo spargebat lumine terras*, item in v. 91 *postera iamque die*, in v. 95 *tertia lux*, in v. 99 *quarto terra die*. Sed res facile explicatur: ante primum diem sol nondum erat ideoque non poterat primo die diluculum fieri neque ipse primus dies pleno iure "dies" nuncupari poterat (deerat enim in initio eius lux); ergo dies, qui in *Genesi* secundus erat, dictus est primus in *Centone* (v. 82). Si ita est, primo quidem die Deus caelum, terram, solem et astra creavit. Die insequenti pisces creati sunt (vv. 84–90), tertio arbores (vv. 91–94), quarto aves (vv. 95–98), quinto animalia terrestria (vv. 99–106); de Adae generatione (vv. 107–121) infra dicemus. Haec ab eis, quae in *Genesi* leguntur, satis discedunt, cum ibi primo die caelum, terra et lux (1, 1–5), secundo firmamentum (1, 6–8), tertio maria et arbores (1, 9–13), quarto sol, luna ceteraque astra (1, 14–19), quinto pisces et aves (1, 20–23), sexto animalia terrestria et homo (1, 24–31) a Deo creentur (cf. tabulam a Bažilo, *Principio caelum ac terras*, 55, instructam, a qua tamen hic illic discedo).

Venio ad generationem Adae, quam Proba vv. 115–121 describit; quo autem die haec acciderit v. 107 indicatur (*iamque dies alterque dies processit*); ut nuperrime affirmavit Sineri (128), hinc efficitur unum diem inter creationem animalium terrestium et Adae interiectum esse, tali modo ut, haec die septimo, illa quinto ponatur. Haec interpretatio, quamvis a grammatica commendatur,

203 Cf. M. Bažil, *Principio caelum ac terras... La Création de l'univers dans le "Cento Probae"*, «Graecolatina Pragensia» 22 (2007) 49–59, ubi etiam dissertationes Kurti Smolak et Reinharti Herzog memorantur atque perpenduntur; cf. etiam Sineri, 127–129.

parum credibilis est: clarissimum est enim hominis generationem in *Genesi* sexto die poni neque perspicitur cur eam Proba diei insequenti tribuerit. Ego credo poetriam, vel Vergilio male intellecto vel loco opportuniore non invento, v. 107 usam esse, tamquam ex eo efficeretur nullum diem inter quintum et insequentem interponi. Si ita est, hominis generatio a Proba sexto die posita est, sicut in *Genesi*[204].

Qua tamen ex causa Proba, dum primordia mundi describit, a Sacra Scriptura tantum discesserit, nescimus; potuit sequi Victorinum Poetaviensem vel alium quendam illius generis et aetatis fontem, sed nihil certi de hac re constat (cf. Bažil, *Principio caelum ac terras*, 56–57). Sed si ad rerum ipsarum dispositionem atque seriem convertimus, Probae narratio haud absurda videtur: dixerat scilicet poetria caelum, terram et astra primo die creata esse; inde ea sibi iure visa est, ea quae in *Genesi* diebus secundo et quarto (formatio scilicet firmamenti et astrorum) tribuuntur, iam enucleasse. Dies igitur alter et quartus nova materia explendi erant; quam Proba nimirum e die quinto sumpsit, tribuitque piscium generationem secundo diei, avium quarto[205]. Sed cum haec fecisset, vidit poetria diem quintum vacuum esse factum; sumpsit igitur e die sexto animalia terrestria deditque diei superiori. Hac via, opinor, Probae novus ordo intellegi saltem potest.

Ea quae sequuntur, usque ad finem *Veteris Testamenti* (v. 332), nulla disputatione indigent.

De Probae fontibus in rebus Novi Testamenti enarrandis strictim, sed acute tractavit Kirsch[206], qui vidit poetriam praecipue

204 Minime negligendum est quod admonuit Bažil, ipsam scilicet capitum 1–2 *Geneseos* enarrationem e conflatione quadam ortam esse neque satis perspicuam evasisse, cum post septimum diem hominis generatio iteretur. Et hinc aliqua confusio oriri potuit.

205 Secuta est Proba *Geneseos* ordinem quippe quae pisces ante aves posuerit.

206 W. Kirsch, *Die lateinische Versepik des 4. Jahrhunderts*, Berlin 1989, 128; cf. etiam M. R. Cacioli, *Adattamenti semantici e sintattici nel Centone virgiliano di Proba*, «Studi italiani di filol. class.» n. s. 41 (1969) 232, adn. 1; A. Cataldo, *Il "Discorso della montagna" nel "Centone" di Proba*, «Auctores nostri» 4 (2007) 309.

Matthaeum, nonnumquam Lucam secutam esse (sicut iam fecerat Iuvencus). Incipit vita Christi cum cometa magorumque itinere (vv. 350–353), quae sine dubio e Matth. 2, 1–11 Proba sumpsit, cum apud ceteros Evangelistas non legantur. Eadem affirmari possunt et de infantium puerorum saevissima strage ab Herode imperata et de fuga Mariae et Iesu (vv. 357–379). Nam quod contendit Sineri, Probam scilicet hoc loco Evangelium apocryphum, quod Iacobi Protoevangelium appellatur, secutam esse, vix mihi suadere possum. Ita res Evangelium istud apocryphum enarrat (173–4 de Strycker[207]):

> Τότε Ἡρώδης (scilicet cum vidit Magos ad se non redire intellexitque se ludificatum ab iis esse) ἰδὼν ὅτι ἐνεπαίχθη ὑπὸ τῶν μάγων ὀργισθεὶς ἔπεμψεν αὐτοῦ τοὺς φονευτὰς λέγων αὐτοῖς ἀνελεῖν πάντα τὰ βρέφη ἀπὸ διετίας καὶ κάτω. Καὶ ἀκούσασα ἡ Μαρία ὅτι τὰ βρέφη ἀναιρεῖται, φοβηθεῖσα ἔλαβε τὸν παῖδα καὶ ἐσπαργάνωσε αὐτὸν καὶ ἔβαλεν ἐν πάθνῃ βοῶν. Ἡ δὲ Ἐλισάβεδ ἀκούσασα ὅτι Ἰωάνης ζητεῖται, λαβομένη αὐτὸν ἀνέβη ἐν τῇ ὀρεινῇ· καὶ περιεβλέπετο ποῦ αὐτὸν ἀποκρύψῃ.

Si bene attendis, haec significant Mariam abdidisse quidem Iesum, vix cum eo emigravisse: quae nullo pacto cum eis quae narrat Proba congruunt, quae de fuga Mariae et Iesu loquitur (vv. 373–374). Quae ex Matthaeo sumpta esse censeo, ubi legitur Mariam cum marito et filiolo Bethleem reliquisse atque Aegyptum petisse (2, 13–14). Fugam igitur Mariae et Iesu Proba e Matthaeo sumspit; sed aliquid ei etiam Lucas subministravit, scilicet Iesum infantem in praesepe depositum esse (Luc. 2, 7)[208].

207 É. de Strycker, *La forme la plus ancienne du Protévangile de Jacques*, Bruxelles 1961.

208 Contendit Sineri versum 374 (*infantem sinu plena ad praesepia reddit*) significare Iesum in praesepe iterum demissum esse in quo et antea cubuerat; quam opinionem versu 362 (*praescia venturi furtim mandarat alendum*) m. d. fulcire conatur, affirmans Iesum a matre aliis demandatum esse, quem ipsa postea ad eum reveniens in sinum sustulit moxque praesepi reddidit. Sed e v. 373 elucet ipsam Mariam filiolum ad praesepe secum tulisse (*ipsa sinu prae se portans*). Verbum igitur "reddere" pro "edere" hic accipiendum censeo (cf. *OLD* s. v. reddo 15 b) neque dubito

Etiam versus de Iohanne Baptista (388–401) e Matthaeo pendere videntur, cum hic unus Evangelistarum referat verba, quibus Iohannes Christum alloquitur (Matth. 3, 13–14); quae sine dubio in mente habens poetria vv. 390–394 composuit. Ea quae sequuntur, columbae scilicet descensus (vv. 397–399), verba Patris (vv. 402–414) et diaboli insidiae (vv. 429–455) tam e Matthaeo quam e Luca fluere possunt. Sequitur celebris illa oratio, qua Christus hominibus suadet, ut relictis curis huius mundi se ad divina et sancta convertant (vv. 456–504). Non dubito quin hic quoque Proba praecipue Matthaeum respexerit, cum Matthaeus solus scribat orationem illam in montibus habitam esse (cf. v. 463 et Matth. 5, 1) neque ex alio Evangelio explicari possit cur Probae sermo montanus cum *discite iustitiam* (v. 469) incipiat; fuerunt, opinor, verba aliqua Matthaei (6, 33: *quaerite ergo primum regnum Dei et iustitiam eius*; cf. etiam 6, 1) quae Probam induxerunt, ut in ipso sermonis initio iustitiam poneret. Etiam v. 479, ubi admonetur maximam hominum partem damnationi esse destinatam, e solo Matthaeo (7, 13–14) originem ducere potest. Sequentis quoque capitis, quod ad adulescentem divitem spectat (vv. 505–530), solus Matthaeus fons esse videtur, cum de illius viri aetate hic solus Evangelistarum lectorem doceat (19, 20; cf. v. 506: *ora puer prima signans intonsa iuventa*).

De tempestate in lacu et ingressu in Hierosolyma (vv. 531–579) in fine huius capitis dicemus. Sequitur ultima cena et Christi angores in Gethsemani (vv. 580–699); hic tam multa Proba suo arbitrio novavit, ut difficile sit eius fontes agnoscere[209]. Etiam

quin *sinu prae se portans* (v. 373) id induxerit. Difficilius est v. 362 explicare (*furtim mandarat alendum*): videtur hic poetria hemistichio usa esse quod cum cetera narratione non bene congruebat (ut iam vidit Cacioli), cum Maria Iesum numquam a se amoverit.

209 Inducuntur Christus et discipuli cenantes sub dio (cf. v. 581: *per herbam*) Eucharistiaque (vv. 584 sqq.) post cenam (cf. v. 583: *postquam prima quies epulis mensaeque remotae*) videtur facta; neque Iesus in Evangeliis somnum capit (v. 599). Fortasse si v. 583 deleretur, reliqua melius procederent (cf. praecipue Matth. 26, 26: *Cenantibus autem eis, accepit Iesus panem*); sed a libris discedere hic non audeo. Etiam fugam discipulorum post Christi supplicium contra Evangeliorum consensum ponit poetria (vv. 638–647 et supra adn. 188).

ea, quae de comprehensione Iesu eiusque condemnatione (vv. 600–624) tradidit Proba, vix huic potius quam illi Evangelistae vindicari possunt.

Quae vero de cruciatu morteque Christi legimus, ex Matthaeo sumpta sunt, cum de terrae motu et mortuorum resurrectione (v. 628–635) solus Matthaeus (27, 51–54) memoriam tradat; tenebras etiam, quae mundo caedem Christi exprobrarunt (vv. 626–627), ex Matthaeo sumere potuit poetria (27, 45), neque est quod inde colligas, sicut fecerunt Bažil et Sineri, hic Lucam (23, 44–45) adhibitum esse (possis etiam de Marc. 15, 33 coniectare).

Resurrectionem Christi eiusdemque apparitionem coram discipulis (vv. 648–686) plerumque e Luca traxit Proba; sed hic quoque nonnulla, quae in Matthaeo legerat, addidit, cum de terrore orto e sepulchralibus lapidibus remotis (v. 655–656) solus Matthaeus narret (28, 2)[210]. Deprehenditur fortasse hic unus *Centonis* locus, qui ex Marco sumptus est: Proba eiusdem diei diluculum bis commemorat, semel ante lapidum sepulchralium amotionem (v. 649), iterum ante Iesu e sepulchro egressum (v. 657); fons fuit, opinor, Marcus (16, 2–9)[211]. Ea vero quae sequuntur, omnia Lucae vindicaverim: inde traxit Proba Iesum corpus suum palpandum obtulisse discipulis (vv. 677–679; Luc. 24, 39) eisdemque pacem commendasse (vv. 675–676; Luc. 24, 36) atque postea in caelum migrasse (v. 683; Luc. 24, 51)[212].

210 De v. 655 ante 650 transponendo cogitavit Schenkl. Sed et in *Aen.* 9, 752 (unde v. 655 sumptus est) ante describuntur quae sonum excitant (vv. 750–751). *Horror* (v. 656) est excubiarum et mulierum terror prae ostento (Matth. 28, 4–5).

211 Haud mihi liquet qua ex causa Kirsch (*Die lateinische Versepik*, 128) vv. 613–647 e Marc. 14, 50 pendere credat.

212 Quae de pace ascensuque in caelum poetria scripsit, etiam ex Ioh. 20, 20–21 et Marc. 16, 19 sumere potuit; sed fontes non sunt multiplicandi praeter necessitatem. Vix adducor ut credam Probam v. 660 (*foribus sese intulit altis*) e Ioh. 20, 19 (*fores essent clausae*) sumpsisse; ex Lucae quoque narratione efficitur Christum discipulis in aliqua domo versantibus apparuisse (cf. 24, 33; ib., 50).

Restat ut de versibus 531–579 agam, quorum non tantum eruere fontem[213], quantum restituere ordinem est necesse. Cum autem res ad Evangeliorum materiam spectet, haud absurdum videtur hic eam enucleare.

In archetypo sine dubio vv. 562–579 ante vv. 531–561 collocati erant; affirmat Schenkl primum Iulium Roscium a. 1588 ordinem mutasse, sed ego docui (*La tradizione*, 361) iam libros familiae Γ^{corr} vv. 562–579 post v. 561 transposuisse[214]. Quin familia Γ^{corr} versuum ordinem coniectura mutaverit, non est quod dubites, cum tam palam sit vv. 531–561 post 562–579 discrepare, ut quivis Sacrarum Scripturarum lector id animadvertere potuerit.

Narrant enim vv. 562–579 ingressum Iesu in Hierosolyma, cui libri tempestatem in lacu sedatam subiciunt (vv. 531–561); sed in Evangeliis haec praecedit illum, neque verisimile videtur Probam lacum in Hierosolymis posuisse (!). Exstant vero et alii loci, ubi aliquid in ordine narrationis Evangelicae poetria mutavit[215], sed minoris momenti sunt neque cum his comparari possunt. Non est igitur admirandum viros doctos iam saec. XIII (cum scilicet classis Γ^{corr} testes antiquissimi exarati sunt) vv. 562–579 post 561 transtulisse. Huic transpositioni adquievit Schenkl neque, quoad sciam, recentiores philologi ab hac opinione discesserunt. Si tamen *Centonem* cum eius fonte comparaveris, animadvertes vv. 505–530 (ubi dives adulescens a Christo admonetur, ut omnia sua pauperibus relinquat) melius cum vv. 562–579 quam cum 531–561 cohaerere, quandoquidem narrationem de divite adulescente ingressus

213 Fons est Matth. 14, 22–34, cui in vv. 532–534 accedunt ipse Matth. 4, 18 et fortasse Luc. 5, 1 sqq. Non video qua ex causa Sineri (259) addiderit Matth. 8, 23–27, Marc. 4, 35–41 et Luc. 8, 22–25, cum etiam in Matth. 14, 22–34 venti qui fluctus excitabant memorentur. V. 561 (*notae advertuntur harenae*) potuit inde oriri, quia Matthaeus affirmat nautas terrae Genesar appulsos esse; cum de terra Genesar Lucas quoque loquatur (5, 1), potuit Proba cogitare illum locum Christo discipulisque familiarem fuisse.

214 Inter libros impressos ante Roscianum iam Basileensis a. 1474 et Hispanici vv. 562–579 post v. 561 ponunt (cf. p. CIV).

215 E. g. Iesu praedicatio vv. 382–387 descripta (quae e Matth. 4, 23–25 videtur sumpta) mirabiliter ante Christi baptismum ponitur; item fugam discipulorum (vv. 638 sqq.) nescimus qua causa post Christi crucifixionem posuerit Proba, cf. adn. 209.

in Hierosolyma in Evangeliis excipit (cf. Matth. 19, 16–20, 17; Marc. 10, 17–11, 1; Luc. 18, 18–19, 29). Possis igitur suspicari vv. 531–561 superius esse transponendos; materia atque ordo Evangeliorum suadeant ut eos post v. 504 ponas, sed obstat v. 505, qui sine dubio v. 504 excipiebat. Restat ut vv. 531–561 post 455 ponas; sed hoc quoque modo difficultates oboriuntur, cum tempestas sedata ante sermonem montanum vix poni possit. Sequitur vv. 531–561 nulli *Centonis* loco aptos esse. Ego suspicor hos versus a Proba quidem conscriptos esse, sed ad contextum aptatos non esse: scripserat fortasse poetria eos vel in margine *Centonis* vel in aliis foliis primumque editor *Centonis* antiquissimus post v. 579 collocavit.

Exstat et alius locus, quem Proba imperfectum reliquisse videtur. Vv. 35–43:

Nam memini veterum volvens monumenta virorum
Musaeum ante omnes vestrum cecinisse per orbem
quae sint, quae fuerint, quae mox ventura trahantur
omnia et ipse tener mundi concreverit orbis.
Felix, qui potuit rerum cognoscere causas,
unde hominum pecudumque genus vitaeque volantum
et quae marmoreo fert monstra sub aequore pontus,
et liquidi simul ignis et caeli mobilis umor.
Haut aliter prima crescentis origine mundi...

Ita libri, quorum ordinem lectionesque frustra tutari conati sunt quidam; patet enim, si nihil aliud, certe versus 42 metrum et sententiam laborare, cum neque creticus admittendus sit[216] neque ignis et aqua sine aere et terra stare possint. Schenkl suspicatus est locum ita esse restituendum:

Felix, qui potuit rerum cognoscere causas 39
⟨...⟩ et liquidi simul ignis 42a
⟨semina terrarumque⟩ et caeli mobilis umor, 42b

216 Sunt qui credant creticos in centonibus nonnumquam esse agnoscendos; sed Proba a cretico tantum abhorrebat ut in v. 602 maluerit inconcinnum asyndeton admittere (*populo patribus*) quam *-que* relinquere creticumque creare. Praeterea, nostrum locum graviter laborare materia ipsa demonstrat.

omnia et ipse tener mundi concreverit orbis, 38
unde hominum pecudumque genus vitaeque volantum 40
et quae marmoreo fert monstra sub aequore pontus 41

Green proposuit[217]:

omnia ut ipse tener mundi concreverit orbis 38
felix qui potuit rerum cognoscere causas, 39
⟨semina terrarumque⟩ et caeli mobilis umor⟨em⟩ 42b
et liquidi simul ignis ⟨et aeris incrementum⟩, 42a
unde hominum pecudumque genus ... 40

Haec proposuit Pollmann[218]:

Felix qui potuit rerum cognoscere causas, 39
⟨qua ratione aer⟩ et caeli mobilis umor 42b
et liquidi simul ignis ⟨semina terrarumque⟩: 42a
omnia et ipse tener mundi concreverit orbis 38
unde hominum ... 40

Equidem non dubito quin v. 38 inter v. 42 et 40 ponendus sit, cum *tener mundi orbis* (v. 38) ex quattuor elementis constet (cf. Verg. *B.* 6, 31–34). Neque mihi dubium est quin Proba quattuor elementa memorare voluerit. Ut vides, ego eadem sentio quae Schenkl et Pollmann; sed neuter eorum apte locum resarsisse videtur, cum tam *et liquidi simul ignis* quam *semina terrarumque* in prima hexametri parte collocanda sint[219]. Cum ergo nostrae aetatis viri mulieresque in Vergiliano opere hemistichia nostro loco apta frustra quaesiverint, mihi suspicio oritur ipsam Probam eadem ante aliquot saecula frustra quaesivisse: quae tandem stomachata atque animum despondens duo hemistichia, ex quibus nunc v. 42

217 R. P. H. Green, *Proba's introduction to her Cento*, «Class. Quart.» s. n. 47 (1997) 548–559.

218 K. Pollmann, *Philologie und Poesie. Zu einigen Problemen der Textgestaltung in CSEL 16*, "Textsorten und Textkritik", Wien 2003, 226–230.

219 Ut enim admonuit Sineri (119 adn. 163; de qua re ceterum inter viros doctos iam dudum satis constat): "non avviene mai che un primo emistichio di un verso virgiliano venga utilizzato da Proba come secondo emistichio; in genere nei centoni gli emistichi virgiliani ripresi mantengono la stessa posizione che occupano nel contesto originale".

constat, in margine reliquit; quae postea editor antiquissimus conglutinavit et in fine periodi (scilicet post v. 41) inepte inseruit.

Sed fortasse totum prooemium (vv. 1–55) ab ipsa Proba semel atque iterum retractatum est, numquam ad finem perductum. Hinc explicare possis etiam rerum verborumque perturbationem, de qua iam dudum viris doctis satis constat. Est enim mirum poetriam bis materiam *Centonis* proponere (vv. 9 sqq. et 50 sqq.), bis Deum alloqui (vv. 9 sqq. et 29 sqq.), bis poema a se antea scriptum memorare (vv. 1 sqq. et 47 sqq.); hae iterationes facile explicantur, si Proba *Centoni* summam manum non imposuit.

Si haec vera sunt, statuendum est Probam *Centonem* imperfectum reliquisse.

DE EXEMPLARI VERGILIANO A PROBA ADHIBITO

De Vergili exemplari a Proba adhibito bene iudicavit Schenkl (560), qui opinatus est id codici Mediceo adsimile fuisse. Res nihilominus repetenda est, cum neque Vergili editiones aetatis Schenkli cum hodiernis semper conspirent, neque ipse Schenkl in re diiudicanda lolium a segete discreverit. Meo enim iudicio, in hac re perpendenda ii soli versus Vergiliani ad partes vocari possunt, qui ab aliquo Vergili librorum antiquissimorum et a Proba eodem mendo laborantes tradantur. Cum tres tantum Vergili libri antiquissimi fere integri exstent, Mediceus scilicet, Palatinus et (quamvis lacunis amplioribus decurtatus) Romanus, quaerendum est quae ratio intercesserit inter hos et Probae exemplar deperditum.

Editiones recentissimas Geymonati et Conti-Ottavianae cum *Centone* conferens, mihi suasi Schenklium recte censuisse Probae librum Mediceo affinem fuisse. Vide, sis, hanc tabulam:

v. 51 = *A.* 6, 267 altas] *Proba* **M** : alta *Verg.*; 100 = *A.* 3, 221 herbam] *Proba* **M** : herbas *Verg.*; 101 = *A.* 6, 765 educit] *Proba* **M** : educet *Verg.*; v. 113 = *A.* 1, 236 omni] *Proba* **M R** : omnis *Verg.*; 177 = *A.* 7, 351 spirans] *Proba* **M** : inspirans *Verg.*; 212 = *A.* 5, 6 posset] *Proba* **M** : possit *Verg.*; 215 = *A.* 10, 572 ac] *Proba* **M** : et *Verg.*; 240 = *A.* 6, 442 peremit] *Proba* **M** : peredit

Verg.[220]; 304 = *A.* 2, 317 praecipitant] *Proba* **M** : praecipitat *Verg.*; 329 = *A.* 3, 330 magno inflammante] *Proba* : magno inflammatus **M** : magno flammatus *Verg.*; 350 = *A.* 8, 528 caeli regione] *Proba* **M** : caeli in regione *Verg.*; 405 = *B.* 8, 11 desinet] *Proba* **M** : desinam *Verg.*; 487 = *G.* 1, 248 densantur] *Proba* **M** : densentur *Verg.*; 652 = *A.* 11, 30 exanime] *Proba* **M** : exanimi *Verg.*

Exstant nihilominus et aliquot loci, ubi Proba illa videtur menda prae oculis habuisse, quae in Palatino (vel in Romano) deprehenduntur:

v. 64 (item 546) = *A.* 10, 100 summa] *Proba* **P** : prima *Verg.*; 175 effabilis] *Proba* **P** : affabilis *Verg.*; 214 = *A.* 4, 269 ac] *Proba* **P** : et *Verg.*; 241 = *G.* 4, 447 cuiquam] *Proba* **P** : quicquam *Verg.*; 254 = *G.* 1, 155 terram] *Proba* **P R** : herbam *Verg.*; 265 = *G.* 4, 454 lues] *Proba* **R** : luis *Verg.*; 286 = *A.* 5, 541 honore] *Proba* **P** : honori *Verg.*; 318 = *G.* 4, 154 magnis] *Proba* **P** : magnisque *Verg.*; 420 = *A.* 6, 746 reliquit] *Proba* **P R** : relinquit *Verg.*; 454 = *A.* 10, 349 premit] *Proba* **P** : ferit *Verg.*; 502 = *A.* 1, 129 ruinam] *Proba* **R** : ruina *Verg.*; 582 = *A.* 1, 706 onerant ... ponunt] *Proba* **R** : onerent ... ponant *Verg.*

Ut vides, Mediceus multos errores cum Proba communes habet, pauciores Palatinus, paucissimos Romanus. Neque hoc mirum tibi videbitur, si cogitaveris et aetate et origine librum Mediceum, sub finem s. V Romae conscriptum, ad Probam propius accedere[221]. Iniuria igitur de affinitate codicis Florentini cum Probae exemplari videntur dubitavisse Bonaria[222], Cataldo[223], Moretti (*Proba e la tradizione*).

220 De hoc loco vide P. F. Moretti, *Proba e la tradizione del testo di Virgilio. Qualche riflessione*, «Acme» 61 (2008) 61–86.

221 Nuperrime admonuit M. T. Galli et Hosidi Getae *Medeam* plerumque cum **M** facere (Hosidius Geta, *Medea*, ed. M. T. G., Göttingen, sub prelo).

222 M. Bonaria, *Appunti per la storia della tradizione virgiliana nel IV secolo*, "Virgiliana" (ed. H. Bardon et R. Verdière), Leyde 1971, 35–40.

223 A. Cataldo, *Il centone di Proba e la tradizione manoscritta di Virgilio nel IV secolo*, «Miscellanea classico medioevale» 2 (1979) 95–118.

Inveniuntur et aliquot errores coniunctivi inter Probam et correctores librorum antiquorum vel antiquos grammaticos vel libros recentiores. Vide sis:

v. 181 = *A* 8, 206 intemptatum] *Proba* **M**ª **dhistwz** : intractatum; 201 = *G.* 2, 82 mirataque] *Proba, ut vid. (sed vide adn. ad loc.) Serv. Philarg.* : miratastque *Verg., ut vid.*; 256 = *B* 5, 39 surget] *Proba Verg. recc.* : surgit *Verg.*; 357 = *A* 11, 838 furentem] *Proba* **M**² *Tiberius Cl. Donatus* : furentum *Verg.*; 365 = *A* 2, 37 iubet] *Proba* **P**ᶜᵒʳʳ **γ** *Non. Dosith. Pomp. Serv.* : iubent *Verg.*[224]; 437 = *A* 6, 388 limina] *Proba* **n** : flumina *Verg.*; 487 = *G.* 1, 248 obducta] *Proba scholion cod.* **R** : obtenta *Verg.*; 570 = *A* 7, 175 sacrae] *Proba* **x**² **γ**? *Tib. in lemm.* : sacris Verg.; 594 = *A* 8, 386 exitiumque] *Proba* **b** *Hosidius* (*Med.* 87) : excidiumque *Verg.*; 677 = *A* 5, 357 ostendebat] *Proba Verg. recc.* : ostentabat *Verg.*

Errorem *ferrea* pro *terrea* (v. 300 = *G* 2, 341) etiam Proba, sicut testes Vergiliani fere omnes, praebet. Sed Probae exemplar aliqua menda, ut videtur, praebebat, quae in nullo librorum qui aetatem tulerunt reperiuntur[225]:

v. 76 = *G* 1, 298 ac medio] *Proba* : et medio *Vergili codd.*; 106 = *G* 2, 200 gregibus liquidi fontes] *Proba* : liquidi gregibus fontes *Vergili codd.*; 141 = *A* 7, 122 haec domus] *Proba* : hic domus *Vergili codd.*; 586 = *A* 12, 173 manibus fruges] *Proba* : fruges manibus *Vergili codd.*[226]; 684 = *A* 4, 277 medio in sermone] *Proba* : medio sermone *Vergili codd.*

* * * * * *

224 Possis tamen suspicari Probam ipsam suo Marte *iubet* introduxisse, quia subiectum *rex* erat.

225 De v. 602 nihil audeo affirmare; mihi probabile videtur poetriam in exemplari suo legisse *cum populo patribusque* et *ferturque*, sed omnia dubia.

226 Sed fortasse Proba *A* 12, 173 cum *A* 1, 701 (*dant manibus famuli lymphas Cereremque canistris*) commiscuit.

Cum ad umbilicum pervenerim, originem huius editionis placet declarare virosque atque mulieres, qui de ea aliquo modo meriti sunt, silentio non praeterire.

Probae *Centonem* edere mihi in animo ab initio non fuit; intenderam quidem omnium librorum laterculum componere eorundemque nexus succincte enucleare. Postea evenit, ut vir amicissimus, Ph. Pontani Venetus, me certiorem faceret A. Fassinam ante aliquot annos ipsi significasse se munus Probae edendae velle suscipere. Visum est igitur munus ita partiri, ut ego libris operam reliquam navarem, textui constituendo ipsa Fassina praecipue incumberet.

Bibliothecarum custodes A. T. Bouwman Leidensis, M. Buonocore Romanus, R. Casin Colmariensis, N. Elagina Petropolitana, H. Fill Cremifanensis, Ch. Förstel Parisinus, M. Gamba Bergomas, W.-V. Ikas Monacensis, K. Leistner Zwickauensis, K. McKee Cantabrigiensis, P. Nash Oxoniensis, E. Nicolas Carolivillensis, E. Nyström Upsaliensis, J. Pagnamenta Einsidlensis, E. Petersen Hauniensis, F. Porticelli Taurinensis, L. Ransom Philadelphiensis, S. Tiley Oxoniensis, R. Tranchida Avaricensis, E. Ulrich Yalensis, M. Verweij Bruxellensis vario modo mihi auxiliati sunt.

C. De Stefani Venetus, qua est humanitate et diligentia, aliqua in meum usum contulit. V. Sanzotta Aenipontanus plagulas catalogi codicum Casanatensium nondum publici iuris facti mihi benevolenter misit; item H. Cazes Victoriensis, M. T. Galli Aenipontana et V. Sineri Catinensis opera quaedam sua mihi tempestive mittere non spreverunt. Ch. Melidone discipula mea Panhormitana librum Tolosanum in meum usum inspexit.

M. Deufert, ea quae ephemeridi «Hermae» miseram, attentissime legit fecitque ut de multis rebus amplius clariusque dissererem. J. Hammerstaedt, R. Kassel ceterique seminari philologici Coloniensis participes, quo sunt acumine et sollertia, mecum de Probae libris necnon de apparatu instruendo disputaverunt. Mulier docta eademque humanissima S. Schottenius Cullhed Upsaliensis de quibusdam libris me certiorem fecit. Collega optimus G. Di Maria Panhormitanus praefationem attentissime legit multaque menda sustulit.

Professores insignes I. B. Conte Pisanus et M. D. Reeve Cantabrigiensis, nunc Bibliothecae Teubnerianae moderatores prudentissimi, qua sunt erga me benevolentia, de editionis consilio a principio mecum disputaverunt perfectamque perscrutati sunt.

Opus absolutum optimus diligentissimusque adulescens Salvus Russo Panhormitanus machinae computatrici accommodavit; eum exceperunt K. Legutke et F. Ruppenstein, qui prelis omnia disposuerunt.

Eos omnes benevolo gratoque animo prosequor.

Carolus Martinus Lucarini
Coloniae Agrippinae et Panhormi, initio anni MMXV

CONSPECTVS LIBRORVM IMPRESSORVM

PROBAE EDITIONES

Probae editiones recensuerunt Kromayer in praefatione editionis suae a. 1719; J. A. Fabricius, *Bibliotheca Latina*, liber VI, Hamburgi 1734, 441–443; J. Aschbach, *Die Anicier und die römische Dichterin Proba*, Wien 1870, 426 adn. 4; Ermini, *Il centone di Proba*, 68–70; vetustiores etiam Clément, 193–194 (ubi et earum repetitiones inveniuntur), et Cazes, *Le livre*, 409 sqq.

Venetiis 1472.
Basileae ca. 1474 (M. Wennsler et F. Biehl).
Romae 1482 (Ph. de Barberis).
Salmanticae ca. 1487 (J. et A. de Porras et D. Sánchez de Cantalapiedra).
Antwerpiae 1489 (G. Leonis).
Lipsiae 1492–1496.
Parisiis post Iunium 1490 (A. Caillaut).
Parisiis post a. 1494 (A. Bocard).
Hispali 1495 (M. Ungut et Stanislaus Polonus).
Brixiae 1496 (B. Misinta).
Parisiis initio a. 1498 ("pour Denis Roce", cf. Clément).
Parisiis 1499 (G. Marchant et A. Aliate).
Pictavi 1499 (J. Bouyer).
Neapoli ante a. 1500.
Lipsiae ca. 1500 (J. Thanner).
Venetiis post a. 1500 (B. Benagli).
Venetiis, 1501 (A. Manutius).
Deventeriae 1505 (R. Pafräet).
Lucronio 1507 (A. G. de Brocar).
Parisiis 1509 (J. Petitus).
Lugduni 1516 (S. de Basignana).
Rostochi 1516.
Oppenheimi 1517.
Francofurti ad M. 1541 (P. Brubachius).
Parisiis 1543 (R. Stephanus).
Basileae 1546 (J. Parcus).
Parisiis 1575 (M. Sonnius).
Parisiis 1578 (H. Stephanus).
Romae 1588 (Iulius Roscius Hortinus).
Parisiis 1589 (M. de la Bigne).
Coloniae Agrippinae 1592 (Ioannes Gymnicus et Ioannes Platearius).
Helmaestadi 1597 (H. Meibomius).
Coloniae Agrippinae 1601.
Parisiis 1609 (Cl. Chapeletus).

Monachi 1617.
Coloniae Agrippinae 1618 (in collectione Bigneana, sed textus a. 1589 non repetitur).
Parisiis 1644 (Ae. Morellus).
Ludguni 1677.
Bononiae 1692 (A. Pisarius et ed. Th. de Simeonibus).
Londini 1713.
Halae Magdeburgicae 1719 (I. H. Kromayer).
Londini 1721.
Pisauri 1766.
Lipsiae 1793 (L. H. Teucher).
Parisiis 1846 (Migne, *PL* 19: editio Pisaurensis a. 1766 repetitur).
ed. K. Schenkl, Vindobonae – Pragae – Lipsiae 1888.
ed. C. Cariddi, Napoli 1971.
ed. A. Clark – D. F. Hatch, Ann Arbor 1981.
ed. P. Wilson – G. R. Kastner – J. Reedy, Washington 1981.
ed. A. Badini – A. Rizzi, Bologna 2011.
ed. V. Sineri, Acireale – Roma 2011.
Ed. M. L. La Fico Guzzo, Bahía Blanca 2012.

VERGILI EDITIONES ADHIBITAE

Bucolica, Georgica et Aeneis, iteratis curis ed. M. Geymonat, Romae 2008.
Bucolica et Georgica, ed. S. Ottaviano et G. B. Conte, Berolini et Bostoniae 2013.
Aeneis, ed. G. B. Conte, Berolini et Novi Eboraci 2009.

SVBSIDIA AD PROBAM PRAECIPVE PERTINENTIA VIRORVMQVE DOCTORVM NOMINA IN APPARATV LAVDATA

T. D. Barnes, *An urban prefect and his wife*, «Class. Quart.» n. s. 56 (2006) 249–256.
C. Barth, *Adversariorum commentariorum libri LX*, Francofurti 1624.
M. Bažil, *"Rem nulli obscuram repetens": les stratégies intertextuelles du "Cento Probae"*, «Graecolatina Pragensia» 20 (2004) 15–25.
Id., *Principio caelum ac terras... La Création de l'univers dans le "Cento Probae"*, «Graecolatina Pragensia» 22 (2007) 49–59.
Id., *Centones Christiani. Métamorphoses d'une forme intertextuelle dans la poésie latine chrétienne de l'Antiquité tardive*, Paris 2009.
Id., *Les débuts de l'épopée biblique au IVe siècle: les "Quatre livres des Évangiles" de Juvencus et le "Centon virgilien" de Proba*, "Retelling the

Bible: literary, historical and social contexts", Bern – Frankfurt a. M. 2011, 303–312.
G. Bellissima, *Notizia di due codici inediti del centone virgiliano di Proba,* Siena 1923.
M. Bonaria, *Appunti per la storia della tradizione virgiliana nel IV secolo,* "Vergiliana. Recherches sur Virgile", Leyde 1971, 35–40.
G. Brugnoli, *Due note probiane,* "Filologia e forme letterarie. Studi offerti a F. Della Corte", 4, Urbino 1987, 217–230.
F. Bücheler, coniectura cum A. Riesio communicata.
V. Buchheit, *Vergildeutung im Cento Probae,* «Grazer Beiträge» 15 (1988) 168–176.
M. R. Cacioli, *Adattamenti semantici e sintattici nel centone virgiliano di Proba,* «Studi italiani di filol. class.» n. s. 41 (1969) 188–246.
A. Cameron, *Petronius Probus, Aemilius Probus and the transmission of Nepos: a note on late Roman calligraphers,* "Humana sapit: études d'antiquité tardive offertes à Lellia Cracco Ruggini", Turnhout 2002, 121–130.
Id., *The last pagans of Rome,* Oxford 2011.
A. Cataldo, *Il centone di Proba e la tradizione manoscritta di Virgilio nel IV secolo,* «Miscellanea classico medioevale» 2 (1979) 95–118.
Id., *"Maro mutatus in melius". Espedienti compositivi nel centone virgiliano di Proba,* «Quaderni dell'istituto di lingue e letterature classiche dell'Università di Lecce» 1 (1980) 19–60.
Id., *Il "Discorso della montagna" nel "Centone" di Proba,* «Auctores nostri» 4 (2007) 305–310.
H. Cazes, *Le livre et la lyre: grandeurs et décadences du centon virgilien au Moyen Age et à la Renaissance,* Lille 1999 (opus ineditum).
Ead., *Les Évangiles selon Falconia Proba et Richard le Blanc: lectures d'une traduction des centons virgiliens dédiée à Marguerite de France,* "D'une écriture à l' autre: les femmes et la traduction sous l'ancien régime", Ottawa 2004, 101 sqq.
E. A. Clark – D. F. Hatch, *Jesus as hero in the Vergilian cento of Faltonia Betitia Proba,* «Vergilius» 27 (1981) 31–39.
M. Clément, *Mettre en verse français une poétesse latine. Proba Falconia à Lyon en 1557,* "Auteur, traducteur, collaborateur, imprimeur... qui écrit?", Paris 2012, 165–191.
F. E. Consolino, *Da Osidio Geta ad Ausonio e Proba. Le molte possibilità del centone,* «Atene e Roma» s. n. 28 (1983) 133–151.
F. Corsaro, *Scene e personaggi del "Cento Vergilianus" di Proba nella loro "arrière-pensée" allusiva,* «Orpheus» s. n. 28 (2007) 25–46.
F. Ermini, *Il centone di Proba e la poesia centonaria latina,* Roma 1909.
A. Fassina, *Alterazioni semantiche ed espedienti compositivi nel Cento Probae,* «Incontri triestini di filologia classica» 5 (2005–2006) 261–272.
Ead., *A proposito di un passo delle "Etymologiae" di Isidoro di Siviglia ("Orig." I 39, 25–26),* «Cento Pagine» 1 (2007) 56–63.

M. Flores, *A Cristo por Virgilio: evangelización e inculturación en la Roma del siglo IV: el caso del "Centón" de Proba*, «Augustinus» 53 (2008) 65–79.

Th. Gärtner, *Die Musen im Dienste Christi: Strategien der Rechtfertigung christlicher Dichtung in der lateinischen Spätantike*, «Vigiliae Christianae» 58 (2004) 424–446.

R. P. H. Green, *Proba's Cento: its date, purpose, and reception*, «Class. Quart.» s. n. 45 (1995) 551–563.

Id., *Proba's introduction to her Cento*, «Class. Quart.» s. n. 47 (1997) 548–559.

Id. *Which Proba wrote the cento?*, «Class. Quart.» s. n. 58 (2008) 264–276.

A. Grua, *Un manoscritto vercellese del "Centone Virgiliano" di Proba*, Vercelli 2003 (opus ineditum).

H. Harich-Schwarzbauer, *Von Aeneas zu Camilla: Intertextualität im Vergiliocento der Faltonia Betitia Proba*, "Jeux de voix: énonciation, intertextualité et intentionnalité dans la littérature antique», Bern – Frankfurt a. M. 2009, 331–346.

D. F. Hatch, vide Clark.

M. Hose, *Konstantin und die Literatur oder "Gibt es eine Konstantinische Literatur?"*, «Gymnasium» 114 (2007) 535–558.

M. Ihm, *Die Epigramme des Damasos*, «Rhein. Mus.» s. n. 50 (1895) 191–204.

R. Jakobi, *Vom Klassizismus zur christlichen Ästhetik*, «Hermes» 133 (2005) 77–92.

G. E. Kreuz, *"Actus Evangelii confirmant gesta priora": zur Tradition des Doppelgedichtes bei Proba, Ps.-Hilarius und Ps.-Victorinus*, "La poesia tardoantica e medioevale", Alessandria 2010, 103–117.

S. Kyriakidis, *Eve and Mary: Proba's technique in the creation of two different female figures*, «Mat. e disc. per l'an. dei testi class.» 29 (1992) 121–153.

Id., *Proba, Faltonia Betitia*, «Kleos» 1 (1994) 185–200.

G. La Bua, *Revisioni al testo dei centoni cristiani*, «Giorn. ital. di filologia» 43 (1991) 105–118.

Id. *Esegesi virgiliana antica e poesia centonaria*, «Atene e Roma» s. n. 38 (1993) 99–107.

M. L. La Fico Guzzo, *"Alter ab illo": interpretatio christiana en el episodio del bautismo de Jesús del "Cento Probae"*, «Cuadernos medievales. Quadernos de la cátedra» 15 (2013) 5–16.

Ead., *La tempestad en el "Cento Probae" (vv. 531–561) y los juegos en honor a Anquises en el libro V de la "Eneida". Vinculos intertextuales*, «Maia» 65 (2013) 60–74.

Ead., *Replanteo de la épica en el exordio general del "Cento Probae": diálogo intertextual con Lucano, Virgilio y Juvenco*, «Quaderni urbinati di cult. class.» 102 (2012) 123–148.

C. M. Lucarini, *La tradizione manoscritta del centone di Proba*, «Hermes» 142 (2014) 349–370.

P. Mastandrea, *L'epigramma dedicatorio del "Cento Vergilianus" di Proba (AL 719 d Riese)*, «Boll. di studi latini» 31 (2001) 565–578.

J. F. Matthews, *The poetess Proba and fourth-century Rome: questions of interpretation*, "Institutions, société et vie politique dans l'Empire Romain au IVe siècle ap. J.-C.", Rome 1992, 277–304.

S. C. McGill, *Virgil, Christianity and the "Cento Probae"*, "Texts and culture in late Antiquity: inheritance, authority, and change", Swansea 2007, 173–193.

P. F. Moretti, *Proba e il "Cento nuptialis" di Ausonio*, "*Debita dona*. Studi in onore di I. Gualandri", Napoli 2008, 317–347.

Ead., *Proba e la tradizione del testo di Virgilio. Qualche riflessione*, «Acme» 61 (2008) 61–86.

Ead., *In margine a due testimoni del centone di Proba: Milano, Biblioteca Ambrosiana, D 14 inf. e G 111 inf.*, «Segno e testo» 8 (2010) 285–312.

I. Opelt, *Der zürnende Christus im Cento der Proba*, «Jahrb. f. Ant. und Christ.» 7 (1964) 106–116.

Z. Pavlovskis, *Proba and the semiotics of the narrative "Virgilian cento"*, «Vergilius» 35 (1989) 70–84.

K. Pollmann, *Philologie und Poesie. Zu einigen Problemen der Textgestaltung in CSEL 16*, "Textsorten und Textkritik", Wien 2003, 226–230.

Ead. *Sex and salvation in the "Vergilian Cento" of the fourth century*, "Romane memento: Vergil in the fourth century", London 2004, 79–96.

S. Schottenius, *Typology and the "Cento" of Proba*, «Quaderni urbinati di cult. class.» 95 (2010) 43–52.

S. Schottenius Cullhed, *Proba the Prophet: the Christian Virgilian Cento of Faltonia Betitia Proba*, Leiden 2015 (non vidimus).

D. Shanzer, *The anonymous "Carmen contra paganos" and the date and identity of the centonist Proba*, «Revue d. ét. August.» 32 (1986) 232–248.

Ead. *The date and identity of the centonist Proba*, «Rech. Aug.» 27 (1994) 75–96.

V. Sineri, *Musaeus come Mosè nel centone di Proba*, «Rivista di cultura classica e medioevale» 51 (2009) 153–60.

Ead., *Il centone virgiliano di Proba e la politica culturale di Giuliano l'Apostata: alcune considerazioni*, «*AL*. Rivista di studi di Anthologia Latina» 4 (2013) 17–33.

H. Sivan, *Anician women, the Cento of Proba, and the aristocratic conversion in the fourth century*, «Vigiliae Christianae» 47 (1993) 140–157.

CONSPECTVS SIGLORVM

A	consensus codicum **A' T**
A'	Augiensis 217, nunc Caroliruhensis
C	Cantabrigiensis Sanctae Trinitatis O. 7. 7
Ch	Carolivillensis 97
L	consensus codicum **La Lb**
La	Laudunensis 279
Lb	Laudunensis 273
P	Parisinus Latinus 7701
p	Vaticanus Palatinus Lat. 1753
Pa	vide descriptionem codicis **P** in praef.
Pb	vide descriptionem codicis **P** in praef.
Pd	Patavinus Bibliothecae Seminari 527
Pl	Parisinus Latinus 14758
Ra	Vaticanus Reginensis Lat. 251
Rb	Vaticanus Reginensis Lat. 1666
S	Parisinus Latinus 13048
T	Turicensis C 68
v	Leidensis Voss. Lat. Q 2
Vl	Valentinianus 395 (378)
Vz	Vaticanus Latinus 1667
β	familia codicum recentiorum, de qua vide praef.
$\mathbf{\Gamma^1}$	familia codicum recentiorum, de qua vide praef.
$\mathbf{\Gamma^{corr}}$	familia codicum recentiorum, de qua vide praef.
Θ	familia codicum recentiorum, de qua vide praef.
Λ	familia codicum recentiorum, de qua vide praef.
ς	multi recentiorum
ω	fons librorum omnium

Librorum **C P p Pd S** etiam errores singulares memoravimus; codicum autem **A' Ch La Lb Pl Ra Rb T** (**v**: cf. praef. adn. 155) **Vl Vz** eas lectiones adnotavimus quae e fonte aliquo superiore sumptae videbantur. Sed ubi contaminatio nexus pertubaverat, lectiones universas quam potuimus diligenter transcripsimus. Recentiorum tantum hic illic mentionem fecimus (unde e silentio nostro nihil de iis inferre licet).

Epigrammatis praefatori lectiones omnium codicum a nobis collatorum praeter prolem libri Turicensis memoriae mandavimus.

Locos Vergilianos aliorumve poetarum, qui Probae obversari poterant, omnes indicare studuimus; ne autem apparatus usque ad incommodum perspicuitatis accresceret, ubi innumeri Vergili loci afferri poterant, unum tantum indicavimus addito *alibi.* Si nullus Vergili locus Probae respondebat, verba Vergiliana inter parenthes indicavimus; ubi autem poetria textum Vergili depravatum legisse videbatur, nihil in apparatu diximus, cum hos locos iam in praef. (pp. CXXII–CXXIV) collegissemus.

Cum nobis persuasum habeamus poetriam fere semper Matthaei *Evangelium* secutam esse (cf. praef. pp. CXV–CXX), cetera iis solis locis attulimus, ubi aliquid legitur quod in Matthaeo non invenitur.

FALTONIAE BETITIAE PROBAE

CENTO VERGILIANVS

INCERTI AVCTORIS (FORTASSE AEMILI PROBI) EPIGRAMMA PRAEFATORIVM (= *AL* 719D R.)

Romulidum ductor, clari lux altera solis,
Eoa qui regna tenes moderamine iusto,
spes orbis fratrisque decus: dignare Maronem
mutatum in melius divino agnoscere sensu,
scribendum famulo, quem iusseras. Hic tibi mundi
principium formamque poli hominemque creatum
expediet limo, hic Christi proferet ortum,
insidias regis, magorum praemia, doctos
discipulos pelagique minas gressumque per aequor,
hic fractum famulare iugum vitamque reductam
unius crucis auxilio reditumque sepultae
mortis et ascensum pariter sua regna petentis.
Haec relegas servesque diu tradasque minori
Arcadio, haec ille suo semini, haec tua semper
accipiat doceatque suos augusta propago.

de testibus carminis praefatori cf. praef. pp. CXI–CXIII
1 Romulidum] Romuli **A** : Romulei **Eborac** | ductor] lector **Graec** : rector **Prag** | clari] clara **A Vatic** *a. c.* | lux] us **Eboric**, *ut vid.* ‖ **2** Eoa] Eoum **Vatic** | qui] quia **Antw Graec Prag Vatic** : et **Leid** | tenes] regis **A** **3** Maronem] memorum **Graec**, *ut vid.* : merorem **Prag** ‖ **4** mutatum] motatum **Ang** | divino...sensu] divinum ... sensum **A** ‖ **5** quem iusseras] qui iusserat **A** : quem iussisti **Eborac** : que iusseras **Eboric** : qui iussisti **Vatic** Hic] hi **Ven** ‖ **6** principium] probatio in caus **Ven**[marg] | hominemque] limoque **Eborac** ‖ **7** expediet limo hic] expedit hic hominem **Eborac** : expediet lino hinc **Eboric** | proferet ortum] proferat o. **Ang Guelf Leid Ven** : profert o. **Antw** : panditus ortus **Eborac** : profertque exortum **Monac** : tibi proferet o. **Notr** : proferit o. **Vatic** ‖ **8** insidias] insidiae **Eborac** | magorum] et regum **Eborac** ‖ **10** fractum] *Bücheler* : fructum *fons librorum omnium* : fluctuum **Vatic** | iugum vitamque] iugu vitam **Monac** : iugu vitamque **Ven** ‖ **11** unius] unicus **Ven** | crucis auxilio] auxilio crucis **Monac Ven** : auxilioque c. **Monac**[corr] | reditumque] redituque **Eborac** **12** *hunc v. om.* **Ven** | petentis] patentis **Antw Eboric** : petentes **Monac** **13** relegas] religas **Prag** : regas **Ven** ‖ **14** haec[1]] sic **Eborac** | ille] illo **Ven** suo semini] suae proli **Eborac** : s. generi **Vatic** : s. semine **Ven** **15** doceatque] doceat **A** | augusta] angusta **Prag**

FALTONIAE BETITIAE PROBAE
CENTO VERGILIANVS

Iam dudum temerasse duces pia foedera pacis,
regnandi miseros tenuit quos dira cupido,
diversasque neces regum, crudelia bella
cognatasque acies, pollutos caede parentum
insignes clipeos nulloque ex hoste tropaea,

A' C Ch La Lb P p Pd Pl Ra Rb S T (v) Vl Vz

1 Luc. *B. C.* 4, 205 *et* 4, 365 (foedera pacis); Id. *B. C.* 1, 225–6 (temerataque ... foedera) ‖ **2** *G* 1, 37 (regnandi ... dira cupido); *A* 6, 721 (miseris tam dira cupido) ‖ **3** *A* 12, 500–1 (caedes / diversas obitumque ducum) ‖ **4** Luc. *B. C.* 1, 4 (cognatasque acies); Id. *B. C.* 4, 259–60 (polluta nefanda / agmina caede) **5** Stat. *Th.* 9, 332 (clipeusque insignis); *G* 3, 32 (diverso ex hoste tropaea) **5–6** Luc. *B. C.* 1, 12 (bella geri placuit nullos habitura triumphos?); Id. *B. C.* 6, 582–4 (conspersos ... sanguine)

1 *citat Aldhelmus, De metris p. 188 E., respexit fortasse Damasus 2, 5; 18, 7; 48, 4* ‖ **5** *respexit fortasse Damasus 1, 16; 12, 4*

Incipit liber eiusdem **A'** : Incipit opusculum Probae uxoris excerptum de libris Virgilii ad testimonium Veteris et Novi Testamenti **C** : Incipit praefatio sequentis operis Probae matronae **Ch** : Proba de Aeptatico **La Lb** : Versus Probae **P** : Incipiunt indicula centonis Probae inlustris Romanae. Incipit prologus **p** : Incipit carmen Probae de fabrica mundi **Pd** : Prosa de Eptatico **Pl** : Incipit Virgilio quem composuit Proba de Eptatico et Evangeliis **Ra** : Faltoniae Vetitiae Probae cl. feminae Vergiliocenton Genesis et Evangeliorum incipit **Rb** : Incipit praefatio **S** : Incipit cento Probae ex Genesi **T** : Opusculum de Veteri Testamento et de nativitate et passione Domini excerptum de Virgiliano opere **Vl** : Faltoniae Vecciae Probae cl. feminae Virgiliocenton Genesis et Evangeliorum liber incipit **Vz** | *de vv. 1–55 cf. praef. p. CXXII* ‖ **2** regnandi] reganda **S**, *sed ab ipsa prima manu correctum* **3** diversasque] divisasque **C** | regum] regum et **La Ra** : regnum et **Lb Pl** : *nos post* regum *non post* neces *interpunximus coll. A* 12, 500–1 | crudelia] incredibilia **Pd** ‖ **4** cognatasque] cognitasque **P S**^{corr} | pollutos] pollutas **C Ch Pd S** *a. c.* **ς** ‖ **5** insignes] insignis **S** *a. c.* | clipeos] clipeis **C Ch S**^{corr} (*scriptum erat* clepeis) **ς** | nulloque] **Ch β** : nullaque **ω** : nonnulla **Pl** | ex hoste] exorta **S**

sanguine conspersos tulerat quos fama triumphos,
innumeris totiens viduatas civibus urbes,
confiteor, scripsi: satis est meminisse malorum:
nunc, Deus omnipotens, sacrum, precor, accipe carmen
aeternique tui septemplicis ora resolve
spiritus atque mei resera penetralia cordis,
arcana ut possim vatis Proba cuncta referre.
Non nunc ambrosium cura est mihi quaerere nectar,
nec libet Aonio de vertice ducere Musas,

A' C Ch La Lb P p Pd Pl Ra Rb S T (v) Vl Vz

7 *A* 8, 571 (tam multis viduasset civibus urbem) ‖ **10** *G* 4, 452 (ora resolvit); *A* 3, 457 (ora resolvat); Luc. *B. C.* 7, 609 (spiritus in vocem morientiaque ora resolvit); Id. *B. C.* 8, 261 (maesta ora resolvit); Iuvenc. 1, 356–8 (caeli septemplicis aethra / ... / spiritus aeriam simulans ex nube columbam); *de* septemplice spiritu *cf. Isai.* 11, 2 ‖ **11** Luc. *B. C.* 5, 70 (reserat penetralia Phoebi); Iuvenc. 4, 7 (penetralia cordis) ‖ **14** *G* 3, 11 (Aonio ... deducam vertice Musas)

11 *respexit fortasse Damasus 11, 5*

6 *sine dubio hi triumphi et tropaea v. superioris pro una eademque re sunt habendi, sed quid v. 6 significet haud perspicuum est; nos interpretamur: "triumphos sanguine maculatos, quos fama extulit"; Green (1997) mavult: "triumphos, quos fama sanguine esse conspersos vulgaverat, cum iidem a victoribus tamquam ἀναίμακτοι celebrarentur"; de tota hac quaestione aliorumque interpretationibus vide Green l. l.* | conspersos] conspersus **S**, *sed ab ipsa prima manu correctum* | tulerat] tolerat **Ch S** : tulerant **Pd Rb Λ** fama] fata **Pd Rb Λ** : Roma **Γ^{corr}** | triumphos] triumpho* **S** ‖ **7** innumeris... viduatas] innumerans ... viduatis **La** *a. c.* **P** : innumeras ... viduatis **A La^{corr} Lb Pd Pl Ra** : innumeras ... viduata **v** ‖ **9** nunc Deus omnipotens] omnipotens genitor **Ra v Vl** ‖ **10** aeternique] aeternumque **C Ch S Γ^1 Θ** tui] tuis **C** | septemplicis] *de significatu Christiano cf. Cacioli (1969, 216–7)* resolve] resolvat **Ra v Vl** : resolvet **p** *a. c.* ‖ **11** resera] reserans **S Γ^1** : seseret **p** : reseret **Vl** ‖ **12** vatis] *scil. Vergili* : vates **P Pd Rb** | Proba cuncta] cuncta verba **C** ‖ **13** cura] curae **S** ‖ **14** de vertice] devertite **P**, *sed ab ipsa prima manu correctum* | ducere Musas] deducere vertice Musas **Ch** : Musas **S** : quaerere Musas **S^{corr} Γ^1** ‖ *v. 15 post v. 16 ponit Green (1997), sed, si* saxa *verbi* loqui *subiectum est (cf. quae collegit Cameron 2011, 329–330, cui nos astipulamur), vix intelligimus quomodo et* iurgantes dei victique penates *cum* loqui *coniungi possint*

non mihi saxa loqui vanus persuadeat error
laurigerosque sequi tripodas et inania vota
iurgantesque deos procerum victosque penates:
nullus enim labor est verbis extendere famam
atque hominum studiis parvam disquirere laudem:
†Castalio sed fonte magis imitata beatos†
quae sitiens hausi sanctae libamina lucis
hinc canere incipiam. Praesens, Deus, erige mentem:
Vergilium cecinisse loquar pia munera Christi.
Rem nulli obscuram | repetens ab origine pergam,
si qua fides animo, si vera infusa per artus,

A' C Ch La Lb P p Pd Pl Ra Rb S T (v) Vl Vz

17 *A* 1, 68 (victosque penates) ‖ **18** *A* 10, 468 (famam extendere factis) **19** Iuvenc. 2, 686 (disquirere laudem) ‖ **22** *G* 1, 5 (hinc canere incipiam); Luc. *B. C.* 8, 76 (erige mentem) ‖ **23** Iuvenc. 1, 439 (munera Christi); Id. 2, 361; Id. 2, 381 ‖ **24** *A* 11, 343; *A* 1, 372 ‖ **25–26** *A* 3, 434 (si qua fides, animum si veris implet Apollo) + *A* 6, 726–7 (spiritus intus alit, totamque infusa per artus / mens agitat molem et magno se corpore miscet)

17 *respexit auctor Carminis contra paganos 22–23*

15 saxa] sa**csa **P** : falsa **Lb**^{corr} **Pl** | persuadeat] persuaderat **P** : persudeat **La** *a. c.* **S** *a. c.* | error] orror **Pd** ‖ **16** laurigerosque] laurigenosque **A** : laurigerasque **C Ch S**^{corr} **Γ^1 Γ^{corr} Θ** : laurigerusque **S** ‖ **17** iurgantesque] purgantesque **Pl** : iurgantes **S** *a. c.* | procerum] proceres **P** ‖ **18** extendere] extenderet **S** *a. c.* ‖ **19** parvam] pravam **p v** | laudem] laude **P**^{corr} **20** Castalio sed fonte magis imitata beatos] **C Ch S** (imitabor **S**^{corr}) **Γ^1** *aliquot ex* **Θ** : Castalios et fonte madens i. b. **A** : Castalio sed fontem adens i. b. **L** (*sed in* **Lb** -n- *s. l.*) **Pl** : Castalio sed fortem adens i. b. **P** : Castalio sed fonte madens i. b. **p** (*sed in marg.* magis *pro* madens) : Castalio sed fontem madens i. b. **Pd** : Castalio de fonte madens i. b. **Ra Vl** : *cruces nos apposuimus, qui* Castalio nec fonte madens i. b. *dubitanter temptavimus, cum fons Castaliae vix cum fide Christiana congruat (cf. vv. 13–14); ceterum neque de archetypi lectione satis constat* ‖ **21** sanctae] sancta **A P** ‖ **23** *post h. v. spatium duorum versuum rel.* **P** | Vergilium] Virgilium **p S** | loquar] nunc **A** : loquor **L Pd Pl Rb Λ** | munera] numina **C** ‖ **24** obscuram] obscuri **S** *a. c.* pergam] pandam **p** (*in marg.* pergam) **Ra v Vl Θ** : pangam **Γ^{corr}** ‖ **25** qua] quam **A' T** *a. c.* | animo] animum **A C p Pd S Γ^1** : animum *et* animi *praebent* **Γ^{corr} Θ** | si vera infusa] *Schenkl* : si viris fusa **A'** : si veros fusa **C Ch Lb S ς** : sive infusa **P** : si veris fusa **p Pd Rb** : si viros fusa **Ra** : si vires fusa **T**

mens agitat molem et toto se corpore miscet
spiritus et quantum non noxia corpora tardant
terrenique hebetant artus moribundaque membra.
O pater, o hominum rerumque aeterna potestas,
da facilem cursum atque | animis inlabere nostris,
tuque ades inceptumque una decurre laborem,
nate patris summi, | vigor et caelestis origo,
quem primi colimus | meritosque novamus honores,
iam nova progenies, | omnis quem credidit aetas.
Nam memini | veterum volvens monumenta virorum
Musaeum ante omnes | vestrum cecinisse | per orbem
quae sint, quae fuerint, quae mox ventura trahantur,

A' C Ch La Lb P p Pd Pl Ra Rb S T (v) Vl Vz

27 *B* 4, 54 (spiritus et quantum) + *A* 6, 726 (spiritus) + *A* 6, 731 (quantum non noxia corpora tardant) ‖ **28** *A* 6, 732 ‖ **29** *A* 10, 18 ‖ **30** *G* 1, 40; *A* 3, 89 (atque *utrobique*) ‖ **31** *G* 2, 39 ‖ **32** *A* 1, 665; 6, 730 ‖ **33** *A* 11, 786; 8, 189 **34** *B* 4, 7; *A* 7, 680 ‖ **35** *A* 8, 157; *A* 3, 102 ‖ **36** *A* 6, 667 (omnis); *B* 10, 70; *B* 8, 9 *alibi* ‖ **37** *G* 4, 393

32 *respexit fortasse Aus. Ephem. 3, 27* ‖ **36** *respexit fort. Ven. Fort. 8, 3, 11–14*

26 toto se] magno se **C Ch p**^{marg} (*ex Vergilio, sed vix recte*) Γ^{1} Γ^{corr} Θ : totus e **Lb** *a. c.* **P** : cito magno se **S** (cito *del. est*) ‖ **27** non] *om.* **A** ‖ **28** terrenique] ternique **A** | hebetant] heuetent **A** (evitent **A'** ^{corr}) : habitant **C p** *a. c.* | artus] ardus **P** ‖ **29** rerumque] rexque **P** ‖ **31** tuque] tu qui **S** | decurre laborem] decurrere labore **S** *a. c.* ‖ **32** summi] *post* summi *dubitanter interpunximus (cf. Brugnoli 1987, 218–9), sicut fort. fecit Ausonius (cf. Fassina 2005–6, 266); possis et post* nate *interpungere coll. v. 403* | caelestis] caelesti **S** *a. c.* **33** primi] primum **P** ‖ **34** quem] quam **Ch p S v Vl** Γ^{1} Θ | credidit] credit **S** *a. c.* | *post h. v.* **p v** *(hic re vera post v. 33)* Γ^{corr} Θ Λ *add.*: munera vestra cano, satis est potuisse videri (*G* 1, 12; *B* 6, 24) ‖ **35** Nam] iam **C Ch** | veterum] verum **S** *a. c.* | monumenta] monimenta **S**^{corr} | virorum] sacrorum **C Ch S** Γ^{1} Γ^{corr} ‖ **36** Musaeum] Mos(a)eum **L Ra T** : Moyseum **C Ch p Pl S Vl** : Moysen *vel* Moisen **ς** : *erant qui Musaeum et Moysen pro eodem viro habebant, cf. Buchheit (1988); de tota quaestione cf. Sineri (2009), quae contendit Ven. Fort. (8, 3, 11–14) hunc locum respexisse et* Moysen *legisse.* vestrum] nostrum **C** : *nos* vestrum *ad paganos referimus; de tota quaestione cf. Sineri (2009, 156 adn. 4)* ‖ **37** quae fuerint] fuerunt **A** | trahantur] trahatur **L** ‖ *de vv. 38–42 cf. praef. pp. CXX-CXXII; nos praecipue Schenklium secuti sumus*

39 felix, qui potuit rerum cognoscere causas,
42a et liquidi simul ignis
42b et caeli mobilis umor
38 omnia et ipse tener mundi concreverit orbis,
40 unde hominum pecudumque genus vitaeque volantum
41 et quae marmoreo fert monstra sub aequore pontus.
43 Haut aliter | prima crescentis origine mundi
44 inluxisse dies aliumve habuisse tenorem
45 crediderim. | Maior rerum mihi nascitur ordo,
si qua fidem tanto est operi latura vetustas.
Namque, fatebor enim, | levium spectacula rerum,
semper equos atque arma virum pugnasque canebam
et studio incassum | volui exercere laborem.
50 Omnia temptanti | potior sententia visa est

A' C Ch La Lb P p Pd Pl Ra Rb S T (v) Vl Vz

39 *G* 2, 490 ‖ **42a** *B* 6, 33 ‖ **42b** *G* 1, 417 ‖ **38** *B* 6, 34 ‖ **40** *A* 1, 743 (unde hominum genus et pecudes, unde imber et ignes) + *A* 6, 728 (inde hominum pecudumque genus vitaeque volantum) ‖ **41** *A* 6, 729 ‖ **43** *A* 1, 399, *A* 4, 256, *A* 9, 65, *A* 9, 554, *A* 9, 797, *A* 10, 360, *A* 10, 714, *A* 11, 757; *G* 2, 336 ‖ **44** *G* 2, 337 ‖ **45** *G* 2, 338; *A* 7, 44 ‖ **46** *A* 10, 792 ‖ **47** *B* 1, 31; *G* 4, 3 ‖ **48** *A* 9, 777 (canebat, *de* canebam *cf.* *G* 4, 559) ‖ **49** *G* 1, 387; *A* 8, 378 (labores, *de* laborem *cf.* *B* 10, 1, *alibi*) ‖ **50** *G* 4, 328; *A* 4, 287

39 felix] *scil. Musaeus, cf. Sineri ad loc.* | cognoscere] cognuscere **S** *a. c.* **42a** et] ut **S** | liquidi] liquidis **P** | ignis] ignes **A L Pd S**^{corr} ‖ **42b** et caeli] caeli **P**^{corr} | *Ceterum hunc v. vario modo immutatum praebent multi libri*: et liquidus simul ignis caelique mobilis umor **C** : et liquidi fons ignis et caeli mobilis umor **Ch** : et liquidi simul ignis ut his ex omnia primis (*B* 6, 33) / <semina> (*addidimus*) terrarumque animaeque marisque fuissent (*B* 6, 32) **p** (*vv. 43–47 om.* **Vl**) : et liquidi simul ignem et caeli mobilis umor **Pl** : et si quid simul ignis habet vel mobilis umor **Θ** ‖ **38** et] ut **C Ch S** (*scilicet ex coniectura*) | mundi] mundo **S** *a. c.* ‖ **40** pecudumque] pecodumque **A Pd** volantum] volatum **A** : volantem **S** *a. c.* ‖ **41** marmoreo] marmoreum **S** aequore] aequora ******* **S** ‖ **44** dies...tenorem] diem aliumve habuisset onorem **P** ‖ **46** fidem tanto] fides stante **C** | est] *om.* **L** | operi latura] opere natura **C S** (natura *et aliquot ex* ς) : operi laterae **P** ‖ **47** levium] veterum **P** **49** studio] studium **C Ch S** | laborem] labores **L p Ra Vl** : loborem **P** **50** temptanti] temptandi **P Ra** : temptantem **S** : temptavi ς | sententia] setentia **P** : sententiam **S** *a. c.*

pandere res altas terra et caligine mersas.
Inque dies | aliquid iam dudum invadere magnum
mens agitat mihi nec placida contenta quiete est.
Ore favete omnes | laetasque advertite mentes,
matres atque viri | pueri innuptaeque puellae.
Principio caelum ac terras camposque liquentes
lucentemque globum lunae | solisque labores
ipse pater statuit, | vos, o clarissima mundi
lumina, labentem caelo quae ducitis annum.
Nam neque erant astrorum ignes nec lucidus aether,
et nox atra polum bigis subvecta tenebat,
et chaos | in praeceps tantum tendebat ad umbras,
quantus ad aetherium caeli suspectus Olympum.
Tum pater omnipotens, rerum cui summa potestas,
aëra dimovit tenebrosum et dispulit umbras
et medium luci atque umbris iam dividit orbem.

A' C Ch La Lb P p Pd Pl Ra Rb S T (v) Vl Vz

51 *A* 6, 267 ‖ **52** *G* 3, 553; *A* 9, 186 ‖ **53** *A* 9, 187 ‖ **54** *A* 5, 71; *A* 5, 304 **55** *G* 4, 475, *A* 6, 306; *G* 4, 476, *A* 6, 307 ‖ **56** *A* 6, 724 ‖ **57** *A* 6, 725; *A* 1, 742 **58** *G* 1, 353; *G* 1, 5 ‖ **59** *G* 1, 6 ‖ **60** *A* 3, 585 (nec lucidus aethra / siderea polus); *de* aether *cf.* *G* 1, 324, *alibi* ‖ **61** *A* 5, 721 ‖ **62** *A* 6, 265; *A* 6, 578 (tenditque sub umbras); *de* ad umbras *cf.* *A* 4, 25, *A* 6, 404 ‖ **63** *A* 6, 579 **64** *A* 10, 100 ‖ **65** *A* 5, 839 ‖ **66** *G* 1, 209

56–79 *Gen.* 1, 1–5; *ib.* 14–18

51 *respexit auctor chronici Malaliani (426, 7 M.)*

51 altas] altus **P**^{corr} : alta **Ch Pd Rb Vz** : *cf. Cacioli (1969, 202–5)* | terra] terrae **A P** ‖ **52** dies] die **P**^{corr} ‖ **53** quiete] quieti **P** ‖ **55** matres] martyres **S** : martyras **S**^{corr} ‖ **57** lucentemque] lugentemque **S** *a. c.* | labores] laboris **P** **59** labentem] libentem **P** | caelo] caeli **p** *a. c.* **Vl** *a. c.* ‖ **60** ignes] ignis **S** *a. c.* ‖ **61** et] *ita re vera codd. fere omnes, sicut Verg.* : sed **L p Ra Vl** *Schenkl collationibus parum accuratis fretus* | bigis] vigis **A** : iugis **P** | subvecta] invecta **C** : subụecta **A'** : subiecta **p** (*sed in marg. corr.*) **Vl** ‖ **62** chaos] chaus **Ra T** ‖ **63** quantus] quantum **p** *a. c.* **Ra Vl** | suspectus] suspensus **A p**^{marg} : susceptus **P** | Olympum] Olimpum **P Pd** ‖ **64** Tum] cum **A'** *a. c.* : tunc **p**^{corr} **65** dimovit] dimovet **P**^{corr} : demovit **S** *a. c.* | dispulit] dispulis **P** : dispullit **S** **66** luci] lucis **P** | umbris] tenebris **A** : umbras **L Pl** | orbem] *in* **S** *postea additum*

Sidera cuncta notat tacito labentia caelo
intentos volvens oculos, | qua parte calores
Austrinos tulerit, quae terga obverterit axi.
Postquam cuncta videt caelo constare sereno
omnipotens, | stellis numeros et nomina fecit
temporibusque parem diversis quattuor annum
aestusque pluviasque et agentes frigora ventos.
Atque haec ut certis possimus discere signis,
vere tument terrae et genitalia semina poscunt
ac medio tostas aestu terit area fruges
et varios ponit fetus autumnus et | atra
venit hiemps: teritur Sicyonia baca trapetis:
atque in se sua per vestigia volvitur annus.
Tempore iam ex illo | fecundis imbribus aether
magnus alit magno conmixtus corpore fetus.
Et iam prima novo spargebat lumine terras

A' C Ch La Lb P p Pd Pl Ra Rb S T (v) Vl Vz

67 *A* 3, 515 ‖ **68** *A* 7, 251; *G* 2, 270 ‖ **69** *G* 2, 271 ‖ **70** *A* 3, 518 ‖ **71** *A* 10, 615, *A* 10, 668, *A* 11, 790; *G* 1, 137 ‖ **72** *G* 1, 258 ‖ **73** *G* 1, 352 (agentis) **74** *G* 1, 351 ‖ **75** *G* 2, 324 ‖ **76** *G* 1, 298 (et medio) ‖ **77** *G* 2, 521; *A* 1, 89, *A* 5, 693, *A* 8, 258, *A* 9, 36, *A* 11, 876 ‖ **78** *G* 2, 519 ‖ **79** *G* 2, 402 ‖ **80** *A* 1, 623; *G* 2, 325 ‖ **81** *G* 2, 327 ‖ **82** *A* 4, 584, *A* 9, 459

80–81 *Gen.* 2, 5 ‖ **82–90** *Gen.* 1, 9; *ib.* 20–21

67 tacito labentia] ta**to libentia **P** ‖ **68** intentos] in cunctos **C** : intentus **P Pd** *a. c.* **Rb Vz** : intendens **p** *a. c.* **Vl** | oculos] ocolos **p** *a. c.* | calores] caloris **P** ‖ **69** tulerit...obverterit] *subiectum est* caelum, *cf. v. 67 et 68 (*qua parte *scil.* caeli*); ceterum pro* tulerit **S** *a. c. habet* tullerit | *post h. v.* **p Vl Θ** *addunt*: obliquus qua se signorum verteret ordo (*G* 1, 239) ‖ **70** videt] vidit **A' L** **71** stellis] stelis **S** *a. c.* | fecit] vocat **Pd Rb Vz** ‖ **72** diversis] divisis **La**^{marg} **Pd Rb Vz Λ** : diversis **Lb** (*ubi supra scriptum est* divisit, *in* divisis *postea correctum*) : divisus **Pl** ‖ **73** ventos] ventus **S** *a. c.* ‖ **74** possimus] possemus **C P p Vl** | discere] dicere **A C Rb Vl** ‖ **76** ac] **Ra** : at **A C Ch p Pd Rb Vz** : ad **L P S** | terit] teret **A' P** : terret **T** : teri **p** *a. c.* ‖ **77** et varios] ut varios **S** ponit] ponto **C** | atra] arva **C** ‖ **78** teritur] steritur **A** : territur **P** | Sicyonia] siconia **L** : sycisonia **P** : sichonia **S** : sicionia **Pd S**^{corr} | baca trapetis] bactra petis **A** (bastra p. **A'**^{corr}) ‖ **81** conmixtus] commixtos **L p Pl S**^{corr} **Vl** : commixtis **Ra** | fetus] *om.* **S** *a. c.* ‖ **82** novo spargebat] nonuos pargebat **P**

ducebatque diem | stellis Aurora fugatis:
tum durare solum et discludere Nerea ponto
incipit | et rerum paulatim sumere formas,
et variae pelagi | facies, inmania cete,
aequora verrebant caudis aestumque secabant.
Nec non et | vasti circum gens umida ponti
iam sole infuso, iam rebus luce retectis
exultans rorem late dispergit amarum.
Postera iamque dies primo surgebat Eoo:
fundit humus flores | et frondes explicat omnes
sanguineisque inculta rubent aviaria bacis,
non rastris, hominum non ulli obnoxia curae.
Tertia lux gelidam caelo dimoverat umbram:
avia tum resonant avibus virgulta canoris
et liquidas corvi presso dant gutture voces
nec gemere aëria cessavit turtur ab ulmo.
Quarto terra die | variarum monstra ferarum

A' C Ch La Lb P p Pd Pl Ra Rb S T (v) Vl Vz

83 *A* 2, 802; *A* 3, 521 ‖ **84** *B* 6, 35 ‖ **85** *B* 9, 60, *alibi*; *B* 6, 36 ‖ **86** *G* 1, 383 (iam variae; *de* et *cf.* *B* 1, 26, *alibi*); *A* 5, 822 ‖ **87** *A* 8, 674 ‖ **88** *G* 1, 212, *alibi*; *G* 4, 430 ‖ **89** *A* 9, 461 ‖ **90** *G* 4, 431 ‖ **91** *A* 3, 588 ‖ **92** *B* 9, 41; *G* 2, 335 **93** *G* 2, 430 ‖ **94** *G* 2, 439 ‖ **95** *A* 11, 210 ‖ **96** *G* 2, 328 ‖ **97** *G* 1, 410 (tum liquidas corvi presso ter gutture voces; *de* dant *cf.* *G* 2, 442, *alibi*) ‖ **98** *B* 1, 58 (cessabit) ‖ **99** *A* 3, 205; *A* 6, 285

91–94 *Gen.* 1, 11–12 ‖ **95–98** *Gen.* 1, 20–21 ‖ **99–106** *Gen.* 1, 24–25

83 stellis] stelis **S** *a. c.* ‖ **84** tum] tunc **C** ‖ **86** et] at **A L P** : ad **Pd Rb Vz** **87** verrebant] verrabant **Pd** | aestumque] aestusque **A p Pd Ra Rb Vl Vz** secabant] siccabant **L** : secabat **S** *a. c.* ‖ **88** circum gens] circuibat **C** : circumiens **Ra** ‖ **89** luce retectis] lucere certis **A** ‖ **90** rorem late] rore late **A'** : relate **T** | dispergit] dispargit **A Pd** : dispersit **P p Vl** | amarum] odore **C** *a. c.* : aquarum **P** ‖ **91** Postera] altera **A** : poster*a **Lb** (*non disp.* **La**) | Eoo] aevo **L** : in aevo **Pl** ‖ **92** fundit] condit **p**^{marg} ‖ **93** sanguineisque] sanguineis **S** | aviaria] avaria **A** ‖ **94** non ulli] non nulli **A L Ra Vl** : non ullae **p** obnoxia] obnixia **P** | curae] curas **L Pl** ‖ **95** gelidam] hominum gelidam **C** caelo] caeli **P** | dimoverat] -i- **P**^{corr} | umbram] umbras **A** : umbra **P** ‖ **96** tum] tunc **p**^{corr} ‖ **97** presso] preso **P** | gutture] guttore **S** *a. c.* **p** | voces] vocis **S** *a. c.* ‖ **98** cessavit] cessabit **Pd Rb** | turtur] turtor **P** ‖ **99** Quarto terra die] namque quarta die **A**

omnigenumque | pecus nullo custode per herbam
educit silvis | subito, | mirabile visu.
Tum demum movet arma leo, | tum pessima tigris
squamosusque draco et fulva cervice leaena
saevire ac formae magnorum ululare luporum.
Cetera pascuntur virides armenta per herbas,
nec gregibus liquidi fontes nec gramina desunt.
Iamque dies alterque dies processit et | omne
hoc virtutis opus, | divinae mentis et haustus
prospiciens genitor, | perfectis ordine | rebus,
expleri mentem nequit ardescitque tuendo
terrasque tractusque maris caelumque profundum,
alituum pecudumque genus, | secumque volutat,
qui mare, qui terras omni dicione tenerent,
neu segnes iaceant terrae; | iuvat usque morari.

A' C Ch La Lb P p Pd Pl Ra Rb S T (v) Vl Vz

100 *A* 8, 698; *A* 3, 221 ‖ **101** *A* 6, 765; *G* 2, 268, *G* 4, 281, *G* 4, 499, *A* 5, 213, *A* 6, 548, *A* 7, 694, *A* 8, 554; *A* 12, 252 ‖ **102** *A* 12, 6; *G* 3, 248 ‖ **103** *G* 4, 408 **104** *A* 7, 18 ‖ **105** *G* 3, 162 ‖ **106** *G* 2, 200 (non liquidi gregibus fontes, non gramina derunt *vel* desunt; *de* nec *cf. B* 1, 32, *alibi*) ‖ **107** *A* 3, 356; *G* 2, 20, *A* 7, 514 ‖ **108** *A* 10, 469; *G* 4, 220 ‖ **109** *A* 1, 155; *A* 3, 548; *G* 4, 449, *alibi* **110** *A* 1, 713 ‖ **111** *B* 4, 51, *G* 4, 222 ‖ **112** *A* 8, 27; *A* 10, 159 ‖ **113** *A* 1, 236 **114** *G* 2, 37; *A* 6, 487

107–114 *Gen.* 1, 25–26

101 educit] perducit **Pd** | silvis] in silvis **A** : silvas **Pl** | visu] dictu **C** : dictu vel visu **Pl** ‖ **102** Tum…tum] tunc … tunc **p**^{corr} | movet] movit **L** **103** leaena] leaenae **S** *a. c.* ‖ **104** formae] forma **L Pl** | ululare] ullulare **P** **105–106** *hos vv. ordine inv. praebent* **Pd Rb Λ** ‖ **106** liquidi] liqui **A' T** *a. c.* **107** Iamque] viamque **P** ‖ **108** divinae] divina **A** | haustus] haustu **P** : *de hoc verbo cf. Pollmann (2002, 229), quae Serv. Ad Georg. 4, 219 contulit* **109** perfectis ordine rebus] diversis orbibus orbibus **S** : diversis orbibus orbes **C Ch S**^{corr} (d. o. orbis) ς ‖ **110** ardescitque] ardescit ex **S** *a. c.* | tuendo] tuondo **A'** *a. c.* **T** ‖ **112** pecudumque] pecodumque **A'** ^{corr} : pecodom **T** volutat] volatum **A** : volitat **S** *a. c.* ‖ **113** tenerent] teneret **L p T** *a. c.* **Vl** **114** segnes] seges **A** : *in* **La** *primum* –e– *non dispicitur* | iaceant] taceant **C** iuvat] iubat **A' P Pl T**

Talia | versanti subito sententia sedit,
felicemque trahit limum | fingitque premendo
pingue solum primis extemplo a mensibus anni.
Iamque inproviso | tantae pietatis imago
procedit | nova forma viri | pulcherrima primum,
os umerosque Deo similis, | cui mentem animumque
maior agit Deus atque opera ad maiora remittit.
Quaeritur huic alius; nec quisquam ex agmine tanto
audet adire virum | sociusque in regna vocari.
Haut mora continuo | placidam per membra quietem
dat iuveni et | dulci declinat lumina somno.
Atque illi medio in spatio iam noctis opacae
omnipotens genitor | costas et viscera nudat.

A' C Ch La Lb P p Pd Pl Ra Rb S T (v) Vl Vz

115 *B* 4, 46, *alibi*; *A* 11, 551 (versanti subito vix haec sententia sedit) ‖ **116** *G* 2, 188 (trahunt; *de* trahit *cf. G* 3, 98, *alibi*); *A* 6, 80 ‖ **117** *G* 1, 64 ‖ **118** *A* 8, 524 (namque; *de* iamque *cf. B* 6, 37, *alibi*); *A* 6, 405 ‖ **119** *A* 3, 592; *A* 3, 591; *A* 9, 253 ‖ **120** *A* 1, 589; *A* 6, 11 ‖ **121** *A* 12, 429 ‖ **122** *A* 5, 378 ‖ **123** *A* 5, 379; *A* 11, 322 (sociosque in regna vocemus) + *A* 7, 264 (sociusque vocari) + *A* 7, 256 (in regna vocari), *A* 7, 578 ‖ **124** *G* 4, 548, *A* 3, 548; *A* 1, 691 ‖ **125** *A* 3, 611 (atque; *de* et *cf. B* 9, 37, *alibi*); *A* 4, 185 ‖ **126** *A* 10, 219 (atque illi medio in spatio) + *A* 8, 407 (medio iam noctis abactae) + *A* 8, 658 (dono noctis opacae) ‖ **127** *A* 10, 668; *A* 1, 211 (costis et viscera nudant; *de* costas *cf. G* 1, 273, *alibi*)

115–121 *Gen.* 2, 7; *cf. etiam ib.* 1, 26 ‖ **122–135** *Gen.* 2, 20–22

115 versanti] versantes **Pd** | sententia] -a **P**^{corr} | sedit] dedit **Pd** **116** fingitque] finxitque **C** : fingatque **P** ‖ **117** extemplo] exemplo **Pd** | anni] annis **Pd** ‖ **118** Iamque] namque **A L P Pd Pl Ra Rb Vz** | inproviso... pietatis] improvisum *(hoc etiam* **Pd Rb Vz Λ***)* ... pietas **A** : *quod ad* tantae pietatis imago *spectat, Cacioli (1969, 219) contulit Sap. 7, 26* ‖ **119** procedit] processit **A Pd Rb** : processat **C** ‖ **120** similis] similes **A' p** | cui mentem] mentemque **C ς** : ac mentem **Ch** : cum mente **P** : a mentem **S** | animumque] manumque **C ς**: vamumque **S** ‖ **121** agit] aut **A'** : ait **T** | remittit] remittitis **Pd** : remittens **Pd**^{corr} : remittat **Ra** ‖ **122** agmine] augmine **A' T** *a. c.* : amine **p** *a. c.* **Vl** ‖ **123** sociusque] sociumque **P** | vocari] vocaris **Pd** *a. c.* **124** placidam] placida **A** | quietem] quiete **P** ‖ **125** lumina] lumine **A' T** *a. c.* **Pd Rb Vz** ‖ **126** illi] illum **P** ‖ **127** costas] constans **S** *a. c.*

Harum unam iuveni | laterum conpagibus artis
eripuit | subitoque | oritur mirabile donum,
argumentum ingens, | claraque in luce refulsit
insignis facie | et pulchro pectore virgo,
iam matura viro, iam plenis nubilis annis.
Olli somnum ingens rumpit pavor: ossaque et artus
coniugium vocat | ac stupefactus numine pressit
excepitque manu dextramque amplexus inhaesit.
His demum exactis | torquet qui sidera mundi
infit: eo dicente | premit placida aequora pontus
et tremefacta solo tellus, silet arduus aether:
"Vivite felices | interque nitentia culta
fortunatorum nemorum sedesque beatas.
Haec domus, haec patria est, | requies ea certa laborum:

A' C Ch La Lb P p Pd Pl Ra Rb S T (v) Vl Vz

128 *A* 11, 76; *A* 1, 122 (laterum compagibus omnes) + *A* 1, 293 (ferro et compagibus artis) ‖ **129** *A* 5, 464, *A* 6, 342, *A* 7, 119, *A* 12, 539; *A* 8, 637, *A* 11, 699, *A* 12, 421; *A* 2, 680 (oritur mirabile) + *A* 1. 652 (mirabile donum) ‖ **130** *A* 7, 791; *A* 1, 588 ‖ **131** *A* 9, 583; *A* 3, 426 ‖ **132** *A* 7, 53 ‖ **133** *A* 7, 458 ‖ **134** *A* 4, 172; *A* 7, 119 ‖ **135** *A* 8, 124 ‖ **136** *A* 6, 637; *A* 9, 93 ‖ **137** *A* 10, 101; *A* 10, 103 ‖ **138** *A* 10, 102 ‖ **139** *A* 3, 493; *G* 1, 153 ‖ **140** *A* 6, 639 ‖ **141** *A* 7, 122; *A* 3, 393, *A* 8, 46

131–132 *respexit fortasse auctor chronici Malaliani (432, 8–9 M.)*

128 Harum...conpagibus] narum ... laterem conspagibus **S** *a. c.* | artis] ạr*tis **Lb** (*non dispicitur* **La**) ‖ **130** ingens] *om.* **S** ‖ **131** insignis facie] insignum facie **C** (*ut vid.*) : insignis facies **Ch** **S**[corr] : insignis factae **L** : insigni facie **S** et pulchro] pulchroque et **A** ‖ **132** matura] natura **L Pl** | plenis] plena **L** : plene **Pl** | nubilis] nobilis **P p** *a. c.* **Vl** *a. c.* : nubibus **S** *a. c.* ‖ **133** somnum] somnium **Pd** | rumpit] rupit **C P Pl Ra Vz** ‖ **133–134** ossaque et artus / coniugium vocat] *cf. Gen.* 2, 23: "hoc nunc os ex ossibus meis et caro de carne mea haec vocabitur mulier"; *ceterum pro* vocat vo **A' T** : ve **A'** [corr] **134** ac] *om.* **A** : et **C Ch S ς** | numine] nomine **A Ch p S Vl** **135** excepitque] etc(o)epitque **A** : excipitque **L** | dextramque] dextraque **A p Vl** : dexteramque **S** *a. c.* | inhaesit] haesit **S** *a. c.* : adhaesit **C Ch** **136** exactis] exhactus **S** *a. c.* ‖ **138** tremefacta] tremefacto **Ch** : tremefactus **Ra** | solo] solo est **C** ‖ **139** culta] cuncta **A** : cultor **P** ‖ **140** sedesque] sidesque **S** *a. c.* ‖ **141** ea certa] et certa **C Ch S ς** (en certa **β**) : cerieaa **P** laborum] loborum **P**

his ego nec metas rerum nec tempora pono:
imperium sine fine dedi, | multosque per annos
non rastros patietur humus, non vinea falcem.
At genus inmortale manet, | nec tarda senectus
debilitat vires animi mutatque vigorem.
Vos contra | quae dicam animis advertite vestris:
est in conspectu | ramis felicibus arbos,
quam neque fas igni cuiquam nec sternere ferro,
religione sacra | numquam concessa moveri.
Hac quicumque sacros | decerpserit arbore fetus,
morte luet merita: | nec me sententia vertit.
Nec tibi tam prudens quisquam persuadeat auctor
conmaculare manus | (liceat te voce moneri),
femina, nec | te ullius violentia vincat,

A' C Ch La Lb P p Pd Pl Ra Rb S T (v) Vl Vz

142 *A* 1, 278 ‖ **143** *A* 1, 279; *G* 4, 208 ‖ **144** *B* 4, 40 ‖ **145** *G* 4, 208; *A* 9, 610 **146** *A* 9, 611 (viris) ‖ **147** *A* 7, 267; *A* 2, 712 ‖ **148** *A* 2, 21; *G* 2, 81 ‖ **149** *A* 7, 692 (quem; *de* quam *cf. G* 1, 235, *alibi*) ‖ **150** *A* 7, 608 (sacrae; *de* sacra *cf. B* 7, 13, *alibi*); *A* 3, 700 ‖ **151** *A* 11, 591 (sacrum); *A* 6, 141 ‖ **152** *A* 11, 849; *A* 1, 260 (neque me sententia vertit) + *A* 10, 608 (nec te sententia fallit) ‖ **153** *G* 2, 315 ‖ **154** *B* 8, 48; *A* 3, 461 ‖ **155** *G* 3, 216; *A* 11, 354 (nec *utrobique*)

147–152 *Gen.* 2, 16–17

142 ego] ergo **S** *a. c.* ‖ **144** non[2]] nec **L** ‖ **145** At] ad **La Lb** *a. c.* : aut **S** tarda] tardat **S** *a. c.* ‖ **146** debilitat] dilatat **Pd** | vigorem] vigurem **S** *a. c.* **147** *post hunc v.* **C Ch S Γ**^{1} **Γ**^{corr} **Θ** *addunt*: in medio ramos annosaque bracchia pandens (tendens **C Θ**) (*A* 6, 282; pandit) : *post* pandens **S** *habet*: exiit ecaelum *deinde deletum* | quae] quem **P** ‖ **148** conspectu] conspectum **S** | arbos] arbor **A P** : ardor **S** *a. c.* ‖ **149** quam...igni] quem ... tangi **P** sternere] scindere **A Pd Rb Vz Λ** ‖ **150** religione] **A'** ^{corr} **S**^{corr} : relegione **ω** **151** Hac] **C Ch ς** : at **A Pd Pl Rb Vl Vz** : ad **L P p** : ut **Ra** : haec **S** : et **S**^{corr} : **p**^{marg} *habet*: quod si vestra manus | decerpserit] decerpserat **Ra** : discrepserit **S** : discerpserit **S**^{corr} | arbore fetus] fetus arbore **C** : arbore **Pd** *(postea additum est* fructus*)* ‖ **152** vertit] fallit **Ra p** (*sed in marg.* vertit) **Vl** **153** tam] iam **C Ch S ς** ‖ **154** moneri] muneri **La Lb**^{corr} : monere **P** : moveri **Pl** ‖ **155** femina] feminea **C** : ante mea **Ch** | te] *in* **S** *hoc verbum supra l. iteravit altera manus* | ullius] ollius **A**

si te digna manet divini gloria ruris".
Postquam cuncta | pater, | caeli cui sidera parent,
conposuit, legesque dedit | camposque nitentes
desuper ostentat, | tantarum gloria rerum.
Ecce autem primi sub limina solis et ortus
devenere locos, | ubi mollis amaracus illos
floribus et dulci adspirans conplectitur umbra.
Hic ver purpureum | atque alienis mensibus aestas,
hic liquidi fontes, | hic caeli tempore certo
dulcia mella premunt, | hic candida populus antro
inminet et lentae texunt umbracula vites.
Invitant croceis halantes floribus horti
inter odoratum lauri nemus | ipsaque tellus
omnia liberius nullo poscente ferebat.
Fortunati ambo, | si mens non laeva fuisset

A' C Ch La Lb P p Pd Pl Ra Rb S T (v) Vl Vz

156 *G* 1, 168 ‖ **157** *A* 3, 518; *A* 2, 87, *alibi*; 10, 176 ‖ **158** *A* 8, 322; *A* 6, 677 **159** *A* 6, 678; *A* 4, 232, *A* 4, 272 ‖ **160** *A* 6, 255 ‖ **161** *A* 1, 365, *A* 6, 638; *A* 1, 693 (illum; ubi *habent et A* 1, 365 *et A* 1, 693) ‖ **162** *A* 1, 694 ‖ **163** *B* 9, 40; *G* 2, 149 ‖ **164** *G* 4, 18 (at liquidi; *de* hic *cf. B* 1, 14, *alibi*); *G* 4, 100 (hinc; *de* hic *cf. B* 1, 51) ‖ **165** *G* 4, 101 (premes; *de* premunt *cf. G* 4, 297, *alibi*); *B* 9, 41 **166** *B* 9, 42 ‖ **167** *G* 4, 109 (invitent) ‖ **168** *A* 6, 658; *G* 1, 127 ‖ **169** *G* 1, 128 **170** *A* 9, 446; *B* 1, 16, *A* 2, 54

156 digna] diena **Pd** | manet divini] manent divinis **A** : mane divini **Pd** **157** caeli] *ita* **p**^{corr} ‖ **158** legesque] legensque **p** : legisque **S** *a. c.* : *ceterum* -que dedit **P**^{corr} *in ras.* : legemque ς | nitentes] nitentis **C S** *Schenkl* **159** tantarum gloria rerum] *scil. Deus, cf. v. 645 et v. 689 (ceterum pro* gloria **Ch** *habet* gaudia*)* ‖ **160** sub limina] sub lumine **A P** : sublime **Pd** : sub limine **L Pl Rb** : sub lumina **Ch p**^{corr} **Ra Vl** | ortus] ortu **A L Pd Pl Rb Vz** **Λ** ‖ **161** devenere locos] d. loco **Pl** : devenire locus **S** *a. c.* ‖ **162** dulci adspirans] dulcia spirans **L P S** (dulces **S**^{corr}) : dulci spirans **Pl** | conplectitur] complectur **A'** *a. c.* : amplectitur **C** : complectit **P** : conspectitur **S** *a. c.* umbra] umbras **S** ‖ **163** purpureum] purporeum **A Lb** : perpetuum **C** : pupporeum **S** *a. c.* ‖ **164** fontes] fontis **S** *a. c.* | certo] cereo **A'** : ce*to **Lb** **165** populus] populos **L** : pupulus **S** *a. c.* ‖ **166** lentae] lenta **C Pd Rb** texunt] texent **L P** : texuunt **S** *a. c.* | umbracula] uumbracula **S** **167** halantes] hablantes **L**, *ut vid.* : albentes **Pl** : alentes **Pd** : halentes **S** *a. c.* : pallentes **Γ**^{corr} | floribus] chrocibus **A** | horti] ortum **C** : ortu **S** *a. c.* **168** odoratum] adoratum **A** ‖ **169** ferebat] seferebat **P**

coniugis infandae: | docuit post exitus ingens.
Iamque dies infanda aderat: | per florea rura
ecce inimicus atrox | inmensis orbibus anguis
septem ingens gyros, septena volumina versans
nec visu facilis nec dictu effabilis ulli
obliqua invidia | ramo frondente pependit,
vipeream spirans animam, | cui tristia bella
iraeque insidiaeque et crimina noxia cordi.
Odit et ipse pater: | tot sese vertit in ora
arrectisque horret squamis et, | ne quid inausum,
aut intemptatum scelerisve dolive | relinquat,
sic prior adgreditur dictis | seque obtulit ultro:
"Dic, -ait- o virgo, | lucis habitamus opacis
riparumque toros et prata recentia rivis
incolimus: | quae tanta animis ignavia venit?
Strata iacent passim sua quaeque sub arbore poma,
pocula sunt fontes liquidi; | caelestia dona

A' C Ch La Lb P p Pd Pl Ra Rb S T (v) Vl Vz

171 *A* 11, 267; *A* 5, 523 ‖ **172** *A* 2, 132; *A* 1, 430 ‖ **173** *G* 1, 407; *A* 2, 204 (angues) ‖ **174** *A* 5, 85 (septem ingens gyros, septena volumina traxit) + *A* 5, 408 (volumina versat) ‖ **175** *A* 3, 621 ‖ **176** *A* 11, 337; *A* 7, 67 ‖ **177** *A* 7, 351; *A* 7, 325 ‖ **178** *A* 7, 326 ‖ **179** *A* 7, 327; *A* 7, 328 ‖ **180** *A* 11, 754; *A* 8, 205 **181** *A* 8, 206; *A* 4, 415, *A* 4, 432, *A* 5, 326, *A* 6, 841 ‖ **182** *A* 6, 387; *A* 8, 611 **183** *A* 6, 318; *A* 6, 673 ‖ **184** *A* 6, 674 ‖ **185** *A* 6, 675; *A* 11, 733 ‖ **186** *B* 7, 54 **187** *G* 3, 529; *G* 4, 1

172–209 *Gen.* 3, 1–7

172 dies] *om.* **P** | per florea] et perfida **p** (*in marg.* per florea) **Vl** **173** inimicus] inimicos **S** *a. c.* | orbibus] ordibus **P Vl** *a. c.* ‖ **174** septem] septem erigens **P** | versans] versat **A C S Γ^1 Γ^{corr} Θ** : traxit **Ch P** (*cf. A* 5, 85) ‖ **175** effabilis] **ω**, *ut videtur, def. La Bua (1991, 110–111; cf. Hos. Get. 234); nos dubitanter accepimus* : affabilis **A Rb**. *Ipsi Vergili testes utrumque praebent* ‖ **176** *v. om.* **A** ‖ **177** vipeream] viperea **A** : viperiam **S** *a. c.* : viperia **p** | spirans] inspirans **C Ch p^{corr} S Γ^1 Γ^{corr} Θ Λ** | tristia] tristitia **Lb Ra Rb S** *a. c.* **Vl** ‖ **179** ora] horas **P** ‖ **180** ne quid] quitibi **P** ‖ **181** dolive] dolisve **A** | relinquat] fuisset **C** ‖ **182** sic] sicque **C** | obtulit] obtullit **S** *a. c.* **184** rivis] viris **Pd Ra** ‖ **185** incolimus] incolomus **Lb** : incolomis **S** : incolumis **S^{corr}** | animis ignavia venit] anim signa via **P** ‖ **186** quaeque] quaque **P** | poma] pona **p** *a. c.* ‖ **187** liquidi] liqui **A** : liquidi et **Pd**

adtractare nefas? | Id rebus defuit unum!
Quis prohibet | causas penitus temptare latentes?
Vana superstitio! | Rerum pars altera adempta est!
Quo vitam dedit aeternam? Cur mortis adempta est
condicio? | Mea si non inrita dicta putaris,
auctor ego audendi | sacrata resolvere iura.
Tu coniunx, tibi fas animum temptare precando.
Dux ego vester ero: | tua si mihi certa voluntas,
extruimusque toros dapibusque epulamur opimis".
Sic ait et dicto citius, | quod lege tenetur,
subiciunt epulis | olim venerabile lignum
instituuntque dapes | contactuque omnia foedant.
Praecipue infelix pesti devota futurae
mirataque novas frondes et non sua poma,
causa mali tanti, | summo tenus attigit ore.
Maius adorta nefas maioremque orsa furorem
heu misero coniunx | aliena ex arbore germen

A' C Ch La Lb P p Pd Pl Ra Rb S T (v) Vl Vz

188 *A* 2, 719; *A* 12, 643 ‖ **189** *A* 5, 631; *A* 3, 32 (latentis) ‖ **190** *A* 8, 187; *A* 9, 131 ‖ **191** *A* 12, 879 ‖ **192** *A* 12, 880; *A* 10, 244 ‖ **193** *A* 12, 159; *A* 2, 157 **194** *A* 4, 113 ‖ **195** *B* 8, 38 (eram); *A* 4, 125, *A* 7, 548 ‖ **196** *A* 3, 224 ‖ **197** *A* 1, 142; *A* 12, 819 ‖ **198** *A* 7, 110; *A* 12, 767 ‖ **199** *A* 7, 109; *A* 3, 227 ‖ **200** *A* 1, 712 ‖ **201** *G* 2, 82 ‖ **202** *A* 6, 93; *A* 1, 737 ‖ **203** *A* 7, 386 ‖ **204** *A* 2, 738; *G* 2, 76

188 nefas...unum] *interrogative et exclamative interpunximus, cf. A 12, 643–4* ‖ **189** Quis] **A C Ch p S Vl** $\mathbf{\Gamma^{1}}$ $\mathbf{\Gamma^{corr}}$ **Θ Λ** : quid **L P Pd Pl Ra Rb Vz** *Schenkl* | latentes] latentis **A** ‖ **190** Vana] una **La** $\mathbf{Lb^{corr}}$ **Pl v Vl** **191–192** Quo...condicio] *videtur hic diabolus suggerere vitam nullius preti esse, si homo a tam multis rebus excludatur* ‖ **191** *hunc v. om.* **C Ch P p** *a. c.* **S v Vl** $\mathbf{\Gamma^{1}}$ *aliquot ex* $\mathbf{\Gamma^{corr}}$ **Θ** ‖ **192** putaris] putares **p Ra** $\mathbf{S^{corr}}$ **Vl ς** ‖ **193** ego] ero **C Rb** *aliquot ex* **Θ** *et ex* **Λ** : ergo **S** | audendi] a- $\mathbf{P^{corr}}$ | sacrata] sacra **P** resolvere] nesolvere **A'** : solvere **S** *a. c.* **ς** ‖ **195** ego vester ero] vester ego ero **P** | tua si] si tua **A'** *a. c.* **T** : tua sit **P** ‖ **196** extruimusque] extruimus **Pd** opimis] opimus **p** *a. c.* ‖ **197** lege] leve **C Ch S ς** ‖ **199** instituuntque] instituntque **Lb** *a. c.* : insticiuntque **P** | contactuque] contactaque **S** $\mathbf{\Gamma^{1}}$ foedant] foedunt **S** *a. c.* ‖ **200** Praecipue] praecipie **S** *a. c.* | infelix] infilias **S** **201** *v. 201 post 202 ponunt* **L P p Pl Ra v Vl** | mirataque] miraturque **A C Ch** $\mathbf{p^{marg}}$ **Pd Rb S Vz ς** ‖ **202** mali] ali **S** *a. c.* ‖ **203** Maius] magus **S** *a. c.* maioremque] -orem $\mathbf{P^{corr}}$ ‖ **204** misero] misera **L P** $\mathbf{p^{corr}}$ **Pl Ra**

obicit atque | animum subita dulcedine movit.
Continuo nova lux oculis effulsit; | at illi
terrentur visu subito | nec plura morati
corpora sub ramis | obtentu frondis inumbrant:
consertum tegumen, | nec spes opis ulla dabatur.
At non haec nullis hominum rerumque repertor
observans oculis | caedes et facta tyranni
praesensit: | notumque furens quid femina posset.
Continuo invadit: | "Procul, o procul este, profani",
–conclamat– | caelum ac terras qui numine | firmat.
Atque illi longe gradientem ac dira frementem
ut videre, metu versi retroque ruentes
diffugiunt silvasque et sicubi concava furtim
saxa petunt. Piget incepti lucisque | neque auras
dispiciunt: | taedet caeli convexa tueri.

A' C Ch La Lb P p Pd Pl Ra Rb S T (v) Vl Vz

205 *A* 6, 421 (obicit ille fame; *de* atque *cf. A* 4, 424, *alibi*); *A* 11, 538 (subitaque animum dulcedine movit) ‖ **206** *A* 9, 731; *G* 4, 416, *A* 8, 443 **207** *A* 8, 109; *A* 5, 381 (moratus) ‖ **208** *A* 7, 108; *A* 11, 66 ‖ **209** *A* 3, 594; *A* 2, 803 ‖ **210** *A* 11, 725 (at non haec nullis hominum sator atque deorum) + *A* 12, 829 (hominum rerumque repertor) ‖ **211** *A* 11, 726; *A* 8, 483 (caedes, quid facta tyranni; *de* et *cf. B* 2, 8, *alibi*) ‖ **212** *A* 4, 297; *A* 5, 6 ‖ **213** *A* 4, 265; *A* 6, 258 ‖ **214** *A* 6, 259; *A* 4, 269; *G* 3, 209, *A* 3, 611, *A* 3, 659; *cf. etiam A* 12, 188 (ut potius reor et potius di numine firment) ‖ **215** *A* 10, 572 ‖ **216** *A* 10, 573 **217** *A* 5, 677 ‖ **218** *A* 5, 678; 6, 733 ‖ **219** *A* 6, 734; *A* 4, 451

205 obicit atque] obicitque **p** *a. c.* **Vl** | dulcedine] dulcidine **A'** *a. c.* **P T** **206** Continuo] continua **Pd** | effulsit] effulsi* **P** : effulgsit **p** *a. c.* | at] ad **L S** *a. c.* ‖ **207** terrentur] terentur **p** *a. c.* ‖ **208** obtentu] obtentum **A** : obiectu **C Ch ς** : obientu **S** *a. c.* | frondis] frondi **P**^{corr} | inumbrant] inumbrat **C** : obumbrant **A L P Pd Rb Vz Λ** ‖ **209** tegumen] tegimen **S** | spes opis] opis spes **p** *a. c.* **Vl Γ**^{corr} ‖ **210** At] ad **L Pd S** *a. c.* **Vl** | nullis] ullis **Pd Rb** **211** observans] prospiciens **C Ch S Γ**^{1} **Γ**^{corr} **Θ** | caedes] caedis **S** *a. c.* **212** posset] possit **A C Ch p S Vl ς** ‖ **213** este] iste **L P** : esto **Pd** : ite **Pl** : -te **S**^{corr} : esteco **p** *a. c.* **Vl** ‖ **214** ac] et **p Ra Vl** | numine] lumine **L P Pl p**^{marg} (*qui et* format *praebet*) : nomine **S** *a. c.* **Vl** ‖ **215** gradientem] gradiente **A Pd** | dira] dira* **S** | frementem] fremente **S** *a. c.* ‖ **217** diffugiunt] defugiunt **Pd** : diffubiunt **S** *a. c.* | silvasque] silvas **p Vl** ‖ **218** lucisque] –e **S**^{corr} **219** dispiciunt] despiciunt **Ch L P Pl p T** : aspiciunt **p**^{marg}

Nec longum in medio tempus, | cum creber ad aures
visus adesse pedum sonitus genitorque per | auras
hunc, ubi vix multa maestum cognovit in umbra,
talibus adloquitur dictis | atque increpat ultro:
“Infelix, quae tanta animum dementia cepit?
Quis furor iste novus? Quo nunc, quo tenditis –inquit–
regnorum inmemores, | quae mentem insania mutat?
Dicite, | quae lucis miseris tam dira cupido?
Maturate fugam | totoque absistite luco:
nec revocare gradum, | si quando adversa vocarint,
est licitum; | flammis ambit torrentibus amnis
per medium stridens | torquetque sonantia saxa
attollitque globos flammarum et sidera lambit”.

A’ C Ch La Lb P p Pd Pl Ra Rb S T (v) Vl Vz

220 *A* 9, 395; *A* 2, 731 (auris) ‖ **221** *A* 2, 732 (visus adesse pedum sonitus genitorque per umbram); *G* 1, 407 *alibi* (per *utrobique*) ‖ **222** *A* 6, 340 **223** *A* 8, 611 (adfata est; *de* alloquitur *cf.* *A* 6, 341); *A* 6, 387 ‖ **224** *A* 5, 465 **225** *A* 5, 670 ‖ **226** *A* 4, 194; *A* 4, 595, *A* 12, 37 ‖ **227** *B* 3, 55, *B* 8, 63, *A* 6, 669, *A* 7, 195, *A* 9, 79; *A* 6, 721 ‖ **228** *A* 1, 137; *A* 6, 259 ‖ **229** *A* 6, 128 (sed revocare gradum) + *A* 3, 451 (nec revocare); *A* 9, 172 (si quando adversa vocarent) ‖ **230** *A* 10, 344; *A* 6, 550 ‖ **231** *A* 12, 926; *A* 6, 551 ‖ **232** *A* 3, 574

220–243 *Gen.* 3, 8–12 ‖ **229–232** *Gen.* 3, 24

220 cum] con **S** *a. c.* | creber] creverat **A** | aures] auras **A’** *a. c.* **C Ch Lb** *a. c.* **ς** ‖ **221** sonitus] s**nitus **S** | per auras] per umbram **C** : per umbras **Ch** : perdurans **La** : per duras **La**^{corr} **Lb** *a. c.* : per atras **Pd** : per astras **Rb** : *om.* **S** : per atrae **Vz** : per umbram *vel* per umbras **Γ**^{corr} **Θ** ‖ **222** *hunc v. om.* **C Ch S Γ**^{1} **Γ**^{corr} **Θ** | maestum] metum **Pd** | umbra] umbris **P** ‖ **223** increpat] increbat **S** *a. c.* | ultro] verbis **L Pl** ‖ **225** tenditis] tendimus **Pd** | inquit] inquam **L Pl** **226** regnorum] rignorum **S** : signorum **S**^{corr} ‖ **227** *hunc v. om.* **A** | quae] quem **P** ‖ **228** fugam] fuga **A** | totoque] totque **S** *a. c.* ‖ **229** vocarint] **S**^{corr} *aliquot ex* **ς** : vocarent **A C Ch L P S** *aliquot ex* **ς** : vocant **Pd** : vocari **p Ra Vl** : vocaverint **S** : vocaret **Rb Vz** ‖ **230** ambit torrentibus] ambitorrentibus **P** : amabit t. **S** *a. c.* ‖ **231** torquetque] torquet **L Pl** | sonantia] sonentia **S** **232** attollitque] attolletque **p** *a. c.* **Vl** | globos] apices **C** | lambit] labit **P**

Ille sub haec: | "Tua me, genitor, tua tristis imago
<...>
his posuere locis: | merui nec deprecor –inquit–,
omnipotens, | sonitumque pedum vocemque tremesco
conscius audacis facti: | monitisque sinistris
femina | fert tristis sucos tardumque saporem.
Illa dolos dirumque nefas sub pectore versans
insontem infando indicio | moritura puella,
dum furit, incautum crudeli morte peremit:
suasit enim, | scis ipse, neque est te fallere cuiquam.
Ut vidi, ut perii, ut me malus abstulit error,
contigimusque manu | quod non sua seminat arbor".
Tum pater omnipotens | solio sic infit ab alto:
"Accipite ergo animis atque haec mea figite dicta:

A' C Ch La Lb P p Pd Pl Ra Rb S T (v) Vl Vz

233 *A* 5, 394; *A* 6, 695 | ‖ **234** *A* 8, 335; *A* 12, 931 ‖ **235** *A* 10, 615, *A* 10, 668, *A* 11, 790; *A* 3, 648 ‖ **236** *A* 11, 812; *A* 10, 110 ‖ **237** *G* 3, 216, *A* 4, 211, *A* 4, 570, *A* 11, 734; *G* 2, 126 ‖ **238** *A* 4, 563 (dirumque in pectore versat; *de* sub pectore *cf. A* 1, 36, *alibi*) ‖ **239** *A* 2, 84; *G* 4, 458 ‖ **240** *A* 10, 386 (dum furit, incautum crudeli morte sodalis) + *A* 6, 163 (ut venere, vident indigna morte peremptum), *A* 6, 442 (hic quos durus amor crudeli tabe peremit *vel* peredit) ‖ **241** *A* 10, 367 (suasit equos) + *A* 9, 340 (suadet enim), *A* 10, 724; *G* 4, 447 ‖ **242** *B* 8, 41 ‖ **243** *A* 11, 245 (manum; *de* manu *cf. G* 3, 176, *alibi*); *A* 6, 206 ‖ **244** *G* 2, 325, *A* 7, 770, *A* 10, 100; *A* 11, 301 (rex infit; *de* sic *cf. A.* 3, 439, *alibi*) ‖ **245** *A* 3, 250, *A* 10, 104

244–268 *Gen.* 3, 14–19

233 me] *om.* **Pd** | imago] immago **S** *a. c.* | *post hunc v. lac. ind. Schenkl, qui suspicatur unum v. excidisse, cuius prius hemistichium fuerit* saepius occurrens (*A* 6, 696)*; plura excidisse suspicatur Ermini (1909, 59)* ‖ **234** merui] meruit **L Pl** ‖ **235** vocemque] voceque **P** : cum voce **p**^{marg} | tremesco] tremisco **p** *a. c.* **S**^{corr} ‖ **236** monitisque sinistris] monitique sinistri **C Ch S** **237** femina] feminam **A** | tristis] tristes **Ch Pd S** | sucos] speciem **p** (*qui in marg. habet*: tristes sucos tardosque sapores) **Vl** ‖ **238** sub] *erasum in* **p** *in cuius marg. legitur* in | versans] versat **p** ‖ **240** crudeli] *om.* **A** | morte] caede **p** (*sed in marg.* morte*)* **Ra Vl** ‖ **241** scis] factis **C** *(ut vid.)* | est te] este **P** cuiquam] quicquam **A p Vl** ‖ **242** ut me] ut ne **La** : sic **Pl** | abstulit] abstullit **P S** *a. c.* ‖ **243** contigimusque] contingimusque **La** *a. c.* **P** | arbor] arbos **p** **244** Tum] tunc **C** | sic] sit **S** *a. c.* ‖ **245** animis] armis **Pd** : minis **Rb**

tuque prior, | scelere ante alios inmanior omnes,
quem nec longa dies pietas nec mitigat ulla,
hortator scelerum, | coluber, mala gramina pastus
desidia latamque trahens inglorius alvum,
cede locis, | nullis hominum cogentibus, ipse,
tenuis ubi argilla et dumosis calculus arvis.
At tibi pro scelere –exclamat– pro talibus ausis
omne aevum ferro teritur, | primusque per artem,
heu, miserande puer, | terram insectabere rastris
et sonitu terrebis aves: | horrebit in arvis
carduus et spinis surget paliurus acutis
lappaeque tribolique | et fallax herba veneni.
At ni triticeam in messem robustaque farra

A' C Ch La Lb P p Pd Pl Ra Rb S T (v) Vl Vz ‖ **258** *desinit* **v**

246 *A* 6, 834; *A* 1, 347 ‖ **247** *A* 5, 783 (quam; *de* quem *cf. B* 2, 60, *alibi*) **248** *A* 6, 529; *A* 2, 471 ‖ **249** *G* 4, 94 ‖ **250** *A* 7, 559; *G* 2, 10 (ipsae; *de* ipse *cf. B* 5, 44, *alibi*) ‖ **251** *G* 2, 180 ‖ **252** *A* 2, 535 ‖ **253** *A* 9, 609; *G* 1, 122 ‖ **254** *A* 6, 882; *G* 1, 155 ‖ **255** *G* 1, 156; *G* 1, 151 (horreret) ‖ **256** *B* 5, 39 ‖ **257** *G* 1, 153; *B* 4, 24 ‖ **258** *G* 1, 219 (at si t.; *cf. adn. criticam*)

246 omnes] omnis **A** ‖ **248** hortator] hortatur **P** | coluber] colluber **P** : colober **S** *a. c.* | gramina] -i- **P**[corr] ‖ **249** desidia] desida **A** : dissidia **S** *a. c.* : desidiam **C p** *a. c.* **Pd Ra Rb Vl** : desia **Pl** | latamque] latumque **p** | trahens inglorius] trahes ingrorius **A** (-ri- *in litura in* **T**) ‖ **250** nullis] nullus **S** : nulli **T** | cogentibus] concentibus **p** (*sed in marg.* cogentibus) **Ra Vl** ‖ **251** *hunc v. post 271 ponunt* **Ch S Γ**[1] | tenuis ubi] tenuis sub **A** : tenui sibi (*in* subi *deinde correctum*) **P** : tenui sub **p** *a. c.* **Ra** : tenuis sub r argilla **Rb Vz** | argilla] argila **S** *a. c.* : argillae **p**[corr] | et] *om.* **C** | calculus] calculos **A'** *a. c.* **T** : calculis **La** *a. c.* : calcalus **S** *a. c.* ‖ **252** At] ad **L S** *a. c.* | scelere exclamat] scelerum clamat **S** ‖ **253** teritur] territur **Lb** *a. c.* **P** | primusque] priusque **p** *a. c.* artem] artus **p** *a. c.* **Vl** ‖ **254** puer] pater **Pd** | terram] terrarum **Lb** *a. c.* : terra **P** | insectabere] insectavere **A** ‖ **255** sonitu] sonitum **P** | horrebit] horrebis **A** : horrevit **P** : horrescit **p Vl** : horrebat **S** *a. c.* ‖ **256** surget] surgit **P S** *a. c.* | paliurus] palliurus **Lb** : palinurus **Pl** : paluirus **S** ‖ **257** lappaeque] lappadaeque **L** | tribolique] tribulique **p S** ‖ **258** At] ad **S** *a. c.* | ni] *scripsimus (de* ni *in hac sede versus cf. A* 2, 178) : si **ω** | triticeam] sic reticeam **A'** : triticiam **P** | messem robustaque] messoribus taque **A'** : messoribus itaque **T** : *in* **p** *primum* -s- *s. v. a correctore exaratum; ceterum* rub- *habet*

exercebis humum, | frustra spectabis acervum
concussaque famem in silvis solabere quercu.
Insuper his | subeunt morbi tristisque senectus
et labor et durae rapit inclementia mortis.
Haec tibi semper erunt | tuque, o saevissima coniunx,
non ignara mali, | caput horum et causa malorum,
magna lues commissa tibi: | heu, perdita, nescis
nec quae te circum stent deinde pericula cernis.
Nunc morere, ut merita es, | tota quod mente petisti:
nec mea iam mutata loco sententia cedit".
At iuvenem | primum saevus circumstetit horror:
deriguere oculi, | nec se celare tenebris
amplius aut | notas audire et reddere voces.
Haut mora, festinant iussi rapidisque feruntur

A' C Ch La Lb P p Pd Pl Ra Rb S T (v) Vl Vz

259 *G* 1, 220; *G* 1, 158 ‖ **260** *G* 1, 159 ‖ **261** *A* 9, 274; *G* 3, 67 ‖ **262** *G* 3, 68 **263** *B* 5, 74; *A* 11, 158 (tuque, o sanctissima coniunx) + *A* 2, 612 (eruit. Hic Iuno Scaeas saevissima portas) ‖ **264** *A* 1, 630; *A* 11, 361 ‖ **265** *G* 4, 454; *A* 4, 541 (nescis heu, perdita, necdum) ‖ **266** *A* 4, 561 ‖ **267** *A* 2, 550 (nunc morere), *A* 10, 743 + *A* 4, 547 (quin morere, ut merita es); *A* 4, 100 ‖ **268** *A* 9, 220 ‖ **269** *A* 7, 780 (et iuvenem), *A* 9, 335, *A* 12, 517 + *A* 7, 446 (at iuveni); *A* 2, 559 ‖ **270** *A* 7, 447; *A* 9, 425 ‖ **271** *A* 9, 426; *A* 6, 689 ‖ **272** *A* 7, 156

259 spectabis] **L Pl Ra** : acceptabis **A** : expectabis **C Ch p Pd Rb S Vl Vz** *ita* (*vel* exercebit) **ς** | acervum] acerbum **L** ‖ **260** solabere] solavere **P** quercu] quercum **A** ‖ **261** his] hic **A** | subeunt] subveniunt **L** : veniunt **P Pl** **263** saevissima] **C Rb Vz β** *ex coniectura, ut suspicamur* : sanctissima **A Ch L P p Pd Ra S Vl** Γ^1 Γ^{corr} | coniunx] vatis **p** (*sed in marg.* coniunx) **Ra Vl** **264** ignara] ignora **A** : ignari **P** | mali caput horum] mala capit horum **S** *a. c.* : capatiorum **T** ‖ **265** magna lues commissa tibi] *sunt qui* lues *a* luo *ducant (cf. La Bua 1993, 101–103); nos pro nom. sing. accipimus, sed res valde dubia est. Etiam de loco Vergiliano dubitatur* ‖ **266** nec quae] neque **A** **267** morere] morare **L** | quod] quo **P** : ut **p Vl** ‖ **268** mea] meo **S** | mutata loco] loco mutata **A** ‖ **269** At] ad **A L P S** *a. c.* | circumstetit] circumstitit **L** **S**^{corr} | horror] horret **S** *a. c.* ‖ **270** deriguere] **L** : dir- *cett.* | oculi] oculis **S** nec se] ne ex se **A** ‖ **271** notas] novas **A** : notos **S** *a. c.* ‖ **272** iussi rapidisque] iussi rapidique **C** : ius strapidisque **S** : iussa rapidisque **S**^{corr}

passibus | et pariter gressi per opaca viarum
corripiunt spatium medium | limenque relinquunt
flentes | et paribus curis vestigia figunt.
Tum victum | in silvis | bacas lapidosaque corna
dant rami et vulsis pascunt radicibus herbae.
Interea magnum sol circumvolvitur annum:
matri longa decem tulerunt fastidia menses,
unde homines nati, durum genus. | Inde | per artem
aut herbae campo apparent aut arbore frondes,
inque novos soles audent se gramina tuto
credere: | et lentis uvam demittere ramis
instituunt | udoque docent inolescere libro.
Tum gemini fratres, | adolent dum altaria taedis,
alter in alterius | praelato invidit honore

A' C Ch La Lb P p Pd Pl Ra Rb S T (v) Vl Vz

273 *A* 7, 157; *A* 6, 633 ‖ **274** *A* 6, 634; *A* 5, 316 ‖ **275** *A* 10, 842; *A* 6, 159 (figit; *de* figunt *cf. A* 1, 212, *alibi*) ‖ **276** *A* 1, 214 (victu); *A* 3, 646; *A* 3, 649 **277** *A* 3, 650 ‖ **278** *A* 3, 284 ‖ **279** *B* 4, 61 ‖ **280** *G* 1, 63; *G* 2, 306, *alibi* ; *G* 1, 122, *A* 8, 143, *A* 10, 135, *A* 12, 632 ‖ **281** *G* 3, 353 ‖ **282** *G* 2, 332 ‖ **283** *G* 2, 333; *G* 4, 558 ‖ **284** *A* 7, 109 (instituuntque); *G* 2, 77 ‖ **285** *A* 7, 670; *A* 7, 71 (adolet) ‖ **286** *A* 2, 667 (alterum in; *de* alter *cf. B* 4, 34, *alibi*); *A* 5, 541

279 *Gen.* 4, 1–2 ‖ **285–289** *Gen.* 4, 3–8

273 pariter] –riter **P**[corr] | gressi] passim **C** : gressu **p Ra Vl** | opaca] ocopa **La** : occapa **Pl** ‖ **274** corripiunt] corripium **P** | limenque] lumenque **C** **275** paribus] patribus **P** | figunt] fingunt **A La** *a. c.* ‖ **276** victum] dictum **A** bacas] vaccas **A'** : vacas **A'**[corr] **T** ‖ **278** magnum] ramum **S** | circumvolvitur] **A Ch p Pd Ra Rb Vl Vz β Λ** *def. La Bua (1991, 111–112)* : circumvertitur **C L P Pl S** ‖ **279** matri] matris **P** | decem] decim **L** | tulerunt] tullerunt **P** *a. c.* **S** : tulerant **Pd S**[corr] **T** | fastidia] fastigia **S** *a. c.* | menses] messes **P** **280** homines] hominum **p Vl** | artem] artes **L Pl** ‖ **281** aut[1]...aut[2]] *scil.* et ... et *cf. Cacioli (1969, 244)* | campo] cambo **P** | arbore] arborem **A** ‖ **282** inque] inquo **L** | gramina] gramine **Ch S** ‖ **283** lentis] lentes **A P** *a. c.* | uvam] viam **A** : unam **P** | demittere] **L** : dimittere *cett.* ‖ **284** inolescere] inoliscere **S** *a. c.* : *ceterum huius verbi subiectum desideratur, sed asperitati potius acquiscendum quam textus temptandus* | libro] libros **Pd** ‖ **285** adolent dum] adolendum **Pd Pl Ra Rb** : adolenti **Vz** | taedis] tcedis **P** *a. c.* : edis **T** ‖ **286** in...honore] *cf. TLL s. v. "invideo" 194, 11 sqq.* : *pro* honore **Ch p Ra S Vl Γ[1] Γ**[corr] **Θ Λ** *habent* honori

(horresco referens): | consanguinitate propinquum
excipit incautum patriasque obtruncat ad aras
sanguine foedantem, quos ipse sacraverat ignes.
Tum genitor | virus serpentibus addidit atris
mellaque decussit foliis ignemque removit
praedarique lupos iussit pontumque moveri
et passim rivis currentia vina repressit;
mox et frumentis labor additus, ut mala culmos
esset robigo | et victum seges aegra negaret;
tum laqueis captare feras et fallere visco
inventum et | duris urgens in rebus egestas
movit agros, curis acuens mortalia corda,
deterior donec paulatim ac decolor aetas,
ferrea progenies, duris caput extulit arvis
et belli rabies et amor successit habendi.
Iustitia excedens terris vestigia fecit.

A' C Ch La Lb P p Pd Pl Ra Rb S T (v) Vl Vz

287 *A* 2, 204; *A* 2, 86 ‖ **288** *A* 3, 332 ‖ **289** *A* 2, 502 (ignis) ‖ **290** *A* 3, 102; *G* 1, 129 ‖ **291** *G* 1, 131 ‖ **292** *G* 1, 130 ‖ **293** *G* 1, 132 ‖ **294** *G* 1, 150 ‖ **295** *G* 1, 151; *A* 3, 142 (negabat; *de* negaret *cf.* *G* 1, 149) ‖ **296** *G* 1, 139 ‖ **297** *G* 1, 140; *G* 1, 146 (et *utrobique*) ‖ **298** *G* 1, 123 ‖ **299** *A* 8, 326 ‖ **300** *G* 2, 341 ‖ **301** *A* 8, 327 ‖ **302** *G* 2, 474

290–306 *Gen.* 6, 5; *ib.* 11–13; *cf. etiam* 4, 12

287 horresco referens] horrescor eferens **P**, *ubi* –erens *scripsit corrector in ras.* : horrisco r. **p** *a. c.* | propinquum] propinqua **Ch S** ‖ **288** excipit] excepit **L P p Vl** ‖ **289** foedantem] foedante **p** | ignes] ignis **S** *a. c. Schenkl* **290** addidit] addit **A** | atris] atres **A T** *a. c.* ‖ **291** *hunc v. post 293 ponunt* **p Vl** : *vv. 291–292 ordine inverso praebent* **Pd Rb Λ** : *v. 293 post 290 ponit* **β** foliis] folis **S** *a. c.* ‖ **292–293** *om.* **A** ‖ **292** lupos] lupus **P** | pontumque] po^{n} tumque **Lb** : portumque **p** *a. c.* ‖ **294** frumentis] frumenti **A C Rb S Vz** Γ^{1} Γ^{corr} **Λ** | additus] additis et **L** | culmos] culmus **A P Pd** : culmo **p Vl** **295** robigo] rubigo **A p S** | aegra] atra **C** | *post v. 295* **p Vl** Γ^{1} Γ^{corr} *addunt* : tunc alnos primum fluvii sensere cavatas (*G* 1, 136) : *aliquot ex* Γ^{1} Γ^{corr} *pro* cavatas *habent* carinas ‖ **296** et fallere] adfallere **A** | visco] iusto **C** : bisco **P** **297** duris urgens] duris surgens **A'** : duri surgens **A'** ^{corr} **L T** : turbis urguens **P** : dura surgens **p** (*in cuius marg. lectio genuina adscripta est*) **Vl** **300** ferrea] ferre **S** | duris] durum **C Ch S** Γ^{1} Γ^{corr} **Θ** ‖ **301** et amor] et mors **A**

Nec longum in medio tempus: | furor iraque mentem
praecipitant: | gaudent perfusi sanguine fratrum.
Condit opes alius defossoque incubat auro
nec doluit miserans inopem | dextramque tetendit.
Tum pater omnipotens | graviter commotus ab alto
aethere se mittit: | tellurem effundit in undas
diluvio miscens caelumque in Tartara solvit:
sternit agros, sternit sata laeta boumque labores
diluit: inplentur fossae et cava flumina crescunt;
et genus omne neci pecudum dedit, omne ferarum.
Tum pietate gravem ac meritis | (mirabile dictu),
qui fuit in terris et servantissimus aequi,

A' C Ch La Lb P p Pd Pl Ra Rb S T (v) Vl Vz

303 *A* 9, 395; *A* 2, 316 ‖ **304** *A* 2, 317; *G* 2, 510 ‖ **305** *G* 2, 507 ‖ **306** *G* 2, 499 (aut doluit; *de* nec *cf. B* 1, 32, *alibi*); *A* 10, 823 ‖ **307** *G* 2, 325, *A* 7, 770, *A* 10, 100; *A* 1, 126 (graviter commotus et alto) + *G* 1, 443 (ab alto), *alibi (cf. praecipue A* 9, 644–5 *et v. insequentem)* ‖ **308** *A* 9, 645; *A* 12, 204 (effundat; *de* effundit *cf. A* 5, 818, *alibi*) ‖ **309** *A* 12, 205 (solvat; *de* solvit *cf. A* 10, 418) **310** *A* 2, 306 ‖ **311** *G* 1, 326 ‖ **312** *G* 3, 480 ‖ **313** *A* 1, 151; *G* 2, 30, *G* 3, 275, *A* 1, 439, *A* 2, 174, *A* 4, 182, *A* 7, 64, *A* 8, 252 ‖ **314** *A* 2, 427 (in Teucris; *de* terris *cf. G* 2, 92, *alibi*)

307–316 *Gen.* 6, 5 – 8, 19

304 praecipitant] praecipitantant **A'** *a. c.* : praecipitat **L P Pl** : praecipita^{n}t **p** ‖ **305** opes] opus **C** | alius] alios **A S** *a. c.* | defossoque] defessoque **A L** incubat] innovat **p** (*sed in marg.* incubat) **Vl** ‖ **306** miserans] miseras **C** tetendit] pependit **S** *a. c.* ‖ **307–308** *ordine inv. in* **S Γ^1** ‖ **307** Tum pater] temptator **A** ‖ **308** aethere se mittit] aetheris emittit **L Pl Vl** (*ubi aliquid ante* -s *postea add.*) : aehteri*s emittit **p** : aetheras mittit (*in* aethereas m. *postea correctum*) **S** | effundit] immittit **C** : infundit **Ch S Γ^1** : effudit **L P Pl** : et fundit **p Vl β** | in undas] inundans **L P** (*ubi* -s *erasum est*) **Pl** **309** diluvio] diluvium **C L Pl ς** ‖ **310** sata] sate **P** | boumque] bonumque **P** labores] laboris **P** ‖ **311** diluit] diluvio **A** ‖ **312** *hunc v. post v. 309 ponunt* **Ra Vl** | pecudum] pecodom **A** ‖ **313** gravem] grave **A** | dictu] dictum **C P** : visu **p** (*sed in marg.* dictu) **Ra Vl** ‖ **314** in terris] intentor **C** : interior **S** servantissimus] servantissimo aequo **S** *a. c.*

eripuit leto, | tantis surgentibus undis
ut genus unde novae stirpis revocetur haberet.
Diluvio ex illo | patribus dat iura vocatis
omnipotens: | magnis agitant sub legibus aevum.
Quid memorem infandas caedes, quid facta tyranni
nesciaque humanis precibus mansuescere corda,
Aegyptum viresque orientis et ultima | bella
magnanimosque duces totiusque ordine gentis,
quo cursu deserta petiverit | et tribus et gens
magna virum, | meriti tanti non inmemor umquam,
quique sacerdotes casti | altaria iuxta

A' C Ch La Lb P p Pd Pl Ra Rb S T (v) Vl Vz ‖ **318** *desinunt* **La Lb Pl**

315 *A* 2, 134 (eripui, fateor, leto; *de* eripuit *cf. A* 5, 464, *alibi*); *A* 6, 354 (tantis navis surgentibus undis) ‖ **316** *G* 4, 282 (nec, genus unde novae stirpis revocetur, habebit; *de* haberet *cf. B* 3, 42) ‖ **317** *A* 7, 228; *A* 5, 758 ‖ **318** *A* 10, 615, *A* 10, 668, *A* 11, 790; *G* 4, 154 ‖ **319** *A* 8, 483 ‖ **320** *G* 4, 470 ‖ **321** *A* 8, 687; *B* 4, 35, *alibi* ‖ **322** *G* 4, 4 ‖ **323** *B* 6, 80; *A* 7, 708 ‖ **324** *G* 2, 174; *A* 9, 256 ‖ **325** *A* 6, 661; *A* 4, 517

317–318 *Gen.* 9, 1–17 ‖ **319** *Ex.* 1, 9 sqq. ‖ **320** (*Pharaonis cor non mansuefit*): *Ex.* 4, 21; *ib.* 5, 1 sqq.; 8, 19; *ib.* 32 *et alibi* ‖ **321–330** *Ex.* 13, 6 – 14, 31

315 eripuit] enituit **p** (*in cuius marg. legitur* andbrast) **Vl** : obstipuit **Ra** tantis] tanto **p** (*in cuius marg. legitur* magnis urgentibus) **Vl** ‖ **316** ut genus] t g- **P**^{corr} | novae] nova est **A** | revocetur haberet] revocaret haberet **Ch β Γ**^{1} **Γ**^{corr} : revocet origo **P** (*cf. A* 7, 371) : renovetur haberet **p** (*in cuius marg.* revocetur h.) **Vl** : renovare haberet **Pd** : renovaret haberet **Rb Λ** **317** Diluvio ex illo] diluvium ex illo **A'** : diluvium vexillo **T** (*ubi ultimae IV hastae verbi* diluvium *erasae sunt*) ‖ **318** magnis] magnisque **Ch ς** | agitant] *Schenkl ex Verg., qui falso rettulit* agitant *iam in* **Pl** *exstare* : agitans **A L p Pd Pl Ra Rb Vl Vz Λ** : agitat **C Ch S ς** *def. H. Stephanus* : agens **P** ‖ **319** caedes] sedes **C** | facta] facto **P**^{corr} ‖ **319–320** *ordine inv. in* **A Pd Rb Λ** **321** viresque orientis] utresque origentis **P** : virensque orientis **Pd** : viresque orientes **S** *a. c.* | ultima bella] ultima bello **S** : iussa superba **p**^{marg} (*cf. A* 10, 445; *A* 12, 877) ‖ **322** totiusque] -que *pro pleonasmo habet Cacioli (1969, 245), recte* | gentis] gentes **A P S**^{corr} ‖ **323** quo] quod **Pd Rb** | cursu] cursum **P** | petiverit] -v- **p** ^{corr} ‖ **324** meriti] -i **P**^{corr} | inmemor] inm- **p** ^{corr} **325** quique] quisque **P** | sacerdotes] sacerdotis **S** | casti] casti ad **A** : adsint **C** : casti dum **p Ra Vl** : casti atque **Pd Rb Vz Λ** | altaria] altarra **S** | iuxta] iusta **A p**^{marg} **S**

quique pii vates | pro libertate ruebant,
qui bello exciti reges, quae | litore rubro
conplerint campos acies, | quibus arserit armis
rex, genus egregium, | magno inflammante | furore,
agmen agens equitum et florentes aere catervas?
Cetera | facta patrum | pugnataque in ordine bella
praetereo atque aliis post me memoranda relinquo.
Nunc ad te et tua magna, pater, consulta revertor.
Maius opus moveo: | vatum praedicta priorum
adgredior, | quamvis angusti terminus aevi
excipiat, | temptanda via est, qua me quoque possim
tollere humo | et nomen fama tot ferre per annos,
quod tua progenies | caelo descendit ab alto,
attulit et nobis aliquando optantibus aetas

A' C Ch P p Pd Ra Rb S T (v) Vl Vz

326 *A* 6, 662; *A* 8, 648 ‖ **327** *A* 7, 642; *A* 8, 686 ‖ **328** *A* 7, 643; *A* 7, 644 **329** *A* 7, 213; *A* 3, 330 (inflammatus *vel* flammatus); *A* 2, 244, *A* 4, 697, *A* 5, 659 ‖ **330** *A* 7, 804 (florentis) ‖ **331** *G* 3, 3, *alibi*; *A* 1, 641; *A* 8, 629 ‖ **332** *G* 4, 148 ‖ **333** *A* 11, 410 ‖ **334** *A* 7, 45; *A* 4, 464 ‖ **335** *A* 3, 38; *G* 4, 206 ‖ **336** *G* 4, 207; *G* 3, 8 ‖ **337** *G* 3, 9; *G* 3, 47 ‖ **338** *A* 9, 84 (quod tua cara parens) + *A* 1, 250 (nos, tua progenies), *A* 10, 30 (et tua progenies); *A* 8, 423 ‖ **339** *A* 8, 200

334 (vatum praedicta priorum) *cf.* Matth. 1, 22–23; 2, 5–6; Marc. 1, 7; Luc. 4, 17–21

326 pii] piae **C** *a. c.* **Ra S** ‖ **327** *hunc v. om.* **A** | exciti] exci- **P**^{corr} | quae] qui **P** : quae et **S** Γ^1 ‖ **328** conplerint] **C Ra**^{corr} **Rb** : complerunt **A** : compleverunt **P** : compleverint **Pd Ra** : complerent **p S Vl** ‖ **329** genus] reges **S** : regis **S**^{corr} | furore] furorem **P** ‖ **330** agmen] agmin **A'** *a. c.* : agimen **P** | equitum] et equitum **A** | florentes] florentis **S** *Verg. Schenkl* | aere] aera **p Vl** ‖ **331** Cetera] vetera **P** ‖ **332** praetereo] praeterea **S** | post me] post **A P** : haec post **Ra** : post com- **Pd Rb** | memoranda] me- *s. l. in* **p Vl** ‖ **333** tua] tu **P** | magna] magne **C Ch p Pd Ra ς** ‖ **334** Maius] malus **p** | praedicta] praedita **S** *a. c.* | priorum] piorum **P** ‖ **335** adgredior] adg- *ex corr.* **S** terminus] terminos **S** *a. c.* ‖ **336** excipiat] *ex Verg. restituimus (cf. TLL s. v. "excipio" 1251, 50 sqq.)* : accipiat **ω** *(nimirum ex* adgredior *ortum)* : accipiam **p** ‖ **337** fama] fame **Pd** : famam **S**^{corr} | ferre] –erre **P**^{corr} | annos] annis **S** *a. c.* ‖ **338** descendit] discendit **A P p S** *a. c.* ‖ **339** optantibus] optantantibus **S** *a. c.*

auxilium adventumque Dei, | quom femina primum
virginis os habitumque gerens | (mirabile dictu)
nec generis nostri puerum nec sanguinis edit,
seraque terrifici cecinerunt omina vates
adventare virum | populis terrisque superbum
semine ab aetherio, | qui viribus occupet orbem.
Iamque aderat promissa dies, | quo tempore primum
extulit os sacrum | divinae stirpis origo
missus in imperium, | venitque in corpore virtus
mixta Deo: | subiit cari genitoris imago.
Haut mora, continuo | caeli regione serena
stella facem ducens multa cum luce cucurrit.
Agnovere Deum proceres | cunctisque repente
muneribus cumulant | et sanctum sidus adorant.
Tum vero manifesta fides | clarumque paternae

A' C Ch P p Pd Ra Rb S T (v) Vl Vz

340 *A* 8, 201; *A* 8, 408 ‖ **341** *A* 1, 315; *G* 2, 30, *G* 3, 275, *A* 1, 439, *A* 2, 174, *A* 4, 182, *A* 7, 64, *A* 8, 252 ‖ **342** *B* 8, 45 (edunt) ‖ **343** *A* 5, 524 ‖ **344** *A* 7, 69; *A* 2, 556 ‖ **345** *A* 7, 281; *A* 7, 258 (quae; *de* qui *cf.* *G* 4, 537, *alibi*) ‖ **346** *A* 12, 391 (iamque aderat) + *A* 9, 107 (aderat promissa dies); *G* 1, 61 ‖ **347** *A* 8, 591; *A* 5, 711 (divinae stirpis) + *A* 12, 166 (stirpis origo) ‖ **348** *A* 6, 812; *A* 5, 344 (veniens) ‖ **349** *A* 7, 661; *A* 2, 560 ‖ **350** *G* 4, 548, *A* 3, 548; *A* 8, 528 ‖ **351** *A* 2, 694 ‖ **352** *A* 9, 659; *A* 1, 594 ‖ **353** *A* 5, 532 (cumulat); *A* 2, 700 (adorat) **354** *A* 2, 309; *A* 12, 225

350–379 Matth. 2, 1–18

340 Dei] tui **C S ς** : tuum **Γ^{1}** | quom] *Schenkl* : quod **A** : quos **C P** : quo **Ch p Pd Ra Rb S Vl Vz Γ^{1} Γ^{corr}** : quum (cum) **Θ** ‖ **341** mirabile] miserabile **C** dictu] dictum **C P** ‖ **342** sanguinis edit] sanguinis edet **A'** : sanguine sedit **T** ‖ **343** terrifici] terribili **A** : terrifica **S** (*sed* –a *ex corr.*) | omina] **C Ch ς** : omnia **A P p Pd Ra S Vl** : omnina **Rb** ‖ **344** virum] dominum **Ra** : deum **p** (*in cuius marg. legitur* adveniente viro) **Vl** | populis] saeculis **A** | superbum] benignum **Pd** ‖ **345** semine] semina **S** *a. c.* | ab] –b **P^{corr}** | aetherio] aethereo **A** | *post v. 345* **C Γ^{1} Γ^{corr} Θ Λ** *addunt*: imperium Oceano, famam qui terminet astris (*A* 1, 287) ‖ **346** promissa] *alterum* -s- *ex corr.* **p** ‖ **347** extulit] extullit **S** *a. c.* | origo] imago **C** ‖ **348–349** *om.* **C** ‖ **348** imperium] imp- **S^{corr}** venitque in] venit quo **Ch** : venitque **S** ‖ **349** genitoris] genitores **P** **350** caeli] caeli in **A P p Pd Ra Rb Vl** ‖ **352** cunctisque] cunctique **A P^{corr} p Pd Ra Rb Vl Vz**

nomen erat virtutis: et ipsi | agnoscere vultus
flagrantisque Dei | divini signa decoris.
Protinus ad regem | magno clamore furentem
fama volat | variisque acuit rumoribus iras
incenditque animum | matrisque adlabitur aures.
Illa dolos dirumque nefas | haut nescia rerum
praesensit motusque excepit prima futuros:
praescia venturi | furtim mandarat alendum,
dum curae ambiguae, dum | mens exaestuat ira.
At rex sollicitus | stirpem et genus omne futurum
praecipitare iubet subiectisque urere flammis,
multa movens, | mittique viros, qui certa reportent.
Haut secus ac iussi faciunt | rapidisque feruntur

A' C Ch P p Pd Ra Rb S T (v) Vl Vz

355 *A* 12, 226 (ipse; *de* ipsi *cf. A* 6, 553, *alibi*); *A* 3, 173 ‖ **356** *A* 1, 710; *A* 5, 647 ‖ **357** *A* 4, 196; *A* 5, 207 (magno clamore), *A* 10, 799 + *A* 11, 838 (in clamore furentem) ‖ **358** *A* 7, 392; *A* 9, 464 (variisque acuunt rumoribus iras); *cf. fort. A* 12, 590 *et adn. crit.* ‖ **359** *A* 4, 197; *A* 9, 474 (auris) ‖ **360** *A* 4, 563; *A* 12, 227 ‖ **361** *A* 4, 297 ‖ **362** *A* 6, 66; *A* 3, 50 ‖ **363** *A* 8, 580; *A* 9, 798 **364** *A* 7, 81; *A* 4, 622 ‖ **365** *A* 2, 37 ‖ **366** *A* 3, 34, *A* 5, 608, *A* 10, 890; *A* 9, 193 ‖ **367** *A* 3, 236; *A* 7, 156

355 agnoscere] agnuscere **P S** *a. c.* ‖ **356** flagrantisque Dei] fraglantisque dei **A** : flagrant et quae dent **C** : flagrantesque dei **Ch p** *a. c.* : fraglantesque dei **P** | divini] *alterum* -i- *ex corr.* **P** | signa] signi **Pd** *a. c.* ‖ **357** clamore] fervore **A P p Pd Ra Rb Vl Vz** (*quod accipiunt Schenkl, Sineri*) | furentem] *scil. Herodem* (*respiciebat hic poetria, opinamur, Matth. 2, 16*) : ruentem **A C P Ra** : cruentum **Ch β** : ruentum **S** (*quod accipiunt Schenkl, Sineri opinantes poetriam hic Matth. 2, 3 respicere*) ‖ **358** variisque] *Schenkl dubit. ex Verg.* (*cf.* magno *versus superioris*) : magnisque **ω** (*quod fortasse defendere possis coll. A* 12, 590) | acuit rumoribus] acuitur moribus **P** (*sed primum* -i- *ex corr.*) | iras] iram **A** : urbem **C** (*ut vid.*) ‖ **359** aures] **ω** : auris *Verg. Schenkl, collationibus parum accuratis fretus* ‖ **360** nescia] inscia **C** ‖ **361** praesensit] praessensit **P** | futuros] futura **S** *a. c.* ‖ **362** venturi] -tu- **P**^{corr} | mandarat] mandat **A** **363** dum curae] sum curae **Pd** | dum^{2}] -m **P**^{corr} | mens exaestuat] gens extuat **A** : ingens aestuat **Rb Vz** ‖ **364** stirpem] strrpem **P** *a. c.* **365** praecipitare] praecitare **Pd** ‖ **366** movens] putans **p**^{marg} | mittique] **P** *fort. e coniectura* : mittitque *cett.* | certa reportent] certare possent **P** **367** Haut] ad **A** | ac] haud **C** | iussi] iussa **p** *a. c.* **Vl**

passibus | et magnis urbem terroribus inplent.
Continuo auditae voces vagitus et ingens
infantumque animae flentes: | ante ora parentum
corpora natorum | sternuntur | limine primo.
At mater | gemitu non frustra exterrita tanto
ipsa sinu prae se portans, | turbante tumultu,
infantem fugiens | plena ad praesepia reddit.
Hic natum | angusti subter fastigia tecti
nutribat teneris inmulgens ubera labris.
Hic tibi prima, puer, | fundent cunabula flores,
mixtaque ridenti | passim cum baccare tellus
molli paulatim | colocasia fundet acantho.
Et iam finis erat | perfecto temporis orbe.
Ut primum cessit furor et rabida ora quierunt,
ante annos animumque gerens | caelestis origo
per medias urbes | graditur | populosque propinquos.

A' C Ch P p Pd Ra Rb S T (v) Vl Vz

368 *A* 7, 157; *A* 11, 448 (magnisque; *de* et magnis *cf. A* 3, 226) ‖ **369** *A* 6, 426 ‖ **370** *A* 6, 427; *G* 4, 477, *A* 5, 553, *A* 6, 308 ‖ **371** *A* 2, 214, *A* 6, 22; *A* 2, 364; *A* 2, 485, *A* 6, 427, *A* 11, 423 ‖ **372** *G* 4, 333; *G* 4, 353 ‖ **373** *A* 11, 544 (ipse; *de* ipsa *cf. A* 1, 353, *alibi*); *A* 6, 857, *A* 9, 397 ‖ **374** *A* 11, 541; *G* 3, 495 (reddunt; *de* reddit *cf. A* 2, 323, *alibi*) ‖ **375** *A* 11, 570 (natam; *de* natum *cf. A* 1, 407); *A* 8, 366 ‖ **376** *A* 11, 572 ‖ **377** *G* 2, 190 (hic tibi), *G* 4, 396, *A* 1, 261, *A* 3, 453, *A* 8, 39, *A* 12, 546 + *B* 4, 18 (at tibi prima, puer); *B* 4, 23 ‖ **378** *B* 4, 20; *B* 4, 19 ‖ **379** *B* 4, 28; *B* 4, 20 ‖ **380** *A* 1, 223; *A* 6, 745 ‖ **381** *A* 6, 102 ‖ **382** *A* 9, 311; *A* 6, 730 ‖ **383** *A* 7, 384; *A* 1, 312, *A* 4, 147, *A* 8, 546, *A* 9, 223; *A* 3, 502

374 Luc. 2, 7 ‖ **382–387** Matth. 4, 23–25

371 sternuntur] sternunt **S** *a. c.* | limine primo] *scil.* "*vitae*"; *cf. Sineri ad loc. et Prud. Cath. 12, 126* ‖ **372** At] ad **S** *a. c.* ‖ **373** sinu] simul **C Ch S** $\mathbf{\Gamma^1}$ $\mathbf{\Gamma^{corr}}$: sinum **T** : manu **Θ** ‖ **374** infantem] infantum **S** | praesepia] praessepia **P** reddit] tendit **p** (*sed in marg.* reddit) **Ra Vl** ‖ **375** subter] supra **A** **376** teneris] tenebris **P** *a. c.* : generis **S** *a. c.* | ubera] uberis **S** *a. c.* | labris] libris **A** ‖ **377** Hic] haec **A'** : nec **T** | fundent] fundunt **Ch** : fundant **P** **378** baccare] bacare **P S** *a. c.* : bachare **p** ‖ **379** molli] lilia **A** : mollia **C Rb Vz** | fundet] fundit **P p S** ‖ **380** orbe] orbem **P** ‖ **381** rabida] rapida **P Pd** $\mathbf{\Gamma^1}$ $\mathbf{\Gamma^{corr}}$ ‖ **382** animumque gerens] animum gestans **C** | caelestis origo] pulcherrima proles (*cf. A* 6, 648) $\mathbf{p^{marg}}$: *ceterum* caelestis origo *est Christus, cf. v. 32* ‖ **383** populosque propinquos] *ex corr. in* **P** (*certe fuit* populusque)

Illum omnis tectis agrisque effusa iuventus
attonitis inhians animis | prospectat euntem,
turbaque miratur matrum: | “Qui spiritus illi,
qui vultus vocisque sonus vel gressus eunti”.
Continuo vates | (namque is certissimus auctor),
ut procul egelido secretum flumine vidit:
“Tempus, –ait– Deus, ecce, Deus, cui | maxima rerum
verborumque fides. | Tu nunc eris alter ab illo,
fortunate puer, | caeli cui sidera parent.
Sic equidem ducebam animo rebarque futurum:
expectate venis, | spes et solacia nostri”.
Haec ubi dicta dedit, | fluvio mersare salubri
accepit venientem ac mollibus extulit undis:
exultantque vada et | subito commota columba
devolat et supra caput astitit. | Inde repente

A’ C Ch P p Pd Ra Rb S T (v) Vl Vz ‖ **394** *iterum adest* **v**

384 *A* 7, 812 (illam; *de* illum *cf. B* 10, 13) ‖ **385** *A* 7, 814; *A* 7, 813 ‖ **386** *A* 7, 813; *A* 5, 648 ‖ **387** *A* 5, 649 ‖ **388** *A* 7, 68; *G* 1, 432 ‖ **389** *A* 8, 610 ‖ **390** *A* 6, 46; *A* 9, 279 ‖ **391** *A* 9, 280; *B* 5, 49 ‖ **392** *B* 5, 49; *A* 10, 176 ‖ **393** *A* 6, 690 **394** *A* 2, 283; *A* 8, 514 ‖ **395** *A* 2, 790, *A* 6, 628, *A* 7, 323, *A* 7, 471, *A* 8, 541, *A* 10, 633, *A* 12, 81, *A* 12, 441; *G* 1, 272 ‖ **396** *A* 9, 817 ‖ **397** *A* 3, 557 (vada atque; *de* et *cf. B* 1, 78, *alibi*); *A* 5, 213 ‖ **398** *A* 4, 702; *A* 8, 238

388–412 Matth. 3, 13–17

384 agrisque] agris **p** *a. c.* **Vl** ‖ **385** attonitis] attonitas **C** | inhians] haesere **p**^{marg} ‖ **386** Qui] quis **A Vl β ς** ‖ **387** qui] quis **C Ch S β Γ**^{1} **ς** | vocisque] vocisve **p Pd Ra Rb T Vl Vz** | eunti] eunti est **Ch S** *Schenkl collationibus parum accuratis fretus* : euntis **Pd Ra** ‖ **388** vates] vatis **P S Vl** | namque is] namque his **A P** : namque hic **p**^{marg} : namquis **S** | certissimus auctor] certissimum avetur (*in* certissimus av. *correctum*) **P** ‖ **389** egelido] a gelido **C Ch Γ**^{corr} **Θ** : elido **Pd** : gelido **S** | secretum] segretum **S** *a. c.* ‖ **390** ecce] ait **S** cui] tibi **A p**^{marg} ‖ **392** caeli] calili **S** : cali **S**^{corr} ‖ **394** expectate] expectata **A’** : expectatae **T** | venis] tuis **p** (*sed in marg.* venis) **Ra v** : venis tuis **Vl** **396** accepit] *scilicet baptizare non sprevit, cf. Cacioli (1969, 244–5)* | ac] et **P** extulit] extullit **S** *a. c.* | undis] annis **C** ‖ **397** et] **C Ch S Γ**^{1} : ad **A’** : at **p Pd Ra Rb T Vl Vz** : ac *Schenkl, collationibus parum accuratis fretus* | subito] subita **A** | commota] commixta **p**^{marg} ‖ **398** et] atque **C Ch** | supra] super **Ch p** (*sed in marg.* supra) **S**

radit iter liquidum celeres neque commovet alas.
Huc omnis turba ad ripas effusa ruebat
certatim largos umeris infundere rores.
Tum genitor natum dictis | conpellat amicis:
“Nate, meae vires, mea magna potentia solus
et praedulce decus | magnum rediture parenti,
a te principium, tibi desinet. | Accipe, testor,
o mea progenies: | qua sol utrumque recurrens
aspicit Oceanum, | perfecto laetus honore
omnia sub pedibus | vertique regique videbis.
Tu regere imperio populos, | matresque virosque,
iam pridem resides animos desuetaque corda
ignarosque viae mecum miseratus | inertes
adgredere | et votis iam nunc adsuesce vocari”.

A’ C Ch P p Pd Ra Rb S T (v) Vl Vz

399 *A* 5, 217 (celeris) ‖ **400** *A* 6, 305 ‖ **401** *G* 1, 385 ‖ **402** *A* 10, 466; *A* 2, 372 ‖ **403** *A* 1, 664 ‖ **404** *A* 11, 155; *A* 10, 507 ‖ **405** *B* 8, 11; *A* 11, 559 **406** *A* 7, 97; *A* 7, 100 ‖ **407** *A* 7, 101; *A* 3, 178 ‖ **408** *A* 7, 100; *A* 7, 101 (videbunt; *de* videbis *cf.* *G* 1, 455, *alibi*) ‖ **409** *A* 6, 851; *A* 2, 797 ‖ **410** *A* 1, 722 ‖ **411** *G* 1, 41; *B* 8, 24, *G* 1, 94, *G* 3, 136, *G* 3, 523, *A* 10, 322, *A* 10, 595, *A* 11, 414, *A* 11, 732 ‖ **412** *B* 4, 48 (adgredere); *G* 1, 42 (ingredere et v. i. n. a. v.)

403 *citat Hieron. Ep. 53, 7*

399 iter] item **Ra** *a. c.* **v Vl** | celeres neque commovet] celerique cumuobet **A’** (c. cum volet **A’** ^{corr}) **T** : *pro* celeres *Schenkl praebet* celeris *(sicut in Verg.) collationibus parum accuratis fretus* | alas] *om.* **S** ‖ **400** Huc] hinc **Pd** : hunc **Rb** : huic **S** : tunc **Vz** | omnis] omnes **S** *a. c.* | ruebat] ruebant **C Ra** : -e- **P**^{corr} ‖ **401** certatim] est tanti **C** ‖ **402** Tum] cum **A** : tunc **Ch S** | amicis] ami **P** ‖ **404** magnum] magne **A** : magno **Ch p Ra v Vl** ‖ **405** desinet] desinit **C p Ra S v Vl ς** | Accipe] accepe **Pd** ‖ **406** qua] quae **A** | utrumque] utramque **S** *a. c.* : utroque **Ra p** *a. c.* **Vl** : utraque **v** ‖ **407** aspicit] *primum* -i- *s. l.* **P** perfecto] perfectus **Pd** *a. c.* | laetus] latus **S** *a. c.* ‖ **408** videbis] videbunt **p Vl** ‖ **409** Tu] *extra lineam additum in* **p** : *om.* **Vl** | regere] rege **Rb Vz** : *ceterum verbum cum* adgredere *(v. 412) coniungendum; Cacioli (1969, 240) pro infinitivo imperativo accipit* | imperio] imperium **p** *a. c.* **Ra** ‖ **410** resides] resedem **S** *a. c.* ‖ **411** ignarosque] ignarasque **P** : ignarusque **S** | viae] vitae **P** | inertes] agrestes **A P Pd** *(ex Verg.)* ‖ **412** vocari] -ca- **P**^{corr}

Dixerat: ille patris magni parere parabat
imperio, | instans operi regnisque futuris.
Heu pietas, heu prisca fides! | Quas dicere grates
incipiam, | si parva licet conponere magnis?
Nec mihi iam patriam antiquam spes ulla videndi
nec spes libertatis erat nec cura | salutis.
Hic mihi responsum primus dedit ille petenti,
concretam exemit labem purumque reliquit
aetherium sensum | meque in mea regna remisit.
Illum ego per flammas, | agerem si Syrtibus exul,
per varios casus, per | mille sequentia tela,
quo res cumque cadent, unum | pro nomine tanto
exequerer strueremque suis altaria donis.
Huius in adventum, | tantarum in munera laudum
ipsi laetitia voces ad sidera iactant
intonsi montes: | respondent omnia | valles.

A' C Ch P p Pd Ra Rb S T (v) Vl Vz

413 *A* 4, 238 ‖ **414** *A* 4, 239; *A* 1, 504 ‖ **415** *A* 6, 878; *A* 11, 508 ‖ **416** *A* 2, 13; *G* 4, 176 ‖ **417** *A* 2, 137 ‖ **418** *B* 1, 32; *A* 2, 387, *A* 5, 174, *A* 6, 96, *A* 10, 666 **419** *B* 1, 44 ‖ **420** *A* 6, 746 ‖ **421** *A* 6, 747; *A* 2, 543 ‖ **422** *A* 6, 110; *A* 5, 51 **423** *A* 1, 204; *A* 6, 110 ‖ **424** *A* 2, 709; *A* 8, 472 ‖ **425** *A* 5, 54 ‖ **426** *A* 6, 798; *A* 8, 273 (munere; *de* munera *cf.* *G* 4, 40, *alibi*) ‖ **427** *B* 5, 62 ‖ **428** *B* 5, 63; *B* 10, 8; *B* 5, 84, *B* 6, 84

422 *respexit fortasse auctor chronici Malaliani (432, 44 M.)*

413 Dixerat] diserat **S** ‖ **414** operi] operis **A** ‖ **415** grates] grate **A** : *om.* **S** **417** patriam...spes] patria ... spe **S** *a. c.* ‖ **419** primus] primum **p** | petenti] petendi **P** ‖ **420** exemit] eximit **Pd Ra** *a. c.* | reliquit] relinquit **A P** : -quit *ex corr.* **p** ‖ **422** agerem si] agere si **C** : agere misi **P** : ageret **Ra**^{corr} ‖ **423** mille... tela] milli ... tella **P** ‖ **424** cadent] cadet **A** | nomine] munere **A** : numine **p**^{corr} ‖ **425** strueremque] sternamque **C** | donis] donas **Pd** | *post v. 425* **p v Vl Γ**^{1} **Γ**^{corr} *addunt*: namque erit ille mihi semper (*h. v. s. l. postea additum in* **p**, *om.* **Vl**) deus, illius aram (*B* 1, 7) / cuncti obtestemur veniamque oremus ab ipso (*A* 11, 358; *cf. ib.* 5, 70 *et* 11, 801); *nonnulli recc. hos vv. post v. 426 addunt* ‖ **426** adventum] adventu **Ch p Vl ς** | in munera] innumera **A** : munera **C Ch p S v Vl ς** : munere **Pd Rb Vz Λ** ‖ **427** sidera] aderae **P** *a. c.*

Tempore non alio | (magnum et memorabile nomen)
serpentis furiale malum | meminisse necesse est;
ausus quin etiam | (fama est obscurior annis)
conpellare virum et | veniendi poscere causas.
Hunc ubi tendentem adversum per gramina vidit,
substitit infremuitque ferox | dominumque potentem
saucius ac serpens | adfatur voce superba:
“Verane te facies, verus mihi nuntius adfers?
Qui genus? Unde domo? | Qui nostra ad limina tendis?
Fare age, quid venias; | nam te dare iura loquuntur.
Aut quis te, iuvenum confidentissime, nostras
iussit adire domos | pacique inponere morem?
Non equidem invideo, miror magis: | accipe | porro,

A' C Ch P p Pd Ra Rb S T (v) Vl Vz

429 *G* 3, 245, *G* 3, 531; *A* 4, 94 ‖ **430** *A* 7, 375; *A* 6, 514 ‖ **431** *A* 2, 768; *A* 7, 205 ‖ **432** *A* 2, 280; *A* 1, 414 ‖ **433** *A* 10, 721 (hunc ubi miscentem longe media agmina vidit) + *A* 6, 684 (isque ubi tendentem adversum per gramina vidit) ‖ **434** *A* 10, 711; *A* 6, 621 ‖ **435** *A* 11, 753 (at; *de* ac *cf. G* 1, 52, *alibi*); *A* 7, 544 ‖ **436** *A* 3, 310 ‖ **437** *A* 8, 114; *A* 6, 388 ‖ **438** *A* 6, 389; *A* 1, 731 **439** *G* 4, 445 (nam quis; *de* aut *cf. B* 1, 62, *alibi*) ‖ **440** *G* 4, 446; *A* 6, 852 **441** *B* 1, 11; *B* 6, 69, *B* 8, 11, *A* 1, 676, *A* 11, 559; *A* 5, 600, *A* 6, 711, *A* 9, 190 (percipe porro)

429–455 Matth. 4, 1–11

429 nomen] numen **Ch** **p**^{marg} **Ra** **v** *def. La Bua (1991); variant etiam Verg. libri et editores* ‖ **430** serpentis] serpentes **P** : serpentum **C** **Ch** **S** **ς** | malum] male **C** ‖ **431** ausus] au- **A'** ^{corr} : ausis **C** : ausurus **T** : casus **v** **432** conpellare] compellere **Pd** *a. c., ut vid.* **Ra** *a. c.* ‖ **433** Hunc] nunc **Pd** : hinc **v** ‖ **434** infremuitque] intremuitque **A** **P** **p** (*sed in marg.* infremuitque *habet*) **Pd** **Ra** **Rb** **Vl** **Vz** ‖ **435** ac] ad **P** **Ra** : at **p** **Pd** **S** (*in* ut *postea correctum*) **Vl** : *pro* ac serpens **Ch** *habet* asserpens | adfatur] adflatur **C** ‖ **436** Verane te] vere nete **P** : verane tu **v** | adfers] ofert **A'** : astas **C** : affert **P** : offert **T** **437** Qui^{1}] quis **C** | domo] *post* domo *interrogative interpunximus (*qui *pro pron. interr. accipimus)* | Qui nostra] quo nostra **P** | ad] *om.* **Pd**. | *in margine vv. 438 – 439* **p** *praebet* : fare age quid venias iam istinc et comprime gressus (*A* 6, 389) / nam quis te iuvenum ‖ **438** nam te dare] nonate**se **P** : nate dare **v** ‖ **439** iuvenum] iuvenem **p** **Vl** ‖ **440** domos] **ω** : domus *Schenkl cum Vergili* **M** *a. c.* **a f g h j**, *opinatus ita et* **ω** *habuisse, sed re vera antiquiores omnes* domos *exhibent* ‖ **441** equidem] nequidem **S** *a. c.*

quid dubitem et quae nunc animo sententia surgat.
Est domus alta: | voca Zephyros et labere pinnis
ardua tecta petens, | ausus te credere caelo,
si modo, quem memoras, pater est, | cui sidera parent".
Olli subridens sedato pectore fatur
haut vatum ignarus venturique inscius aevi:
"Dissimulare etiam sperasti, perfide | serpens?
Ne dubita, nam vera vides. | Opta ardua pinnis
astra sequi clausumque cava te condere terra.
Quo periture ruis maioraque viribus audes?
Cede Deo, | toto proiectus corpore terrae".
Nec plura his: ille admirans venerabile donum
fronte premit terram et | spumas agit ore cruentas
contentusque fuga caecis se inmiscuit umbris.

A' C Ch P p Pd Ra Rb S T (v) Vl Vz

442 *A* 9, 191 ‖ **443** *A* 10, 526; *A* 4, 223 ‖ **444** *A* 7, 512 (petit; *de* petens *cf. A* 2, 256, *alibi*); *A* 6, 15 (se; *de* te *cf. A* 3, 461, *alibi*) ‖ **445** *G* 4, 323 (si modo quem perhibes pater est) + *A* 4, 109 (si modo quod memoras); *A* 10, 176 ‖ **446** *A* 9, 740 (olli subridens sedato pectore) + 12, 888 (pectore fatur) ‖ **447** *A* 8, 627 **448** *A* 4, 305; *A* 5, 91, *A* 5, 273 ‖ **449** *A* 3, 316; *A* 12, 892 ‖ **450** *A* 12, 893 **451** *A* 10, 811 (quo moriture ruis maioraque viribus audes) + *A* 11, 856 (huc periture veni) ‖ **452** *A* 5, 467; *A* 11, 87 ‖ **453** *A* 6, 408 ‖ **454** *A* 10, 349; *G* 3, 203 (aget; *de* agit *cf. G* 2, 130, *alibi*; et *habet A* 10, 349 *et G* 3, 203) ‖ **455** *A* 11, 815 (contentusque fuga mediis se inmiscuit armis) + *A* 7, 619 (caecis se condidit umbris)

443 Zephyros] te syros **P** | et labere] illabere **P** : allabere **S** (*sed* alla- *ex corr.*) | pinnis] pennis **Pd S**^{corr} ‖ **446** Olli] ollis **A** : illi **Vl** *a. c.* | fatur] -atur **P**^{corr} ‖ **447** haut] hic **p**^{marg} | inscius] incius **S** *a. c.* ‖ **448** Dissimulare] dissimilare **p** *a. c.* ‖ **449** Ne] nec **A' Pd S** | vides] fides **C** | Opta] properare **A** : optas **S** | pinnis] pennis **S**^{corr} ‖ **450** clausumque] causumque **Pd S** | cava] cave **A** | terra] terram **S** *a. c.* ‖ **451** ruis] rues **A** ‖ **452** toto proiectus] totoque correptus **A** : toto protectus **S** | terrae] terra **C Ch S** (*in* terram *postea correctum*) ‖ **453** ille] illi **S** | venerabile donum] *i. e. Christum* | donum] domum **S** *a. c.* ‖ **454** agit] agitat **A** | cruentas] *Schenkl ex Verg.* : cruentos **S** : cruento **ω** ‖ **455** contentusque] contentosque **S** *a. c.* | inmiscuit] miscuit **P** : inmiscunt **S**

Interea volitans magnas it fama per urbes:
convenere viri: | mens omnibus una sequendi
in quascumque velit pelago deducere terras.
Multi praeterea, quos fama obscura recondit,
concurrunt | fremitu denso stipantque frequentes
exultantque animis; | medium nam plurima turba
hunc habet atque umeris extantem suspicit altis.
Postquam altos ventum in montes, | aeterna potestas
iura dabat legesque viris, | secreta parentis
spemque dedit dubiae menti | curasque resolvit.

A' C Ch P p Pd Ra Rb S T (v) Vl Vz

456 *A* 9, 473 (interea pavidam volitans pinnata per urbem) + *A* 4, 173 (extemplo Libyae magnas it fama per urbes) ‖ **457** *A* 5, 490; *A* 10, 182 **458** *A* 2, 800 (velim; *de* velit *cf. A* 7, 558) ‖ **459** *A* 5, 302 ‖ **460** *A* 10, 361, *A* 10, 691, *A* 11, 805, *A* 12, 297, *A* 12, 724; *G* 4, 216 ‖ **461** *A* 11, 491 (exsultatque animis) + *A* 3, 557 (exsultantque), *A* 7, 464; *A* 6, 667 ‖ **462** *A* 6, 668 ‖ **463** *A* 4, 151; *A* 10, 18 ‖ **464** *A* 1, 507; *A* 2, 299 ‖ **465** *A* 4, 55; *G* 1, 302

456–504 Matth. 4, 25–7, 28

456 volitans magnas it] **p**^{corr} : volutans magna fit **A' S v** (*sed hic* volitans) : magnas volitans it **C** : volitans magna sit *rell.* | fama] fama sit **P** ‖ **458** velit] velint **C S** | deducere] decurrere **C Ch S** Γ^1 ς | terras] terra* **P** **459** praeterea] prterea **P** ‖ **460** concurrunt] conveniunt **A Rb Vz** (*cf. A* 1, 361, *A* 1, 700, *A* 9, 779) | denso] densos **S** *a. c.* | frequentes] ruentes **P Pd Ra** (*cf. A* 2, 440, *A* 4, 401, *A* 9, 727, *A* 10, 573, *A* 12, 505) | *in marg.* **p** *et in textu* Γ^1 Γ^{corr} *legitur*: conveniunt vitamque volunt pro laude pacisci (*A* 1, 361 *cf. adn. ad 460*; *ib.* 5, 230) ‖ **461–462** *hos vv. libri post v. 466 praebent; huc transtulit editio Helmaestadiensis a. 1597, ubi tamen interpolationes classis* **Γ** *manebant (v. 461 iam transulerat ed. Romana a. 1588, quae tamen eundem v. post v. 466 iteravit); primus eas sustulit, ordine editionis Helmaestadiensis accepto (quem perperam Romanae tribuit), Schenkl* ‖ **461** exultantque] exultatque **A p Ra Vl** : exultant **C P** | animis] animum **S** ‖ **462** suspicit] suspit **A** : suscipit **Ra** : suscepit **S** | **463–466** *om.* **Θ** ‖ **463** montes] moles **Pd**^{marg} ‖ **464** legesque viris] legisque vires **S** | secreta parentis] operumque laborem (*G* 2, 155; *A* 1, 455; *ib.* 1, 507) **p**^{marg} : operumque labores Γ^{corr} | *post v. 464* **p Vl** Γ^1 Γ^{corr} *addunt*: edocet humanis quae sit fiducia rebus (*A* 10, 152) / admonet immiscetque (immiscesque **p Vl** *primae manus*) cari praecepta parentis (*A* 10, 153; *ib.* 5, 747) ‖ **465** dedit] *om.* **S**

Conspicit ecce alios dextra laevaque frequentis:
quos ubi confertos audere in proelia vidit,
incipit et dictis divinum aspirat amorem:
“Discite iustitiam moniti, | succurrite fessis
pro se quisque, viri, | quae cuique est copia, laeti
communemque vocate Deum. | Meliora sequamur
quoque vocat vertamus iter. | Via prima salutis
intemerata fides | et mens sibi conscia recti.
Vobis parta quies | perfecto temporis orbe:
nam qui divitiis soli incubuere repertis
nec partem posuere suis, | dum vita maneret,
pulsatusve parens et fraus innexa clienti,
tum, cum frigida mors anima seduxerit artus,
inclusi poenam expectant, | quae maxima turba est,

A' C Ch P p Pd Ra Rb S T (v) Vl Vz

466 *A* 6, 656 (conspicit ecce alios dextra laevaque per herbam) + *A* 6, 486 (dextra laevaque frequentes) ‖ **467** *A* 2, 347 (vidi; *de* vidit *cf. G* 2, 502, *alibi*) **468** *A* 8, 373 ‖ **469** *A* 6, 620; *A* 11, 335 ‖ **470** *A* 5, 501; *A* 5, 100 ‖ **471** *A* 8, 275; *A* 3, 188 ‖ **472** *A* 5, 23; *A* 6, 96 ‖ **473** *A* 2, 143; *A* 1, 604 ‖ **474** *A* 3, 495; *A* 6, 745 ‖ **475** *A* 6, 610 (aut qui; *de* nam *cf. G* 4, 445, *alibi*) ‖ **476** *A* 6, 611; *A* 6, 608 (dum vita manebat) + *A* 10, 629 (vita maneret) ‖ **477** *A* 6, 609 ‖ **478** *A* 4, 385 (et cum; *de* tum cum *cf. A* 11, 379) ‖ **479** *A* 6, 614; *A* 6, 611

469 (discite iustitiam) Matth. 6, 1 et 33; (succurrite fessis) *ib.* 6, 2–4 **471** (communemque vocate Deum) Matth. 6, 5–13 ‖ **475–482** Mar. 10, 19; 1 *Cor.* 5, 8 ‖ **479** (quae maxima turba est) Matth. 7, 13–14

466 dextra] dextraque **Pd** | frequentis] frequentes **A Ch p S**^{corr} **467** proelia] –a **P**^{corr} ‖ **468** aspirat] inspirat **Ch p Ra Vl** Γ^{1} Γ^{corr} **Θ** : aspicit *in* aspirat *correctum* **S** ‖ **469** moniti] monitis **A Pd Vl** : moniti et **C Ch p**^{corr} **S ς** | succurrite fessis] succurrit effesis **P** : succ^{v}rrere fessis **p** ‖ **470** quae cuique] quaecumque **A Vl** ‖ **472** vertamus] sequamur **A** ‖ **473** et] *om.* **p** *a. c.* **Vl** *a. c.* ‖ **474** parta...perfecto] quarta ... perfecta **S** *a. c.* ‖ **475** qui] *in* **S** *addidit corrector* | incubuere] incumbere **C Vl** : incobuere **P** : incumbuere **p** *a. c.* | repertis] reperti **p** *a. c.* ‖ **476** partem] parem **S** | vita maneret] vita manebat **A Rb Vz** : vitam aneret (*in* v. aniret *postea correctum*) **P** : vita manet **S** ‖ **477** pulsatusve] pulsanti suae **S** (s- *postea deletum est*) | innexa] inexa **A** **478** tum] tunc **A C P Pd Rb Vz ς** : et **p** : **Vl** *habet* tum, *sed om.* cum | mors] pars **A** | anima seduxerit] animas eduxerit **p Pd Rb Vz** ‖ **479** poenam] poenas **Pd** *a. c.* | est] *om.* **P**

infernisque cient tenebris | veterumque malorum
supplicia expendunt. | Aliis sub gurgite vasto
infectum eluitur scelus aut exuritur igni.
Turbidus hic caeno vastaque voragine gurges
aestuat atque imo barathri eructat harenam.
Hinc exaudiri gemitus et saeva sonare
verbera, tum stridor ferri tractaeque catenae,
semper et obducta densantur nocte tenebrae.
Praeterea | quae dicam animis advertite vestris:
non ego vos posthac | caesis de more iuvencis

A' C Ch P p Pd Ra Rb S T (v) Vl Vz ‖ **489** *desinit* **S**; *de* **P**, **Pa**, **Pb** *cf. praef.*

480 *A* 7, 325 (ciet); *A* 6, 739 ‖ **481** *A* 6, 740; *A* 6, 741 ‖ **482** *A* 6, 742 ‖ **483** *A* 6, 296 ‖ **484** *A* 6, 297 (aestuat atque omnem Cocyto eructat harenam) + *A* 3, 421 (obsidet atque imo barathri ter gurgite vasto) ‖ **485** *A* 6, 557 ‖ **486** *A* 6, 558 ‖ **487** *G* 1, 248 ‖ **488** *B* 2, 40, *alibi*; *A* 2, 712 ‖ **489** *B* 1, 75; *A* 3, 369 (caesis primum de more iuvencis)

489–494 *vide adnotat. criticam*

480 infernisque] infernique **A Pd** | cient] ciens **P** : vent *in* ruent *correctum* **S** : ciet ς : *ceterum* cient *cum* poenam *coniungendum: homines scilicet mali peccando poenas infernas sibi comparant* ‖ **481** *hunc v. om.* **C** | expendunt] expendent **A** | Aliis] alii **P Ra** | gurgite] gurgites **Pd** : iurgite **S** *a. c.* **484** atque] que **S** *a. c.* : *locum ita immutant* **C Ch**: aestuat atque omnem Cocyti eructat harenam (*A* 6, 297, *sed* Cocyto) **C** : aestuat atque imo baratri ter gurgite vastos (*A* 6, 297 + *A* 3, 421) / sorbet in abruptum fluctus rursusque sub auras (*A* 3, 422) / erigit atque omnem Cocyti eructat harenam (*A* 3, 423; *A* 6, 297) **Ch** ‖ **485** Hinc] hic **A** | exaudiri] exaudire **p** *a. c.* **486** ferri] ferri et **A'** : ferre et **S** *a. c.* : ferrum et **T** | tractaeque] tactaeque **p** : tractaque **S** *a. c.* : tractique **Vl** ‖ **487** et obducta] et *ex corr.* **P** : ****ducta **S** densantur] densate **C** : densentur **Ch p Pd Ra Vl** ‖ **489–494** *hi vv. parum perspicui sunt; fortasse significat Iesus se haud longe ritibus Hebraeorum interfuturum superque eis admoniturum (vv. 489–492), cum mors sua instet (v. 493); memoria igitur sola eius admonitionum poterit homines salvare. Sustulimus ergo interpunctionem post* audiam *(v. 492), cum* non *(v. 489) tam ad* audiam *quam ad* monebo *referendum sit. Fons fuerunt capita Evangeli, ubi Iesus, contra luxum caerimoniarum locutus, de morte sua imminenti discipulos monet (Matth. 23, 1–26, 1)* ‖ **489** posthac] haec **A** : posthaec **P Pd Ra Rb Vz** caesis] caecis **P** : casis **S** *a. c.*

religione patrum | truncis et robore nata
mortalive manu | effigies et templa tueri
audiam et haec | repetens iterumque iterumque monebo:
sed periisse semel satis est, | natumque patremque
profuerit meminisse magis, | si credere dignum est.
Sed fugit interea, fugit inreparabile tempus
flammarumque | dies et vis inimica propinquat".
Adtonitis haesere animis: | nec plura moratus
hic aliud maius miseris | mortalibus aegris
iudicium | canit (et tristes denuntiat iras)
venturum excidio | et vasta convulsa ruina
omnia tum pariter | rutilo inmiscerier igni
palantesque polo stellas | caelique ruinam.

A' C Ch P p Pd Ra Rb T (v) Vl Vz

490 *A* 2, 715; *A* 8, 315 (truncis et duro robore nata) ‖ **491** *A* 9, 95 (mortaline); *A* 7, 443 ‖ **492** *A* 4, 387; *A* 3, 436 ‖ **493** *A* 9, 140; *A* 4, 605 **494** *G* 1, 451; *G* 3, 391, *A* 6, 173 ‖ **495** *G* 3, 284 ‖ **496** *G* 1, 473; *A* 12, 150 **497** *A* 5, 529; *A* 5, 381 ‖ **498** *A* 2, 199; *G* 1, 237, *A* 2, 268, *A* 10, 274, *A* 12, 850 ‖ **499** *A* 1, 27; *A* 3, 366 (tristis) ‖ **500** *A* 1, 22; *A* 3, 414 ‖ **501** *G* 1, 455; *G* 1, 454 ‖ **502** *A* 9, 21 (palantisque); *A* 1, 129

495–502 Matth. 24, 2–34

490 religione] relegione **A'** *a. c.* **p T** | robore nata] novo renata **A** : robore natas **Ch** : robora nata **p Vl** ‖ **491** mortalive] *aliquot ex* **Θ** : mortaline **A p Pa Pd Ra Rb Vl** : mortalique **C Ch Pb** Γ^1 Γ^{corr} | manu] emanu **Pb** | effigies] effugies **Pa** | et] nec **C Ch** **p**^{marg} **Pb** Γ^1 Γ^{corr} ‖ **492** audiam et haec] **A** : audite et **C Pb** Γ^1 Γ^{corr} **Θ** : annuo et hoc **Ch** : audiant et **Pa** : adiciam haec **Pd Λ** : audiam haec **Ra** : audiam et *in* audiciam et *correctum* **Rb p Vl** (**p Vl** *sine correctione*) | iterumque iterumque] iterum iterumque **Ch p** *a. c.* **Pb Pd Vl** : iterumque **Ra** ‖ **493** patremque] patrique **p** *a. c.* ‖ **494** profuerit] profuit et **C** | si] sic **p Pa Ra Rb Vl Vz** | credere] reddere **Pa** : cor edere **Pd** **495** inreparabile] inrapabile **Pd** ‖ **497** plura] ultra **p**^{marg} : plurima **Pb** moratus] locutus **C** *a. c.* ‖ **498** hic] his **A Rb Vz** : hinc **C** : huc **Ra** | maius] multo **C** ‖ **499** tristes] **ω** : tristis **P** *Verg. Schenkl, collationibus parum accuratis fretus* ‖ **500** excidio] excidium **A Ch Pd Rb** Γ^1 Γ^{corr} : exodio **Pa** : exilium **Ra** | et] *om.* **A p Rb Vl Vz** ‖ **501** tum] tunc **C P** Γ^1 Γ^{corr} **Θ** | rutilo] ritulo **p** : rutulo **Pd** | inmiscerier] commiscier **C** : immisceriet **Pa** : immiscerer **Pb** : immisceri **T** ‖ **502** palantesque] pallentesque **C** | polo] polos **C Pd** *a. c.* **Ra** : polus **Pb** | ruinam] ruinas **p** *a. c.* **Ra Vl**

Tum vero tremefacta novos per pectora cunctis
insinuat pavor et | taciti ventura videbant.
Haec super adventu | cum multa horrenda moneret,
ora puer prima signans intonsa iuventa,
dives opum, | studiis florens ignobilis oti
(quinque greges illi balantum, quina redibant
armenta et | dapibus mensas onerabat inemptis),
continuo | alacris palmas utrasque tetendit
et genua amplectens | sic ore effatus amico est:
"O decus, o famae merito pars maxima nostrae,
ad te confugio et supplex tua numina posco.
Omnia praecepi atque animo mecum ante peregi.
Eripe me his, invicte, malis. | Quid denique restat

A' C Ch P p Pd Ra Rb T (v) Vl Vz

503 *A* 2, 228 ‖ **504** *A* 2, 229; *A* 2, 125 (et *utrobique*) ‖ **505** *G* 4, 559 (haec super), *A* 9, 168 + *A* 7, 344 (quam super adventu); *A* 3, 712 ‖ **506** *A* 9, 181 **507** *G* 2, 468; *G* 4, 564 (florentem) ‖ **508** *A* 7, 538 ‖ **509** *A* 7, 539; *G* 4, 133 **510** *G* 1, 60, *alibi*; *A* 6, 685 ‖ **511** *A* 10, 523; *A* 3, 463 ‖ **512** *G* 2, 40 ‖ **513** *A* 1, 666 ‖ **514** *A* 6, 105 ‖ **515** *A* 6, 365; *A* 12, 793

505–530 Matth. 19, 16–22

503 novos] novus **A C Ch p Pd Rb Vl Vz** : novis **ς** ‖ **504** insinuat] instimulat **Ch** : insunuat **Pa** | pavor] pater **Pd** *a. c.* | videbant] videbunt **p** *a. c.* **Ra Vl** ‖ **505** Haec] *edd. a saec. XV* : hos **A p Pa Pd Ra Rb Vl Vz Λ** : hic **C** : hoc **Ch Pb** Γ^1 Γ^{corr} **Θ** | adventu] Γ^1 Γ^{corr} **Θ** : advenit **A p Pa Pd Ra Rb Vl Vz Λ** : atventu **Pb** | cum] dum $\mathbf{p}^{corr}$ | multa] dicta **C Ch Pb** | horrenda] horrendo **Pa** | moneret] moveret **Pa** : moneat **Pb** : maneret **T** ‖ **506** intonsa] intensa **Pb** ‖ **507** studiis florens ignobilis] studii flores ignobiles **Pb** ignobilis oti] et nobilis ortu **A** ‖ **508** quinque greges] quique gregis **Pb** balantum] ballantum **Pa** | quina] et quina **C Ch Pb** Γ^1 **ς** | redibant] redicebant **A'** *a. c.* : rediebant **Pb** : ridebant **Rb** : rescibant **T** *a. c.* **509** mensas] menses **p** *a. c.* **Vl** *a. c.* | onerabat] honorabat **p** | inemptis] inertis **A** : opimis **C** *a. c.* Γ^{corr} **Θ Λ** : ineptis **P p Rb** Γ^1 ‖ **510** alacris] alacres **Pb** | utrasque tetendit] utrisque tetendi **Pb** ‖ **511** effatus] affatus **Pd Rb** amico] amoco **Pb** ‖ **512** merito] melior **Pa** | maxima] maxime **Pd** *a. c.* **Ra** nostrae] nostri **Pb** ‖ **513** confugio] -f- $\mathbf{Pb}^{corr}$ | et...posco] nam te dare iura loquuntur (*A* 1, 731) $\mathbf{p}^{marg}$ | et] *om.* **C Pb** Γ^1 Γ^{corr} | numina] nomine **Pa** : nomina **Pb** ‖ **514** praecepi] praecipi atque v(a)e **A** : percepi atque **p** | ante] *ex corr.* **Pa** | peregi] percepi **C** ‖ **515** Quid] qui **Pa**

quidve sequens tantos possim superare labores?
Accipe daque fidem: | mihi iussa capessere fas est".
Atque huic responsum paucis ita reddidit heros:
"O praestans animi iuvenis, | absiste precando,
nec te paeniteat: | nihil o tibi, amice, relictum.
Hoc etiam his addam, tua si mihi certa voluntas:
disce, puer, | contemnere opes et te quoque dignum
finge Deo, | et quae sit poteris cognoscere virtus.
Da dextram misero et | fratrem ne desere frater.
Si iungi hospitio properat, | coniunge volentem.
Casta pudicitiam servet domus. | En, age, segnes
rumpe moras | rebusque veni non asper egenis".
Dixerat haec. | Ille | in verbo vestigia torsit
tristior, | ora modis adtollens pallida miris,
multa gemens, | seque ex oculis avertit et aufert.
Inde ubi prima fides pelago, | tranquilla per alta

A' C Ch P p Pd Ra Rb T (v) Vl Vz

516 *A* 3, 368 ‖ **517** *A* 8, 150; *A* 1, 77 ‖ **518** *A* 6, 672 ‖ **519** *A* 12, 19; *A* 8, 403 **520** *B* 2, 34, *B* 10, 17; *A* 6, 509 ‖ **521** *A* 7, 548 ‖ **522** *A* 12, 435; *A* 8, 364 **523** *A* 8, 365; *B* 4, 27 ‖ **524** *A* 6, 370; *A* 10, 600 ‖ **525** *A* 7, 264; *A* 5, 712 **526** *G* 2, 524 (servat; *de* servet *cf.* *A* 6, 402); *G* 3, 42 (segnis) ‖ **527** *G* 3, 43; *A* 8, 365 ‖ **528** *A* 5, 84, *A* 11, 132; *B* 3, 23, *A* 6, 408 (*cf. etiam* *A* 4, 238, *A* 4, 663, *A* 8, 152, *A* 9, 743); *A* 6, 547 ‖ **529** *G* 4, 235, *A* 1, 228; *A* 1, 354 ‖ **530** *G* 3, 226, *A* 1, 465, *A* 4, 395, *A* 5, 869, *A* 12, 886; *A* 4, 389 ‖ **531** *A* 3, 69; *A* 2, 203

531–561 Matth. 14, 22–34

516 sequens] -ens **Pa**^{corr} | possim] possum **A** | superare] sufferre **C Ch Pb β** Γ^1 ‖ **519** praestans animi] praestans animis **A Pd RbVz** : praestant animo **Pa** ‖ **520** paeniteat] peneteat **Pb** | o] *om.* **A** | relictum] relictum est **C Ch Pb** Γ^1 **ς** ‖ **521** tua si] tuas **Pb Rb** ‖ **522** dignum] duci **A** ‖ **523** et quae sit] quae sit **A** : utque sis **Rb** : utque sit **Vz** | cognoscere] cognuscere **P** ‖ **524** et] *om.* **p** *a. c.* **Pd Ra Vl** | fratrem] fratem **Pa** : frater **Pd** | ne] nec **p Vl** : non **Pb** desere] desserere **Pa** : deserer **Pd** | frater] fratre **A** : fratrem **Pd** **525** properat] properas **p**^{corr} | coniunge] coniuge **Pa Pd T** | volentem] volente **Pd** ‖ **526** pudicitiam] pudicitia **A** ‖ **527** egenis] egentes **Pa** ‖ **528** in] *om.* **A Pd Rb Vz** | torsit] tersit **P** *a. c.* ‖ **530** seque ex] enex **Pd** | *vv. 531 – 561 huc transtulit* **Γ**^{corr}, *post 579 ponebat* **ω** (**C** *vv. 531–544 et hic et post 579 praebet); cf. praef. pp. CXIX-CXX* ‖ **531** alta] alto **P**

deducunt socii navis | atque arte magistra
hic alius latum funda transverberat amnem
alta petens, pelagoque alius trahit umida lina.
Postquam altum tenuere rates nec iam amplius ullae
occurrunt terrae, | crebris micat ignibus aether,
eripiunt subito nubes caelumque diemque,
consurgunt venti et | fluctus ad sidera tollunt.
At sociis subita gelidus formidine sanguis
diriguit: cecidere animi | cunctique repente
pontum adspectabant flentes | (vox omnibus una)
spemque metumque inter dubii, seu vivere credant
sive extrema pati, | leti discrimine parvo,
qualia multa mari nautae patiuntur in alto.
Ecce Deus | magno misceri murmure pontum
emissamque hiemem sensit, | cui summa potestas.
Par levibus ventis | et fulminis ocior alis

A' C Ch P p Pd Ra Rb T (v) Vl Vz

532 *A* 3, 71; *A* 8, 442 (nunc arte magistra), *A* 12, 427 (non arte magistra) **533** *G* 1, 141 (atque alius; *de* hic *cf.* *A* 11, 193 *alibi*; iam verberat: *de* transverberat *cf.* *A* 10, 336, *A* 10, 484) ‖ **534** *G* 1, 142 ‖ **535** *A* 3, 192 ‖ **536** *A* 3, 193 (apparent terrae) + *A* 5, 9 (occurrit tellus); *A* 1, 90 ‖ **537** *A* 1, 88 **538** *A* 5, 20 (consurgunt venti atque); *A* 1, 103 (fluctusque ad sidera tollit) + *A* 9, 637, *A* 10, 262, *A* 11, 37 (ad sidera tollunt) ‖ **539** *A* 3, 259 ‖ **540** *A* 3, 260; *A* 1, 594 (cunctisque repente); *de* cunctique *cf.* *A* 5, 227 *alibi* ‖ **541** *A* 5, 615; *A* 5, 616 ‖ **542** *A* 1, 218 ‖ **543** *A* 1, 219; *A* 3, 685 ‖ **544** *A* 7, 200 ‖ **545** *A* 5, 854; *A* 1, 124 ‖ **546** *A* 1, 125; *A* 10, 100 ‖ **547** *A* 2, 794, *A* 6, 702; *A* 5, 319

532–534 Matth. 4, 18; Luc. 5, 1–2

532 navis] naves **A C Ch p Ra Vl Vz** ‖ **533** latum funda] funda latum **C** transverberat] diverberat **Ch** : iam verberat **p Vl** ‖ **534** *om.* **A** | alius] alios **P** ‖ **535** Postquam] post **A** | ullae] illae **C** ‖ **536** crebris] densis **C** **537** eripiunt] eripuunt **A** ‖ **538** et fluctus] nubes **C**^{corr} ‖ **539** At] ad **A' Ra** *a. c.* : et **Vl** | subita] subito **p** *a. c.* **Ra Rb Vl Vz** ‖ **540** diriguit] deriguit **p**, *dubit. Schenkl coll. v. 270* ‖ **541** adspectabant] aspectant **C** ‖ **542** dubii seu vivere] dubiis evivere **A** : dubiis seu vivere **Pd** | credant] credunt **P**^{corr} **544** mari] pari **C** *a. c.* ‖ **546** emissamque] emissumque **Pd** | hiemem] hieme **A** : hiem **p** ‖ **547** Par] pars **Pd Rb** | ventis] pontis **C** | fulminis] fluminis **A P** | ocior alis] ocio salis **P** ‖ *v. 549 post 552 transposuimus, cf.* nec longo *(549) et* longe *(550)*

548 prona petit maria et pelago decurrit aperto:
550 agnoscunt longe regem | dextramque potentem
551 nudati socii et magno clamore salutant.
552 Postquam altos tetigit fluctus et ad aequora venit,
549 nec longo distat cursu | praeeunte carina,
553 id vero horrendum ac visu mirabile ferri:
554 subsidunt undae, | remo ut luctamen abesset,
555 collectasque fugat nubes | graditurque per aequor
iam medium necdum fluctu⟨s⟩ latera ardua tinxit.
At media socios incedens nave per ipsos
ipse gubernaclo rector subit, ipse magister.
Intremuit malus, | gemuit sub pondere cumba,
560 vela cadunt, | puppique Deus consedit in alta:
et tandem laeti notae advertuntur harenae.
Tunc etiam | tardi costas agitator aselli

A' C Ch P p Pd Ra Rb T (v) Vl Vz

548 *A* 5, 212 ‖ **550** *A* 10, 224; *A* 7, 234 ‖ **551** *A* 3, 282 (nudati socii) + *A* 10, 799 (socii magno clamore sequuntur), *A* 5, 207 (et magno clamore morantur) + *A* 3, 524 (socii clamore salutant), *A* 12, 257 (clamore salutant) ‖ **552** *A* 3, 662 ‖ **549** *A* 3, 116 (distant); *A* 5, 186 ‖ **553** *A* 7, 78 ‖ **554** *A* 5, 820; *A* 8, 89 **555** *A* 1, 143; *A* 3, 664 ‖ **556** *A* 3, 665 ‖ **557** *A* 5, 188 ‖ **558** *A* 5, 176 ‖ **559** *A* 5, 505; *A* 6, 413 ‖ **560** *A* 3, 207; *A* 5, 841 ‖ **561** *A* 5, 34 ‖ **562** *A* 2, 246; *G* 1, 273

562–565 Matth. 21, 1–9

550 agnoscunt] agnuscit **P** | regem dextramque potentem] rege dextraque petentem **A** : dextramque potentem **Ra** (*in* socii dextramque potentem *correctum*) ‖ **551** nudati] mutati **Rb Vz** | magno] magnum **C P** : magna **Ra** *a. c.* ‖ **552** ad] *om.* **P** ‖ **549** distat] distant **p Vl** ‖ **553** ac...ferri] ac visum ... miserabile ferre **C** : hac visum ... mirabile ferrae **P** ‖ **556** fluctu⟨s⟩ *restituit* **Ch** *ex Verg., cuius tamen libri variant; sed in Vergilio et* fluctu *accipi potest, si subiectum Cyclops est; in nostro loco si* fluctu *servamus subiectum desideratur. Scripsit igitur nostra sententia Proba* fluctus, *quod aliquis postea in* fluctu *immutavit Vergili aliquo libro adhibito* ‖ **557** At] ad **A Vl** | socios...ipsos] socias ... ipsas **C** ‖ **558** ipse[1]] ecce **Ch Θ** | gubernaclo] -u- **P**^{corr} : gubernando **Pd** : iubernando **Ra** ‖ **559** Intremuit malus] intremuere viri **p**^{marg} **560** vela] vel **A** | in alta] inabalto **P** ‖ **561** notae] nautae **A C Ch P** : nocte **Vz** ‖ **562** costas] costis **C** | agitator] agitatur **P p** *a. c.* **T** : agitatus **Vl**

insedit nimbo effulgens: | cui plurima circum
matres atque viri, | pueri | velamina nota
subiciunt | funemque manu contingere gaudent.
Iamque propinquabant portis | templumque vetustum
antiqua e cedro | centum sublime columnis
ingreditur, | magna medius comitante caterva,
horrendum silvis: | hoc illis curia templum,
hae sacrae sedes, | miro quod honore colebant.
Iamque sub ingenti lustrat dum singula templo,
horrescit visu subito | insonuitque flagello
significatque manu et magno simul | intonat ore:
"Quae scelerum facies, | quaeve | aera micantia cerno
Caesaris et nomen? | Quae mentem insania mutat?
Hae nobis propriae sedes, | hic tempore certo
perpetuis soliti patres considere mensis".
Obstipuere animis gelidusque per ima cucurrit

A' C Ch P p Pd Ra Rb T (v) Vl Vz

563 *A* 2, 616; *G* 3, 52 (cui plurima), *A* 6, 299 + *G* 4, 274 (plurima circum), *A* 5, 250 ‖ **564** *G* 4, 475, *A* 6, 306; *G* 4, 476, *A* 6, 307; *A* 6, 221 ‖ **565** *A* 2, 236; *A* 2, 239 ‖ **566** *A* 11, 621; *A* 2, 713 ‖ **567** *A* 7, 178; *A* 7, 170 ‖ **568** *A* 6, 157, *A* 6, 856; *A* 5, 76 ‖ **569** *A* 7, 172; *A* 7, 174 ‖ **570** *A* 7, 175; *A* 4, 458 (colebat) **571** *A* 1, 453 (namque; *de* iamque *cf. B* 6, 37, *alibi*) ‖ **572** *A* 6, 710; *A* 5, 579 **573** *A* 12, 692; *A* 6, 607 ‖ **574** *A* 6, 560; *A* 1, 539; *A* 2, 734 ‖ **575** *G* 3, 47; *A* 4, 595, *A* 12, 37 ‖ **576** *A* 3, 167; *B* 7, 49 (hic), *alibi* + *G* 4, 100 (hinc caeli tempore certo) ‖ **577** *A* 7, 176 ‖ **578** *A* 8, 530 (obstipuere animis), *A* 9, 123 + *A* 2, 120–1 (obstipuere animi gelidusque per ima cucurrit / ossa tremor), *A* 12, 447–8 (gelidusque per ima cucurrit / ossa tremor, *cf. v. sequentem*)

566–579 Matth. 21, 12–13

563 effulgens] et fulgens **A** : effulsit **P** ‖ **564** pueri] puerique **C P** : et pueri **Ch** | nota] vota (*in* nota *postea correctum*) orbi **P** ‖ **566** propinquabant] propinquabat **C** | portis] -r- **A**^{corr} ‖ **567** antiqua e] antique **A** : antiquae **C P Ra** : antiqua **Ch p Pd Vl** | cedro] cedri **C** ‖ **568** ingreditur] aggreditur **C Ch P** *a. c.* **Γ**^{1} **Γ**^{corr} ‖ **569** illis] illi **p**^{corr} ‖ **570** hae] haec **A Pd Rb Vz** **571** Iamque] *Schenkl dubit.* : namque **ω** *Verg.* | dum] *om.* **A** ‖ **574** quaeve] quae **P Vz** : atque **Ch p Ra Vl** ‖ **575** mentem] tanta **p**^{marg} **Vl** ‖ **576** sedes] sedis **P** ‖ **577** patres] **p Pd Ra Vl Λ**, *quod aptius videtur, cum ea quae dicuntur ad praeterita videantur referri* : patrum **A C Ch P Rb Vz** **578** gelidusque per ima] gelidus preima **A** : gelidus per ima **Ch** *a. c.*

ossa tremor, | mensasque metu liquere priores.
Devexo interea propior fit Vesper Olympo.
Tum victu revocant vires fusique per herbam
et dapibus mensas onerant et pocula ponunt.
Postquam prima quies epulis mensaeque remotae,
ipse inter primos | genitori instaurat honores
suspiciens caelum. | Tum facta silentia linguis
dat manibus fruges | dulcesque a fontibus undas
implevitque mero pateram | ritusque sacrorum
edocet | inmiscetque preces | ac talia fatur:
"Audite, o proceres, –ait– et spes discite vestras.
Nemo ex hoc numero mihi non donatus abibit,
promissisque patris | vestra –inquit– munera vobis
certa manent, pueri, et palmam movet ordine nemo.
Et lux cum primum terris se crastina reddet,

A' C Ch P p Pd Ra Rb T (v) Vl Vz

579 *A* 2, 121, *A* 12, 448; *A* 3, 213 ‖ **580** *A* 8, 280 ‖ **581** *A* 1, 214 ‖ **582** *A* 1, 706 (qui dapibus; *de* et *cf. B* 1, 26, *alibi*) ‖ **583** *A* 1, 723 ‖ **584** *A* 2, 479, *A* 7, 783, *A* 12, 579; *A* 5, 94 ‖ **585** *A* 12, 196; *A* 11, 241 ‖ **586** *A* 12, 173 (dant fruges manibus) + *A* 1, 701 (dant manibus famuli; *de* dat *cf. A* 1, 105, *alibi*), *vide tamen praef. p. CXXIV*; *G* 2, 243 (dulcesque a fontibus undae; *de* undas *cf. B* 8, 59, *alibi*) ‖ **587** *A* 1, 729; *A* 12, 836 ‖ **588** *A* 10, 152; *A* 10, 153; *A* 3, 485, *A* 5, 16, *A* 5, 79, *A* 5, 464, *A* 5, 532, *A* 7, 330, *A* 8, 559, *A* 12, 228 ‖ **589** *A* 3, 103 **590** *A* 5, 305 ‖ **591** *A* 5, 863; *A* 5, 348 ‖ **592** *A* 5, 349 ‖ **593** *A* 8, 170

580–599 Matth. 26, 20–46

579 tremor] tremer **Pd** *a. c* | liquere] linquere **P T** | *ante v. 580* **p**^{marg} *addit*: Sol ruit interea et montes umbrantur opacae (*A* 3, 508, *sed* opaci); *eundem versum eodem loco sed ultimo verbo immutato* (opaci) *praebent* **Rb Λ** **580** Devexo] devexu **P** | propior] propor **Pd** ‖ **581** Tum] tunc **A p**^{corr} **Pd Rb Vz ς** : dum **P** | victu] victo **p** *a. c.* **Vl** *a. c.* | *de v. 583 cf. praef. adn. 209* **584** genitori] genitor **A C Ch P Γ**^{1} **ς** | instaurat] instauret **Pd** ‖ **585** Tum] tunc **C Pd** ‖ **587** implevitque] implebitque **A** | ritusque] ritumque **A Λ** sacrorum] sacrarum **A** ‖ **588** ac] hac **P** ‖ **589** o] hoc **P** | ait et spes] et spes iam **p Pd** (discete *a. c.*) **Ra Vl** ‖ **590** donatus] danatus **p** *a. c.* **591** promissisque] promissumque **P** *a. c.* : promisisque **p** | vobis] vestra **p**^{marg} **Vl** ‖ **592** movet] immovet **P** ‖ **593** reddet] reddit **P Rb**

unus erit tantum | in me exitiumque meorum,
dum paci medium se offert | de corpore nostro.
Iamque dies, nisi fallor, adest: | secludite curas:
mecum erit iste labor, | nec me sententia fallit:
unum pro multis dabitur caput". | Haec ita fatus
conticuit | seramque dedit per membra quietem.
Oceanum interea surgens Aurora reliquit.
Iamque sacerdotes | late loca questibus implent
cum populo patribus | ferturque per agmina murmur:
"Quod genus hoc hominum, quaeve hunc tam barbara morem
permittit patria?". | Poenas cum sanguine poscunt
undique collecti | et magno clamore secuntur
insontem | saevitque animis ignobile vulgus.
Sol medium caeli conscenderat igneus orbem,
cum subito | acciri omnes populusque patresque

A' C Ch P p Pd Ra Rb T (v) Vl Vz

594 *A* 5, 814; *A* 8, 386 ‖ **595** *A* 7, 536; *G* 2, 23 (de corpore) *A* 12, 421 + *A* 3, 623 (de numero cum corpora nostro) ‖ **596** *A* 5, 49; *A* 1, 562 ‖ **597** *A* 4, 115; *A* 10, 608 (nec te sententia fallit) + *A* 1, 260 (neque me sententia vertit) **598** *A* 5, 815; *A* 10, 594 ‖ **599** *A* 3, 718, *A* 6, 54; *A* 8, 30 ‖ **600** *A* 4, 129, *A* 11, 1 ‖ **601** *A* 8, 281; *G* 4, 515 (implet; *de* implent, *cf.* *A* 11, 274) ‖ **602** *A* 8, 679 (cum patribus populoque); *A* 12, 239 (serpitque per agmina murmur) ‖ **603** *A* 1, 539 ‖ **604** *A* 1, 540; *A* 2, 72 ‖ **605** *A* 2, 414, *A* 7, 582; *A* 10, 799 (magno clamore sequuntur) + *A* 5, 207 (et magno clamore morantur) ‖ **606** *A* 2, 84; *A* 1, 149 ‖ **607** *A* 8, 97 ‖ **608** *A* 1, 509, *A* 1, 535, *A* 3, 590; *A* 9, 192

607–620 Matth. 26, 57–27, 31; Luc. 22, 63–23, 3

594 tantum] tantum qui **Pd** | exitiumque] excidiumque **p** (*sed in eius marg. legitur* exitiumque) **Vl** | meorum] malorum **C** ‖ **595** paci] pauci **C** **596** Iamque] namque **C Ch P β** Γ^1 **ς** ‖ **597** iste] ille **C** ‖ **602** populo] populum **P** | patribus] patribusque **A Pd Rb** : et patribus **Ch** | ferturque per agmina] ruit perque augmina **A** : fereturque per agmina **P** : ruitque per agmina **Pd** : serpitque per agmina **p Ra Vl** *ex Verg.* : fertur per agmina **Rb** **603** barbara] barba **A** ‖ **604** sanguine] sanguina **P** ‖ **606** insontem] insontum *vel* insontom **P** *a. c.* : insonte **T** | saevitque] saevi^{t} que **P** : saevit **p Vl** ‖ **608** omnes] *om.* **Pd** | populusque] *H. Stephanus ex Verg.* : populosque **ω** (patresque populos **Pd**) | patresque] patres **A**

exposcunt | farique iubent, quo sanguine cretus
quidve petat quidve ipse ferat. | Praeclara tuentes
facta viri mixtus dolor et | stupor urguet inertis
(nescia mens hominum!) | certantque inludere capto.
Tum vero | raptis concurrunt undique telis;
tollitur in caelum clamor cunctique repente
corripuere sacram effigiem manibusque cruentis
ingentem quercum, decisis undique ramis,
constituunt | spirisque ligant ingentibus ipsum,
tendebantque manus | pedibus per mutua nexis,
triste ministerium, | sequitur quos cetera pubes,
ausi omnes inmane nefas ausoque potiti.
Ille autem inpavidus: | "Quo vincula nectitis? –inquit–

A' C Ch P p Pd Ra Rb T (v) Vl Vz

609 *A* 9, 193; *A* 11, 240 (fari iubet) + *A* 2, 74 (fari quo sanguine cretus) + *A* 3, 261 (iubent), *A* 6, 632, *A* 11, 218, *A* 12, 584; *cf. etiam A* 3, 608 (qui sit fari, quo sanguine cretus) ‖ **610** *A* 10, 150; *A* 10, 397 (tuentis) ‖ **611** *A* 10, 398; *G* 3, 523 ‖ **612** *A* 10, 501; *A* 2, 64 ‖ **613** *A* 7, 519; *A* 7, 520 ‖ **614** *A* 11, 745 (tollitur in caelum clamor cunctique) + *A* 1, 594 (cunctisque repente) ‖ **615** *A* 2, 167 **616** *A* 11, 5 ‖ **617** *A* 6, 217; *A* 2, 217 (ingentibus et iam; *de* ipsum *cf. B* 1, 9, *alibi*) ‖ **618** *A* 6, 314; *A* 7, 66 ‖ **619** *A* 6, 223; *A* 5, 74 ‖ **620** *A* 6, 624 ‖ **621** *A* 10, 717; *B* 6, 23

609 Matth. 27, 11; Luc. 23, 3 *et* 6

618 *respexit fortasse Aus. Cento nupt. 107*

609 exposcunt] et poscunt **A** | quo] que **P** ‖ **610** Praeclara] praeclare **P** tuentes] tuente **C** Γ^1 : tuentis **P** *a. c. Verg. Schenkl collationibus parum accuratis fretus* : tuentus **Ra** : iuventus **p**^{marg} ‖ **611** mixtus] nimius **C** : mi^{x}tus **P** | stupor] pudor **A p Pd Ra Rb Vl Vz** (*cf. A* 10, 398) | urguet] urgent **A** : unget **p** *a. c.* (*ut vid.*) **Ra** : unguit **Rb** : urguet **Vl** (*ut videtur*) | inertis] inertes **A' p Vl**^{corr} : icertes **Vl** *a. c.* ‖ **613** Tum] tunc **C** | raptis] aptatis **C Θ** (*sed* **β** *habet* captis, *sicut* **ς**) : captis **Ch** : aptis **P** ‖ **614** in caelum] undique **A** repente] eruentis **P** *a. c.* ‖ **615** effigiem] *de usu Christiano cf. Cacioli (1969, 225–6)* ‖ **616** ingentem] insignem **C**^{corr} : ingentemque **Rb Vz** | quercum] crucem **Rb Vz** | decisis] succisis **A** ‖ **617** constituunt] corripiunt **p** (*sed in marg.* constituunt) **Ra Vl** | spirisque] spinisque **A** : spinis **Ch** *a. c.* **619** quos] post **A' Rb Vz** : *om.* **T** (*qui* postera *pro* cetera *exhibet*) **621** nectitis] tenditis **A P**^{corr} **Pd Ra Rb Vz**

Tantane vos generis tenuit fiducia vestri?
Post mihi non simili poena commissa luetis".
Talia perstabat memorans fixusque manebat.
Interea magno misceri murmure caelum
incipit | et rebus nox abstulit atra colorem
impiaque aeternam timuerunt saecula noctem.
Terra tremit, fugere ferae et mortalia corda
per gentes humilis stravit pavor: | inde repente
dat tellus gemitum et | caelum tonat omne fragore.
Extemplo | commotae Erebi de sedibus imis
umbrae ibant tenues. | Tellus quoque et aequora ponti
signa dabant: | sistunt amnes terraeque dehiscunt.
Quin ipsae stupuere domus atque intima Leti
Tartara | et umbrosae penitus patuere cavernae.
Sol quoque et exoriens | (cuncti se scire fatentur)

A' C Ch P p Pd Ra Rb T (v) Vl Vz

622 *A* 1, 132 ‖ **623** *A* 1, 136 ‖ **624** *A* 2, 650 ‖ **625** *A* 4, 160 ‖ **626** *A* 4, 161; *A* 6, 272 ‖ **627** *G* 1, 468 ‖ **628** *G* 1, 330 ‖ **629** *G* 1, 331 (gentis); *A* 8, 238 ‖ **630** *A* 9, 709; *A* 9, 541 (et *utrobique*) ‖ **631** *A* 1, 92, *alibi*; *G* 4, 471 ‖ **632** *G* 4, 472; *G* 1, 469 ‖ **633** *G* 1, 471; *G* 1, 479 ‖ **634** *G* 4, 481 ‖ **635** *G* 4, 482; *A* 8, 242 **636** *G* 1, 438; *A* 11, 344

625–637 Matth. 27, 45–53

624 *citat Hieron. Ep. 53, 7*

622 generis tenuit] tenuit **C** : tenuit generis **p** *a. c.* **Pd Ra Vl** : omnes tenuit ς ‖ **623** mihi non] *om.* **p** *a. c.* ‖ **624** perstabat] praestabat **A P** **625** murmure] murmore **P** ‖ **626** abstulit] abstullit **P** ‖ **628** fugere] figere **A'** corr : fugire **P** | corda] corda quiescunt **p** *a. c.* **Vl** ‖ **629** humilis] humiles **P p Ra Vl** ς ‖ **630** gemitum] sonitum **A Rb Vz** | fragore] tumultu **p**marg **631** Extemplo] extimplo **A'** corr : extemplum **P** : exemplo **Pd** | commotae Erebi de] commoti animi de **A Rb Vz** : turbatae E. d. **p Vl** : commoti Erebi de **Pd** ‖ **632** tenues. Tellus quoque et aequora ponti] sistunt amnes terraeque (*h. v. in* **T** *postea deletum*) et aequora ponti **A** (*in* **T** *v. 633 deesse falso affirmat Schenkl*) | aequora] aequore **P** ‖ **634** Quin] atque **p Vl** | intima] ultima **A** : initima **Pd** | Leti] laeti **A p** ‖ **636** et] *om.* **A Pd Ra** ς | cuncti se] cum se **A** : cuntis **P** : cunctis se **Pd** | fatentur] fatetur **Pd**

tum caput obscura nitidum ferrugine texit.
Diffugiunt comites et nocte teguntur opaca
multaque dura suo tristi cum corde volutant.
Quid faciant? | Haerent infixi pectore vultus
verbaque nec placidam membris dat cura quietem.
Tum senior tales referebat pectore voces,
multa putans: | "Ubi nunc nobis Deus ille magister?
Quem sequimur? Quove ire iubes, ubi ponere sedes?
O dolor atque decus, | tantarum gloria rerum!
Iam iam nulla mora est: | et nos rape in omnia tecum,
(oramus!) | teque aspectu ne subtrahe nostro.
Hos inter motus, | media inter talia verba,
tertia lux gelidam caelo dimoverat umbram:
iamque pedem referens | superas veniebat ad auras,
cum subito | ante oculos ingenti mole sepulchrum,
corpus ubi exanime positum | (nec claustra nec ipsi
custodes sufferre valent) | avulsaque saxis

A' C Ch P p Pd Ra Rb T (v) Vl Vz ‖ **637** *desinit* **A'**

637 *G* 1, 467 (cum caput; *de* tum caput *cf. A* 9, 332; *A* 10, 554) ‖ **638** *A* 4, 123 (diffugient comites et nocte tegentur opaca; *de* diffugiunt *cf. G* 3, 150, *alibi*) **639** *A* 8, 522 (multaque dura suo tristi cum corde putabat) + *A* 6, 185 (atque haec ipse suo tristi cum corde volutat; *cf. A* 4, 533; *de* volutant *cf. A* 1, 725, *alibi*) ‖ **640** *B* 3, 16 (quid domini faciant) + *G* 1, 1 (quid faciat), *A* 9, 399; *A* 4, 4 ‖ **641** *A* 4, 5 ‖ **642** *A* 5, 409 ‖ **643** *A* 6, 332; *A* 5, 391 ‖ **644** *A* 3, 88 ‖ **645** *A* 10, 507; *A* 4, 232, *A* 4, 272 ‖ **646** *A* 2, 701; *A* 2, 675 ‖ **647** *A* 1, 525; *A* 6, 465 **648** *A* 11, 225; *A* 12, 318 ‖ **649** *A* 11, 210 ‖ **650** *G* 4, 485; *G* 4, 486 ‖ **651** *A* 1, 509, *A* 1, 535, *A* 3, 590; *A* 1, 114 (ante oculos ingens) + *A* 6, 232 (ingenti mole sepulchrum) ‖ **652** *A* 11, 30; *A* 2, 491 ‖ **653** *A* 2, 492; *A* 2, 608

638 Matth. 26, 56 ‖ **648–659** Marc. 16, 2–9

637 tum] tunc **p**^{corr} **Pd** | texit] terrae **C** ‖ **639** multaque] *supra* –e **P** *habet idem* | tristi] tristae **P** ‖ **640** Haerent] haerere **P**^{corr} ‖ **641** placidam] placida **T** | cura] curam **P** ‖ **642** Tum] tunc **C** ‖ **643** putans] petens **Pd** *a. c.* **644** Quove] quo **P** *a. c.* | iubes] iubet **Rb Vz** | sedes] sedem **T** ‖ **645** dolor] decor **C** | tantarum gloria rerum] *cf. v. 159* ‖ **647** subtrahe] subtrahes **P** **648** motus] motos **P** ‖ **649** gelidam caelo] caelo gelidam **p**^{corr} | dimoverat] dimoveram **Pd** | umbram] umbras **P** *a. c.* ‖ **652** exanime] examem **P** : exanimis **P**^{corr} **Pd Ra** : examine **Rb** : exanima **T**

saxa vident, | laxis laterum conpagibus artis.
Fit sonus: ingenti concussa est pondere tellus:
horror ubique animo, simul ipsa silentia terrent.
Ecce autem primi | volucrum sub culmine cantus:
ingreditur linquens antrum | spoliisque superbus
ibat ovans, | pulsuque pedum tremit excita tellus,
vulneraque illa gerens | foribus sese intulit altis.
Atque hic ingentem comitum adfluxisse novorum
invenit admirans numerum | cunctisque repente
inprovisus ait: "Coram, quem quaeritis, adsum.
Vicit iter durum pietas | et vivida virtus.
Praecipites vigilate, viri: | timor omnis abesto.
Hi nostri reditus expectatique triumphi,
haec mea magna fides. | O terque quaterque beati,
quae vobis, quae digna, viri, pro laudibus istis
praemia posse rear solvi, | quae dona parari?
Accipite ergo animis: | quae vos a stirpe parentum

C Ch P p Pd Ra Rb T (v) Vl Vz ‖ **655** *desinit* **T**

654 *A* 2, 609 (vides; *de* vident *cf. A* 8, 99, *alibi*); *A* 1, 122 (laxis laterum compagibus) + *A* 1, 293 (compagibus artis) ‖ **655** *A* 9, 752 ‖ **656** *A* 2, 755 **657** *A* 6, 255; *A* 8, 456 ‖ **658** *A* 6, 157; *A* 8, 202 ‖ **659** *A* 6, 589; *A* 12, 445 **660** *A* 2, 278; *A* 11, 36 ‖ **661** *A* 2, 796 ‖ **662** *A* 2, 797 (invenio); *A* 1, 594 **663** *A* 1, 595 ‖ **664** *A* 6, 688 (vicit iter durum pietas); *A* 5, 754 (bello vivida virtus), *A* 11, 386 (quid vivida virtus); *de* et *cf. B* 10, 69, *alibi* ‖ **665** *A* 4, 573; *A* 11, 14 (viri *utrobique*) ‖ **666** *A* 11, 54 ‖ **667** *A* 11, 55; *A* 1, 94 ‖ **668** *A* 9, 252 **669** *A* 9, 253; *B* 6, 79 (pararit; *de* parari, *cf. A* 2, 132, *alibi*) ‖ **670** *A* 3, 250, *A* 10, 104; *A* 3, 94

655–656 Matth. 28, 2 ‖ **660–686** Luc. 24, 36–51

654 vident] videns **T** | artis] altis **p**^{marg} ‖ *de v. 655 ante 650 collocando cogitavit Schenkl, sed cf. praef. adn. 210* ‖ **655** concussa] concusa **P** **656** animo] animi **C** ς : animum **Ch P** ς ‖ **658** ingreditur] egreditur **Ch Vz** superbus] superbum **p** *a. c.* **Ra Vl** ‖ **659** pulsuque] pulsusque **P** : cursuque **p**^{marg} ‖ **660** foribus] floribus **P** | altis] arctis **C** ‖ **661** adfluxisse] fluxisse **Pd Ra** ‖ **662** admirans] ac mirans **P**^{corr} ‖ **663** inprovisus] improvisis **P** *a. c.* **665** Praecipites] praecipitis **P** *a. c.* | omnis] omnes **P** ‖ **666** Hi] hii **p** expectatique] excaecatique **P** *a. c.* ‖ **667** fides] fidis **p Vl** ‖ **669** rear] reor **C P** *a. c.* Γ^1 ς | quae] quo **P** | dona] digna **p**^{marg} ‖ **670** a] ab **Ch Rb** : ad **P** : de **Ra**

prima tulit tellus, eadem vos ubere laeto
accipiet. | Revocate animos maestumque timorem
mittite | et vosmet rebus servate secundis.
Quod superest, laeti bene gestis ordine rebus
pacem orate manu, | pacem laudate sedentes,
magnanimi; | pacis solum inviolabile pignus".
Et simul his dictis faciem ostendebat et | ora,
ora manusque ambas populataque | pectora ferro:
immiscentque manus manibus | gaudentque tuentes.
Nec vidisse semel satis est: iuvat usque morari
et conferre gradum et | dextrae coniungere dextram.
His demum exactis | spirantes dimovet auras:
aëra per tenerum | caeloque invectus aperto
mortales visus medio in sermone reliquit:

C Ch P p Pd Ra Rb (v) Vl Vz

671 *A* 3, 95 ‖ **672** *A* 3, 96; *A* 1, 202 ‖ **673** *A* 1, 203; *A* 1, 207 ‖ **674** *A* 9, 157 (corpora rebus; *de* ordine, *cf. B* 1, 73, *alibi*) ‖ **675** *A* 10, 80 (orare); *A* 11, 460 **676** *A* 6, 649, *A* 12, 144, *A* 12, 878; *A* 11, 363 ‖ **677** *A* 5, 357; *A* 6, 495 (*cf. v. insequentem*) ‖ **678** *A* 6, 496; *A* 1, 355 ‖ **679** *A* 5, 429; *A* 5, 575 ‖ **680** *A* 6, 487 **681** *A* 6, 488; *A* 8, 164 (et *utrobique*) ‖ **682** *A* 6, 637; *A* 9, 645 (spirantis) **683** *A* 9, 699; *A* 1, 155 ‖ **684** *A* 4, 277

671 tulit] tullit **P** ‖ **672** accipiet] accipite **Rb** : accipit et **Vz** | Revocate] **C** *a. c.* | animos] **ω** *Verg.* : animum **P** *a. c. Schenkl collationibus parum accuratis fretus* : animis **Rb** ‖ **673** mittite] exuite **Ch** : mitte **p** *a. c.* **Vl** *a. c.* **676** magnanimi] magnanimo **C Ch** : magnanima **P** ‖ **677** Et] at **Pd Rb** : aut **Vz** | ostendebat] ostentabat **p Pd Ra Λ** : ostentat **Rb Vz** ‖ **678** manusque] manus **P**^{corr} | pectora] tempora **C p**^{marg} **Pd Rb Vz Γ**^{1} **ς** : tempore **P** **679** immiscentque] immiscetque **Ch P p Vl** | manus] manum **C P** *a. c.* gaudentque tuentes] gaudetque tuentes **P Pd** : gaudetque tuendo **p** (*in cuius marg. legitur*: gaudentque tuentes) **Ra Vl** ‖ **681** dextrae...dextram] dextram ... dextrae **Rb Vz** | coniungere] contingere **p**^{marg} ‖ **682** dimovet] demovit **P** : devovet (*in* demovet *correctum, quod fort. et* **Vl** *praebet*) **p** ‖ **683** caeloque] caelumque **P** *a. c.* ‖ **684** medio] me diu **P** *a. c.* | in] *om.* **p** *a. c.* **Vl** | reliquit] relinquit **P** | *post v. 684* **C β** *addunt*: infert se saeptus nebula, mirabile dictu (*A* 1, 439), **Γ**^{1} **Λ** *addunt*: seque infertus saeptus n. m. d. (*cf. A* 1, 626, *A* 3, 181); *libri classium* **Γ**^{corr} **Θ** *vel hunc vel illum v. vel:* in primoque refert saeptus n. m. d.

atque illum | solio stellantis regia caeli
accipit | aeternumque tenet per saecula nomen.
Ex illo celebratus honos, laetique minores
servavere diem | tot iam labentibus annis.
I decus, i nostrum, | tantarum gloria rerum,
et nos et tua dexter adi pede sacra secundo
annua, quae differre nefas. Celebrate faventes
hunc, socii, morem sacrorum: hunc ipse teneto,
o dulcis coniunx, | et, si pietate meremur,
hac casti maneant in religione nepotes.

C Ch P p Pd Ra Rb (v) Vl Vz

685 *G* 1, 203, *A* 1, 227, *cf. etiam A* 7, 209 (hinc illum) ; *A* 7, 210 ‖ **686** *A* 7, 211; *A* 6, 235 ‖ **687** *A* 8, 268 ‖ **688** *A* 8, 269; *A* 2, 14 ‖ **689** *A* 6, 546; *A* 4, 232, *A* 4, 272 ‖ **690** *A* 8, 302 ‖ **691** *A* 8, 173 ‖ **692** *A* 3, 408 ‖ **693** *A* 2, 777; *A* 2, 690 ‖ **694** *A* 3, 409

685 atque] ast **C** | stellantis] stelantes (*in* stillantes *correctum*) **P** : stellantes **p** *a. c.* **Vl** ‖ **686** accipit] accepit **P** *a. c.* | aeternumque] aeternum **P**^{corr} nomen] *subiectum esse suspicata est Cacioli (1969, 235), quae* tenet *pro intransitivo accipit* ‖ **687** celebratus honos] cleratus honos (*in* servatus honus *correctum*) **P** : servatus honus **p** (*sed in marg.* celebratus honos) **Vl** : servatus honos **Pd Ra Rb Vz Λ** | laetique] latique **Pd** ‖ **689** tantarum gloria rerum] *cf. v. 159* | *de scholio v. 689 in* **Rb** *adscripto cf. praef. adn. 6* | *post v. 689* **Rb Θ Λ** *addunt* (*sed non addit* **C**, *sicut falso rettulit Schenkl*): semper honos nomenque tuum laudesque manebunt (*A* 1, 609), **β Γ**^{1}: semper honos laudesque tuae nomenque manebunt ‖ **690** tua dexter adi] tu dextr di **p Vl** *sed* dextr di *postea correctum* ‖ **692** ipse] ipsa **C p Ra Vl** ‖ **694** hac casti] haec casta **P** *a. c.* | religione] regione **P** : relegione **p** *a. c.* **Vl** ‖ Explicit carmen Probae illustris matronae Virgilianis versiculis coaptatum **Ch** : Proba, uxor Adelphi, mater Olibrii et Aliepii [Alypii *ci. Montfaucon*], cum Constantini [Constantii *ci. Montfaucon*] imperatoris bellum adversus Magnentium conscripsisset, conscripsit et hunc librum **Pd** : Faltoniae (Flat- **Vz**) Vetitiae (Vettiae **Vz**) Probae cl. feminae Vergilio centon Genesis et Evangeliorum explicit **Rb Vz** : Finit metrum Probae feliciter **v** : Explicit **Vl** : *Nulla subscriptio in* **C P p Ra**

INDICES

LOCI VERGILIANI[1]

1 Asterisco insigniuntur versus vel integri sumpti vel leviter immutati.

LOCI ALIORVM POETARVM

www.ingramcontent.com/pod-product-compliance
Lightning Source LLC
Chambersburg PA
CBHW060820310726
48980CB00002B/357

* 9 7 8 3 1 1 0 4 2 6 5 2 6 *